In Our Clients' Shoes :
Theory and Techniques of Therapeutic Assessment

# 내담자의 눈으로

## 심리평가로 심리치료하기

Stephen E. Finn 저 | 최성진 역

박영사

# 역자 서문

이 책은 Stephen E. Finn의 “In Our Clients’ Shoes: Theory and Techniques of Therapeutic Assessment”를 번역한 것이다. 내가 처음 Stephen E. Finn의 책을 접한 것은 대학원생 때였다. 그의 책 “Manual for Using the MMPI-2 as a Therapeutic Intervention”을 읽었던 그때의 경험은 심리평가와 심리치료를 막 배우기 시작한 나에게 앞으로 임상심리학자로서 나아가야 할 방향을 제시해주었다. 이후 임상심리학자로 훈련받고 지도감독자로 있으면서 심리평가의 치료적 힘과 잠재성을 알게 되었고, 심리평가를 이용한 치료적 개입의 유용성을 몸소 깨닫게 되었다. 그러던 중 이 보석 같은 책을 발견하였다.

나에게는 축복이었다. 저자의 글을 읽으며 임상심리학자로서 꿈꾸어 왔던 생각과 일치하는 부분을 발견할 때마다 감탄하지 않을 수 없었다. 책 속에 담겨진 그의 생각과 말은 살아 움직여 가슴에 살포시 내려앉았고, 때로 격렬한 춤이 되었다. 여러 강의와 워크숍을 통해 그의 생각을 조금씩 전달하면서, 심리평가와 심리치료가 독립적으로 이루어지는 현실을 보며 그의 철학은 위로와 희망이 되었다. 나는 그 흥분과 감동을 혼자만 간직하기가 아쉬웠다. 그래서 느리지만 천천히 이 책을 번역하게 되었다. 심리평가를 활용하여 상담 및 심리치료 개입을 하려는 분들에게 이 책이 실제적인 모델이 되었으면 좋겠다.

출판되기까지 많은 분들의 도움이 있었다. 존경하는 스승이신 신현정, 홍창희 교수님께 감사드린다. 아울러 임상심리학자로서 밑거름이 되어 주신 국승희 선생님께도 감사의 마음을 전하고 싶다. 더불어 지금의 나를 있게 해준 여러 학형과 선후배 수련 선생님이 없었더라면 아무것도 할 수 없었을 것이다. 원고를 정리하는 데 도움을 준 부산 해바라기여성아동센터의 박상미 선생과 부산가톨릭의료원 메리놀병원 정신건강의학과 김애경, 김정안, 김혜지 선생에게도 고마움을 전한다. 박영사 안종만 사장님과 명재희 선생님, 정성들여 편집을 해준 김효선 선생님께 감사드린다. 마지막으로 부모님과 아내, 딸 예슬이에게 사랑을 전한다. '내담자의 눈으로' 발걸음을 내딛기 시작한 나를 믿고, 함께 해 준 내담자들에게 이 책을 바친다.

2014년 9월

역자 최성진

# 서 언

15년 전 나는 성격평가 워크숍에서 Steve Finn이 준 자료를 읽고 또 읽었다. 그는 독자적으로 개발한 훈련으로 나의 개별화된 심리평가 관점을 통합하고 있었다. 그리고 검사 이론과 연구 및 내담자에 대해 가정한 인상 등을 자료 곳곳에서 자신의 용어로 표현하고 있었다. 그는 설명을 개별화해서 내담자가 자신에 대해 알 수 있도록 했다. 그와 작업하는 동안 나는 그의 내담자에 대한 개방성과 관심, 믿음과 경험에 감동받았다. 나는 협력적이고 개별화된 평가가 내담자의 성장에 필수적이고, 보고서를 읽는 사람에게 도움을 준다고 생각해왔다. 그는 내담자가 생동감 있게 치료적 통찰을 경험할 수 있도록 해 주었다. 나는 워크숍 자료를 통해 그가 곧 "치료적 평가"라는 용어를 사용할 것이라고 예상했다.

치료적 평가에 익숙하지 않은 전문가는 나에게 내담자를 의뢰할 때 치료적 평가가 유용한지를 묻곤 한다. 나는 전통적인 방식으로 의뢰받을 때도 치료적 평가는 내담자에게 도움이 되고, 새로운 경험에 개방적인 동료에게 치료적 평가를 의뢰한다고 말한다. 현재도 많은 사람들이 자발적으로 평가를 받으러 오고 있고, 많은 전문가들이 나에게 의뢰를 하고 있다.

이 책의 제목인 "내담자의 눈으로"는 자신의 목표와 한계, 희망, 그리고 위험과 장애가 있던 사람들이 검사와 면담을 통해 평가자와 여행하면서 자신의 세계를 탐색하는 모습을 떠올리게 한다. 치료적 평가자는 자신의 경험을 통해 내담자를 안내한다. 이를 통해 내담자는 평가에서 제시한 질문의 관계와 자신의 목표를 달성하는 방법을 이해하게 된다. 평가자는 내담자에게 일방적으로 "피드백" 하지 않는다. 이 책의 사례에서처럼 Steve의 조용하고, 수용적인 모습은 타인의 존재를 존중하는 Buber의 "참 만남"을 연상시킨다.

나는 워크숍에서 보았던 그의 용감하고, 창조적이고, 열정적인 노력에 감사를 표하고 싶다. 그의 치료적 평가는 동영상, 기고문, 심포지엄, 그리고 학생들과 함께 한 여러 자료에서 찾아 볼 수 있다. 그는 치료적 평가를 위해 구체적인 단계를 개발했다. 그는 여러 이론을 통합하여 발표한 논문에서 치료적 평가 사례를 제시했고, 내담자와 협력한 결과에 대한 글을 썼다. 그리고 이론과 사례에 대해 동료들과 논의를 했다. 그는 자신을 성찰했고, 훈련을 개발했다. 그의 헌신적인 노력 때문에 많은 임상가들이 치료적 평가를 사용하고 있다.

내담자의 눈으로는 치료적 평가에 대한 Steve의 지속적인 노력을 보여준다. 독자들은 각 장을 쉽게 이해하고, 각자의 방식으로 치료적 평가를 훈련할 수 있을 것이다.

Constance T. Fischer

Duguesne 대학

# 서 문

나는 1980년대 후반 Texas주 Austin에서 동료들의 도움으로 개발한 심리평가 접근을 기술하기 위해 치료적 평가라는 용어를 사용했다. 임상방법론과 치료적 평가 이론이 발달함에 따라 동료들과 나는 치료를 하면서 내담자의 삶에 영향을 주고, 일상의 문제를 돕는 강력한 방법을 발견했다. 나 또한 이러한 심리평가 훈련이 임상가들의 지혜와 열정, 전문성을 강화한다는 것을 알게 되었고(그리고 경험적으로도 알고 있었다), 경험했던 것을 공유하고 싶었다.

그래서 세계 여러 심리학자들에게 치료적 평가를 알렸다. 나는 비밀 보장의 권리를 포기해준 내담자들과 함께 한 평가 비디오테이프를 심리학자들에게 보여주었다. 또 다른 내담자들은 심리학자들 앞에서 평가하는 것을 동의해 주어 임상가들은 평가를 관찰할 수 있었다. 반응은 굉장했고, 3,000명 이상의 임상가들이 치료적 평가 회기에 참여했다. 많은 사람들이 치료적 평가를 배웠고, 원리와 기법을 익혔으며, 참고도서를 읽었다. 요즘도 나는 강독이나 워크숍, 자문과 연구를 통해 치료적 평가에 관한 질문을 많이 받고 있다.

나는 관심이 많아진 것에 들떴지만 겸손해야 했다. 심리평가에 대해 긍정적인 경험을 한 내담자들 때문에 흥분되었지만, 치료적 평가에 대한 저술과 연구가 나의 치료나 워크숍에 잘 반영되지는 않고 있었다. 그래서 내담자와 평가자에 대한 과거력과 이론, 기법과 영향을 통합해서 치료적 평가에 관한 논문을 하나로 묶으면 이 문제가 개선될 것이라고 생각했다. 이 책의 대부분은 과거 13년 이상 여러 학회, 특히 애정 어린 고향 같은 성격평가학회에서 발표한 논문과 미출간 자료에 기초하고 있다. 몇몇 장은 이전에 출간하였지만, 치료적 평가에 관한 요점만을 설명하고 있고, 이제는 구하기 어렵다는 이유로 재판을 했다.

책은 세 부로 구성되어 있다. Ⅰ부는 치료 개입으로서 개인적 경험을 담은 치료적 평가의 역사와 발달에 관한 것이다. 현상주의 심리학의 원리는 세상에 대한 관점을 알기 위해서는 개인의 맥락을 이해해야 한다는 것이다. 이 장이 나의 생각을 설명하는데 도움이 되기를 바란다. Ⅱ부는 협력적·치료적 평가 기법에 대해 설명하였다. 이것은 치료적 평가의 "요점"을 아는데 많은 도움이 될 것이다. 예를 들면 (a) 검사 결과를 어떻게 통합할지, (b) 검사 경험을 다루는데 내담자를 어떻게 참여시킬지, (c) 평가 개입 회기를 어떻게 실시할지, (d) 치료적 평가를 대학원생에게 어떻게 가르칠 것인지와 같은 것이다. Ⅲ부에서는 치료적 평가와 두 가지 심리치료 이론과의 관계를 살펴보았다. 상호주관 이론과 통제-숙련 이론. 시간과 지면이 허락했다면 나에게 영향을 준 인지행동치료, 이야기치료, 체계중심 집단치료(Agazarian, 1997)와 자기심리학과 같은 접근과 치료적 평가와의 관계에 대해서도 썼을 것이다. 마지막으로 치료적 평가의 이론을 다루었다. 평가자는 심리평가 훈련의 결과로 성장하고 변화한다. 마지막 장은 실제적인 문제를 다루었다. (a) 치료적 평가가 언제 필요하고 필요하지 않은지, (b) 치료적 평가 비용을 어떻게 할 것인지, (c) 이런 작업을 할 때 전문적 지지는 어디서 받을 것인지.

치료적 평가에 대한 나의 생각은 계속 발전되어 왔다. 그래서 어떤 장은 다른 장보다 현재의 개념을 더 많이 반영하고 있다. 나는 특정 개념과 훈련이 어떻게 개발되어 왔는지를 독자들이 흥미롭게 보리라 믿기 때문에 옛날 자료를 "바꾸지"는 않았다. 그러나 용어를 통일했고 군더더기를 없앴다. 또한 내가 느꼈던 흥분을 전달하고자 구두로 한 부분은 그대로 두었다.

나의 바람은 당신과 내담자가 서로의 삶을 어루만지며 온전히 "내담자의 눈을 가지는" 것이다. 그러나 주의할 점도 있다. 치료적 평가는 끈기 없는 사람을 위한 것이 아니다! 내가 좋아하는 Quaker 교도는 다음과 같은 말을 했다.

> 자신이 누군지를 알고 싶다면 중도 포기란 없다는 것을 알아야 한다. 당신은 상처를 입고 돌아올 수도 있다. 무의식에서 깨닫게 된 것은 자신을 보호할 가림막이 되지 못한다. 온전한 경청은 힘이 든다. 경청은 그리 쉬운 게 아니다(Steere, 1995/1985, p.13).

내담자와 함께 한 작업의 성과가 놀랍지만, 나는 Steere의 말을 도전으로 받아들이고 싶다. 성장하고 싶지 않다면 얼른 이 책을 덮어라.

# 인사말

많은 분들이 직간접적으로 이 책이 빛을 보는데 도움을 주었다. Barton Evans는 글을 잘 쓸 수 있도록 삶의 방향을 이끌어 주었다. LEA의 편집장인 Steve Rutter는 나를 믿고 글을 정리해 주었다. LEA의 Nicole Buchmann은 수차례 마감시간을 넘기면서까지 인내심을 가지고 책이 원활하게 출판될 수 있도록 도와주었다. 치료적 평가 센터의 동료들은 책의 초판에 관심을 가지고, 나를 지지하고, 생각을 발전시키도록 도와주었다. Jennifer Chapman, Marita Frackowiak, Betty Peterson, Dale Rudin, Terry Parsons Smith, Judith Zamorsky, Millie Smith, Rich Armington은 우정과 사랑으로 지지해주었다. 무엇보다 컴퓨터 앞에서 오랫동안 초안을 읽고 함께 해준 Jim Durkel이 없었다면 이 책은 존재하지 않았을 것이다.

다른 분들도 치료적 평가의 발전에 기여를 했다. Connie Fischer, Leonard Handler, Caroline Purves는 용기와 창조성과 따뜻한 인간애를 보여주었다. Mary Tonsager와 Hale Martin은 검사 방법을 세련되게 다듬어 주었고, Mary는 초기 연구의 선봉이 되었다. Mary MaCarthy는 이론의 발전에 기여했고, 치료적 평가가 새로운 환경에 정착되고 확산될 수 있도록 도와주었다. Carol Middelberg와 Deborah Tharinger는 부부와 아동을 위한 치료적 평가 기법을 추가하고 발전시켰다. Jan Kamphuis는 최근 연구를 분석해 주었다. 다음은 Austin에서 나와 함께 심리평가 작업과 치료적 평가를 발전시킨 지지모임 사람들의 이름이다. Patrica Altenburg, Rosemary Ellmer, Beatrice Gerry, LaNae Jaimez.

마지막으로 한 개인으로서 심리학자로서 나에게 영감을 주고, 가르쳐 주며, 지지해 준 성격평가학회 회원들에게 이 책을 바친다.

# 차 례

## 3부 _ 이론의 발달

# 내용 설명



## 1부 _ 치료적 평가의 역사와 발달

## 2부 _ 치료적 평가의 기법

**5. 치료 중 로르샤하로 평가하기 • 46**

전통적으로 평가자는 심리치료 중 로르샤하 실시에 신중했었다. 로르샤하를 이용한 개입이 도움이 되는 경우와 네 가지 사례를 제시하였다.

**6. "방어적" 검사 프로토콜 피드백 하기 • 55**

치료적 평가는 "방어적" 검사 프로토콜을 갈등의 신호로 본다. 검사 결과를 내담자에게 피드백하는 지침을 제시하였다.

**7. MMPI-2와 로르샤하를 통합한 평가 피드백 • 65**

MMPI-2와 로르샤하는 내담자 경험의 각기 다른 수준을 다루기 때문에 두 검사의 일치와 불일치를 이해하는 것은 중요하다. 검사 결과로 내담자에게 피드백하기 위한 지침과 사례를 제시하였다.

**8. 평가 개입 회기: "어려운" 검사 결과를 "쉬운" 검사로 설명하기 • 84**

치료적 평가의 "평가 개입 회기"를 다루었다. 내담자는 표준화되지 않은 심리검사를 이용해 표준화 검사가 제시하는 통찰을 발견할 수 있다.

**9. 한 단계 위와 아래, 그리고 그 사이: 협력적 평가 의뢰 모형 • 98**

치료적 평가는 힘든 내담자를 다른 임상가에게 의뢰하는 좋은 방법이 된다. 내담자-치료자 관계에 영향을 주는 의뢰를 구조화하는 방법에 대해 논의하였다.

**10. "주의력결핍과잉행동장애" 환자의 치료적 평가 • 121**

성인을 대상으로 회기를 기록한 치료적 평가의 사례이다. 평가 마지막에 거절당할 수도 있었지만 새로운 통찰을 얻게 된 사례를 소개하였다.

**11. 로르샤하의 협력적 계열분석 • 156**

로르샤하 실시 후 협력적으로 확장된 질문의 유용성과 부부평가를 통해 전환점을 맞이한 사례를 소개하였다.

**12. 부부 개입을 위해 공동 로르샤하 사용하기 • 165**

로르샤하는 역사가 오래 되었다. 부부를 돕는데 사용된 로르샤하의 수정된 방법은 자신을 이해하고 문제를 "커플 댄스"처럼 협력하게 한다.

**13. "그저 도우려 했을 뿐이에요!" : 치료적 평가의 실패 • 187**

치료적 평가는 평가 후에 내담자가 위축되거나 외상을 경험하면, 이를 "실패한" 평가로 본다. 실패한 평가를 기술하고 일반적인 심리평가의 잘못된 부분을 다루었다.

**14. 가족 개입을 위한 협력적 아동평가 • 202**

치료적 평가는 아동 청소년을 평가할 때 전체 가족을 치료 개입의 대상으로 본다. 부모와 협력하는 열 가지 방법과 이것이 가족에 미치는 영향에 대해 논의하였다.

**15. 대학원에서 치료적 평가 가르치기 • 220**

치료적 평가의 원리와 기법은 대학원 심리평가 강의에 적용할 수 있다. 임상가는 교육 과정을 통해 자기를 이해하는 기회로 구조화함으로써 치료적 평가를 직접 경험할 수 있다.

## 3부 _ 이론의 발달

# PART I

# 치료적 평가의 역사와 발달

# 내·담·자·의·눈·으·로

1

# 서론: 치료적 평가란 무엇인가?[1]

## 정의와 특징

최근 치료적 평가에 대해 관심이 많아지면서 이에 관한 용어를 다르게 사용하는 경우가 생겼다. 이 때문에 나는 용어를 명확하게 정의하고, 개념적이고 실제적인 특징을 확실히 할 필요를 느꼈다. 그리고 나의 정의가 이 분야에서 글을 쓰고 훈련하는 사람들의 정의와 다르다는 것도 알게 되었다. 특히, 치료적 평가의 특징이 "모호"해서 실제의 삶을 이 정의가 제대로 반영하지 못하는 것 같았다.

### 전통적 평가

1997년 Mary Tonsager와 나는 전통적인 "정보 수집"의 심리평

1 이 장의 일부는 성격평가학회에서 한 강의의 일부이다(Finn, 2006).

가와 치료적 평가를 비교하는 논문을 썼다(Finn & Tonsager, 1997). 여전히 그 분석이 유용하지만, 이 장에서 나의 목적은 전통적 평가를 정의하는 것이다. *전통적 평가*는 진단, 치료 계획, 치료 평가와 이해 증진을 목표로 내담자에게 심리검사를 실시하는 모형이다. 전통적 평가는 "환자"를 치료하고, 경과를 살펴보고, 의사소통하기 위해 검사 점수와 규준을 비교하는 "전문"평가자(또는 보조자)가 수집한 표준화 자료를 강조한다.

## Ⅲ "치료적 평가"

먼저 *치료적 평가*를 정의해 보자. 치료적 평가는 환자를 이해하고 치료하는데 유용한 정보를 수집하는 것 이상의 목적이 있는 심리평가에 대한 평가자의 태도이다. 치료적 평가에서 평가자는 평가 경험이 위기를 경험하고 있는 개인(가족, 치료자, 내담자)에게 긍정적인 변화가 있기를 바란다. 치료적 평가는 전통적 평가처럼 간접적이지 않고, 환자를 돕기 위해 직접적으로 심리평가를 사용한다. 치료적 평가는 특정 절차나 기법, 철학에 매여 있지 않고, 여러 방식으로 훈련할 수 있다. 나아가 꼭 그렇게 해야 한다는 요구 없이도 실시할 수 있다. 형식적으로 평가하지 않고 내담자에게 긍정적인 영향을 주려 했던 재능 있는 심리학자의 예로는 Paul Lerner가 있다(2005a, 2005b).

## Ⅲ 협력적 평가

나는 *협력적 치료 평가*와 *비협력적 치료 평가*를 구별하는 것이 유용하다는 것을 알았다. 흔히 치료적 평가는 직접 평가를 통해 얻은 정보로 내담자와 소통한다. 협력적 평가가 상호작용 하는 방식으로 이루어진다 하더라도 이는 피드백을 주는 것 이상의 무언가가 있다. 협력적 평가는 평가 과정의 여러 단계에 내담자가 참여한다. (a) 평가 이유 구조화하기, (b) 검사반응과 행동 관찰하기, (c) 의미 있는 반응과 행동 발견하기, (d) 유용한 권고 제안하기, (e) 요약 자료 문서화하기.

내가 협력적 평가를 치료적 평가의 일부로 보는 것처럼 협력적 평가는 내담자에게 도움이 된다. 그러나 협력적 평가가 반드시 긍정적인 것만은 아니다. 협력적 평가의 개척자인 Connie Fischer(1985/1994), Len Handler(1995), Caroline Purves(1997)는 평가가 치료적이라는 것을 공개적으로 인정하기 전부터 협력적 평가를 오랫동안 훈련해 왔다. Fischer(1985/1994)는 심리평가가 비인간적이고 해가 될 수 있는 가능성을 없앰으로써 내담자를 인간답게 존중하고 이해할 수 있도록 평가 과정을 개발했다.

Fischer 또한 협력적 평가 기법에 기초하여 현상주의 심리학의 과학적 논리 철학을 표방했다. 상호주의 모형을 요약하면 다음과 같다. "우리는 외부 현실을 알 수 없다. 우리는 관찰한 것에 의미를 부여하기 위해 반드시 자신의 관점과 배경, 관심을 반영한다."(보다 자세한 논의는 17장의 Fischer 이론을 보라) 이러한 관점은 협력적 평가의 여러 측면을 확장시켰고, 심리검사 점수와 사건과의 관계를 살펴보는 태도를 자리 잡게 했다. 당신이 Fischer의 모형을 이해했다면, 검사 점수에 대해 내담자와 논쟁하지 않을 것이다(예, "우울하지 않다는 것이 무슨 말인가요? MMPI-2의 2번 척도가 98점인데!"). 자연스럽게 당신은 MMPI-2 점수와 심리학자가 "우울"이라고 한 것과 내담자의 경험과의 유사점에 관해 관심을 가질 것이다. 현상주의 심리학을 신뢰한다면 내담자와 이 문제에 대해 논쟁할 필요가 없다. 이러한 이유 때문에 Fischer의 인간-과학 구조는 협력적 평가 기법과 일맥상통한다. 따라서 내가 지금 초점을 두고 있는 것은 치료적 평가의 기초라 할 수 있다.

**보기 1-1 심리평가의 유형**

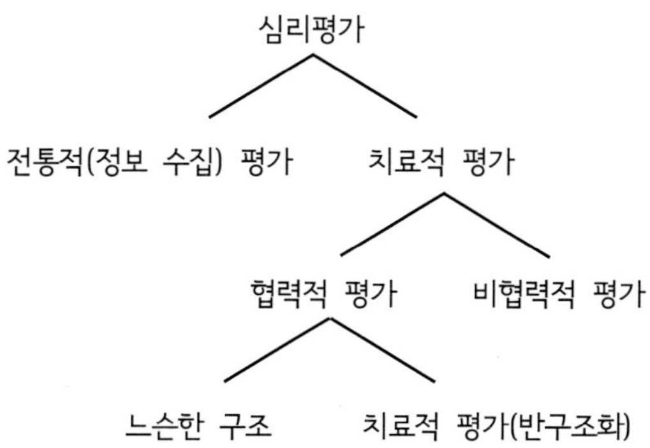


## III 치료적 평가

Texas주 Austin의 치료적 평가 센터에서 나와 동료들이 개발한 Fischer의 인간-과학 철학에 기초한 반구조화된 협력적 치료를 위해 나는 치료적 평가라는 용어를 사용했다. 나는 Fischer, Handler, Purves의 접근을 "느슨한 구조"의 협력적 평가라고 부른다. 왜냐하면 이 작업이 체계적이긴 하지만, 진정한 치료적 평가로 보기는 어렵기 때문이다. 그리고 우리의 방법론이 덜 구조화된 협력적·치료적 평가보다 더 도움이 된다고 말할 수도 없다. 그러나 나는 협력적 평가 구조가 평가자를 안내하고, 가르치며, 연구하는데 도움이 될 것이라고 믿는다. 나는 치료적 평가가 Fischer, Handler, Purves

만큼 창조적이고, 직관적이며, 기민하지 않은 우리 같은 사람을 위해 만들어진 것이라고 농담을 하곤 했다. 당신이 일정 기간 동안 치료적 평가의 구조를 따르면, 결국은 이 형식에서 벗어날 수 있을 것이다. 나는 열심히 연습하면 언젠가 멋지게 재즈 연주를 할 수 있을 것이라고 말한 어릴 적 피아노 선생님의 충고가 떠올랐다. 최근에야 비로소 이 말의 의미를 알게 되었다.

**보기 1-2 치료적 평가의 흐름도**

1단계
첫 회기

⬇

2단계
표준화 검사 회기

⬇

3단계
평가 개입 회기

⬇

4단계
요약/논의 회기

⬇

5단계
문서 피드백 회기

⬇

6단계
추수 회기

## 치료적 평가의 과정과 개요

여기서는 치료적 평가의 일반적 구조를 개관하고, 어떻게 모형이 개발되고 통합되었는지를 설명할 것이다. 우선 평가 단계를 제시하지 않고 치료적 평가 순서를 먼저 논의하겠다.

### Ⅲ 4단계 - 요약/논의 회기

나는 대학원에서 처음으로 심리평가의 가치를 알았다. 내담자와 평가 결과를 논의하면서 여러 번 감동적인 경험도 했다. 내담자들은 평가 후에 삶이 변했다고 했다(나는 2장에서 이 경험을 다루었다). 그래서 어떻게 평가가 치료적이고, 그렇게 될 수 있는지를 발견하는 데 흥미를 느꼈고, "피드백 회기"에 관심을 가지게 되었다.

초기 연구에서는 내담자에게 도움이 되기 위해 피드백 정보를 어떤 순서로 제시할 것인가에 관심이 있었다. 나에게 의뢰한 대부분의 임상가들은 긍정적인 것부터 시작해야 한다고 했다. 그러나 이것은 자기상이 부정적인 내담자들에게는 별로 도움이 되지 않았다. 대신 Bill Swan과 나는 다음과 같은 순서로 하는 것이 내담자가 평가 정보를 잘 이용하고 통합할 수 있다는 것을 알았다(Schroeder, Hahn, Finn, & Swann, 1993).

(1) 수준 1부터 시작하라. 이것은 내담자가 이미 알고 있는 것으로 지도를 그리는 것이다. 자신이 외향적이라고 생각하는 사람에게 MMPI-2의 0번 척도가 낮은 것은 새로운 사람과 만나는 것을 좋아하고, 여러 사람들과 함께 있는 것을 즐기며, 혼자 일

하기를 싫어하는 사람이라는 것을 나타낸다고 설명한다.

(2) 다음으로 내담자가 자신에 대해 평소 생각하는 방식을 재구성하는 수준 2를 소개한다. 이것은 무기력, 동기 저하, 집중력 부족으로 고민하는 내담자에게 로르샤하의 D 점수가 −4인 것은 단순히 게으른 것이라기보다 정서적으로 압도당하고 있다는 것을 나타낸다고 말해 주는 것이다.

(3) 마지막으로 자신에 대해 갈등하고 있는 내담자에게 수준 3을 소개한다. 많은 내담자들은 평가가 끝난 후에도 계속 정보를 살펴보고, 그것을 자신의 것으로 받아들인다.

**보기 1-3 심리평가 결과 제시 순서**

▸ 수준 1 결과

자신의 일상적인 사고방식을 보여주는 결과는 피드백 회기에서 쉽게 받아들인다. 이런 정보를 들었을 때 내담자는 "꼭 내 이야기 같아요."라고 한다.

▸ 수준 2 결과

자신의 일상적인 사고방식이 과장된 결과는 자존감을 위협하고, 자신을 부정적으로 바라보게 한다. 이런 정보를 들었을 때 내담자는 "이런 식으로 생각해 본 적은 없지만, 들어보니 그럴 수도 있겠네요."라고 한다.

▸ 수준 3 결과

자신의 일상적인 사고방식이 이상하거나 불일치하는 결과는 피드백 회기에서 거부되기가 쉽다. 일반적으로 수준 3의 결과는 내담자에게 불안을 일으켜 방어기제가 작동된다.

내담자와 평가 결과를 나누는 방식에 대해 연구한 Swann과의 작업은 왜 이 접근이 최선인지를 보여준다(Swann, 1996, 1997; Swann, Stein-Seroussi, & Giesler, 1992). 자기-검증 이론에 따르면 사람들은 자신과 불일치하는 정보는 거부하고, 자신에 대한 현재의 "도식"은 유지하려고 한다. 자기-존중감이 낮은 사람에게 칭찬을 하면, 자신에 관한 이야기가 부정적일지라도 이것은 사실이 된다(Swann, Wenzlaff, Krull, & Pelham, 1992). 자기 검증 정보로 평가 피드백을 시작해서 점차 자기 검증을 적게 하는 결과로 옮겨갈 때, 자신과 세계에 관해 생각하는 방식에 새로운 정보를 통합할 수 있는 최적의 조건을 만들어낼 수 있다.

내가 자기-검증 이론을 처음 접했을 때, 이것이 심리평가 개입의 가장 적절한 방법이라는 생각이 들었다. 그것은 내담자 자신과 타인에 대한 존재 개념화였다.

우리가 모호하고, 부정적이고, 자기 연민이 부족한 내담자의 이야기를 변화시킬 수 있다면, 그의 삶에 많은 영향을 줄 수 있다. 이 무렵 나는 피드백 회기에 대한 두 가지 통찰이 있었다. 첫째는 사람들은 자신의 신념을 쉽게 바꾸지 않고, 새로운 정보를 동화하고 조절하기 위해서는 정서적으로 지지할 필요가 있다는 것이다. 내가 이 작업에 박차를 가하자 내담자와 깊은 관계를 맺고 반영하는 능력이 향상되었다. 둘째는 평가 결과를 나누고 질문에 동의하는지 여부를 묻고, 실제 예를 찾는 것이 내담자를 변화시킨다는 것을 알게 되었다. Hanson과 그의 동료의 연구에 따르면, 평가 결과를 내담자와 함께 논의하는 상호작용 방식은 평가자가 주도하여 검사 결과를 일방적으로 제시하는 것보다 도움이 되었다(예, Hanson, Claiborn, & Kerr, 1997). 이 때문에 나는 평가 마지막의 "피드백 회기"를 "요약/논의 회기"라고 부른다.

## III 1단계 - 첫 회기

심리평가에 자발적으로 참여한 내담자의 말을 경청해 보면, 자기-도식이 다른 사람보다 개방적이라는 것을 알 수 있다. 때로 내담자는 새로운 사고방식으로 자신과 세계를 적극적으로 탐색한다. 첫 평가 회기에서는 당황스럽고, 궁금하고, 난처한 것을 묻는 질문이 평가의 초점이 된다. 그리고 피드백 회기 동안 평가 정보를 전달하는 "문을 열게" 함으로써 내담자의 이야기는 유연해 진다. 동료들과 나는 평가 질문이 자신의 문제와 관련되면, 내담자는 수준 3의 결과를 많이 수용한다는 것을 알았다. 또한 내담자의 평가 질문은 자기-도식에 관해 많은 정보를 준다. 우리는 검사가 끝나기 전에 질문에 대한 답을 추측함으로써 수준 1의 정보를 찾을 수 있다. 마지막으로는 문제에 초점을 두어 전체 평가 과정에서 내담자가 중심이 되게 하고, 불신을 줄이고, 적극적으로 평가에 참여하고, 호기심을 가지게 한다.

이러한 요인은 평가에 대한 치료의 영향을 강화하는 것처럼 보인다. 하지만, 나는 시간이 지날수록 내담자가 문제에 대해 호기심을 가지는 것이 가치 있는 일이라는 확신이 들었다. 함께 찾아야 할 삶의 문제를 간과했다면, 내담자와 함께 평가 질문을 구성할 수도 있다. 내담자는 자신의 어려움을 구체적인 질문으로 바꾸기만 해도 마음이 편해진다고 보고했다. 어떤 임상가는 그 과정에 관찰하는 자아가 관여한다고 했다. 나는 Schore(1994)와 Siegel(1999) 같은 발달정서신경생물학자들이 뇌의 다른 부위를 자극하는 것이 뇌를 발달시킨다고 말한 것을 믿는다.

## Ⅲ 5단계 - 문서 피드백 회기

내담자의 평가 질문은 문서 피드백을 구조화하는데 유용한 방법을 제공한다. 우리는 내담자에게 형식적인 심리보고서를 주지 않고, 요약/논의 회기 동안 평가 질문에 대한 내담자의 정보를 반영한 편지를 썼다. 시간이 많이 걸려도 나는 그 가치를 믿었다. 예를 들면, Lance와 Krishnamurthy(2003)의 연구는 구두와 문서 평가 피드백의 결합이 구두 피드백 단독보다 더 낫다는 것을 보여주었다. 또한 우리는 평가에 나타난 새로운 이야기를 공동 편집하기 위해 편지의 초안을 언급하거나 수정하는데 내담자를 참여시킨 Fischer (1985/1994)의 모형을 적용했다. 내담자에게 보낸 편지의 예는 7장과 10장에 있다.

## Ⅲ 2단계 - 표준화 검사 회기

협력적 평가와 달리 치료적 평가는 표준화 절차에 따라 실시된 검사로 한 번 이상의 회기를 진행한다. 개별화된 심리평가에 대한 Fischer의 생각에 따르면, 검사 배터리는 미리 정해 놓지 않는다. 어떤 검사는 내담자의 질문에 따라 결정된다. 어느 정도는 평가자의 경험에 의존한다. 예를 들어 학습장애가 있다면, 내담자에게 지능검사나 학습검사를 실시한다. 어머니에게 화를 내는 이유를 알고 싶은 내담자에게는 MMPI-2와 로르샤하를 실시한다.

표준화 검사 회기 동안 당신이 벽에 붙은 파리 보듯 나를 보고 있다면, 전통적인 심리평가를 훈련한 평가자와 별반 차이가 없을 것이다. 예외는 다음과 같다.

(1) 검사 순서는 다음 지침을 따른다. 우선 내담자의 평가 질문에 대해 안면 타당도가 높은 검사를 먼저 실시한다. 이것은 내가 엿보기에 대한 취미가 있기 때문이 아니라, 계약에 동의한 정보를 수집한다는 것을 보여줌으로써 불안을 줄이기 위해서이다. 예를 들어 내담자가 자신이 주의력결핍과잉행동장애(ADHD)인지를 알고 싶다면, ADHD에 대해 안면 타당도가 높은 검사를 먼저 실시한다. 그 다음 주의와 기억검사를 실시한다. 이후 상대적으로 검사 불안이 적은 로르샤하나 MMPI-2 같은 검사로 옮겨간다.

(2) 내담자가 검사 목적을 이해하지 못하면 평가 질문과의 연관성 정도에 따라 검사를 소개한다. 예를 들면, "MMPI-2는 분노나 우울과 불안에 관한 정보를 살펴보는 검사입니다. 당신이 어머니에게 왜 그렇게 화가 났는지를 이해하는데 MMPI-2가 도움이 될 거라고 믿습니다."

(3) 다음으로는 검사 후 질문과 관련 있는 사건에 주의를 기울이면서 내담자의 경험을 묻는다. 예를 들면, ADHD에 관해 궁금해 하는 내담자에게 WAIS-Ⅲ(Wechsler, 1997)를 실시한다. 그리고 집중력과 주의력, 그리고 평가 상황 이외의 것에 대해 나눈다. 만약 어머니에게 화가 난 남자에게 로르샤하를 실시했다면, Ⅶ번 카드를 본 후 그것이 의미하는 바에 대해 질문한다. "얼음송곳", "호두 까는 기구", "툰드라" 같은 반응은 어머니와의 관계에 대해 무언가를 말해 줄 수 있다. 대안으로 Handler(2006)의 확장된 질문 기법을 사용하여 "이 얼음송곳이 말을 할 수 있다면 뭐라고 할 것 같나요?"라고 묻는다. 확장된 질문은 10장과 11장에 제시하였다.

평가 동안의 대화는 내담자의 행동과 검사 점수를 이해하는데 도움이 된다. 또한, 대화는 평가 마지막에 큰 변화를 가져오게 하기보다는 내담자의 이야기를 점차 "공동 편집" 할 수 있는 기회를 제공한다. 이런 이유 때문에 치료적 평가는 마라톤 검사 회기로 하루에 모든 검사를 다 하지 않고, 일주일에 한 번이나 두 번 정도 한 시간에서 한 시간 삼십분이나 두 시간 정도로 나누어서 실시한다. 이렇게 부드럽게 정서를 다룸으로써 내담자는 덜 압도되고, 적극적인 협력자로 참여할 수 있으며, 점차 자신의 이야기로 옮겨갈 수 있다.

### III 3단계 - 평가 개입 회기

*평가 개입 회기*는 치료적 평가 과정의 마지막에 추가되었고, 한 번에 여러 문제를 다루기 위해 개발되었다. 첫째, 어떤 평가에서는 검사에 관해 내담자와 논의할 기회가 별로 없다. 나는 MMPI-2를 이용해서 평가를 해왔다. 상상할 수 있듯 567문항의 그렇다-아니다 반응 모두를 내담자와 탐색하는 것은 쉽지 않다. 둘째, 평가 동안 "내담자가 성장"하려는 노력에도 불구하고, 피드백을 계획할 때 중요한 것은 내담자에게 위협이 되는 수준 3의 정보이다. 셋째, 요약/논의 회기에서 완전한 형태를 제시하기보다 내담자에게 새로운 이야기의 "산파" 역할을 하는 것이 보다 치료적일 수 있다.

평가 개입 회기는 의외로 간단하다. 내담자에게 치료적 개입에서 관찰하고, 탐색하고, 이야기를 한 일상의 문제에 초점을 두게 한다. 이 회기는 검사가 끝난 후에 하기 때문에 평가자는 목표로 삼은 문제 경험을 어떻게 도와주고 불러일으킬 것인지를 상상하면서 "내담자의 눈으로 볼 수 있게끔" 검사를 이용한다. 평가자는 내담자의 일상과 관련된 정서를 불러일으키는데 사용할 평가 자료와 기법을 가지고 있다. 이것은 치료적 평가에서 "게슈탈트 치료"의 단계라 부른다. 나는 대부분의 기법을 Fischer(1985/1994) 책의 "평가 과정" 부분에서 빌려왔다. 내가 그 책을 읽었던 첫 날, 잠을 이루지 못했던 것을 기억한다. 특히, 나는 내담자를 위해 생동감 있게 검사를 이용한 Fischer의 창조적인 방법에 감동을 받았다. 나의 평가 개입 회기는 Fischer의 창조성을 "표준화"해서 가르칠 수 있게 만든 것이다. 여전히 그것은 치료적 평가를 배우는데 어려운 부분이다. 그래서 나는 8장에서 평가 개입 회기 실시에 대해 자세히 설명했고, 10장과 12장에서는 사례를 제시하였다.

### III 6단계 - 추수 회기

추수 회기는 가장 최근에 치료적 평가 모형에 추가되었다. 솔직히 말해 나는 내담자들의 요청으로 추수 회기를 시작하게 되었다. 평가와 질문을 논의하기 위해 2~3개월 내에 내담자를 다시 만나는 것은 도움이 되었다. 이 때문에 요약/논의 회기 때 내담자에게 미리 추수 회기에 대해 알려준다. 이는 평가가 끝난 후 심리치료를 계속 하지 않으려는 내담자에게도 도움이 된다. 실제로 경과를 논의하고 다음 단계를 위해 일 년에 한 번이나 두 번 정도 회기를 위해 오는 사람들도 있다. 처음에는 이 모형에 대해 회의적이었지만 정기적인 상담이 뒤따르는 사람들에게 도움이 되었고, 어떤 이유에서건 심리치료를 원치 않는 사람에게 합리적인 방안을 제공한다는 생각이 들었다.

## 결론

이 장은 Austin의 평가 센터에서 훈련해 온 치료적 평가에 대한 개관이다. 이 책의 나머지 장을 읽어보면 보기 1-2처럼 치료적 평가의 이론과 구조를 통해 내담자와의 상호작용이 어떻게 이루어지는지 알게 될 것이다. 이 과정은 계속될 것이고 새로운 경험이 될 것이라 믿는다.

그러나 내가 하는 평가가 조금씩 다를 수 있고 치료를 잘 하기 위해서는 계획을 수정할 필요도 있다. 어떤 내담자에게 평가 개입 회기는 불필요하거나 위험하며(Zamorsky, 2002), 다른 내담자에게는 검사 후에 결과를 논의하는 것이 좋다. 어떤 내담자는 평가가 끝날 때까지 자신에 관한 질문을 하지 않는 경우도 있다(T. P. Smith, 2002). 나머지 장을 읽어 보면 치료적 평가를 구조화 하고, 협력적 평가 방법을 훈련할 수 있을 것이다. 여러 이유 때문에 치료적 평가의 모든 단계를 살펴볼 수는 없다. 하지만, 이것을 부정적으로 생각하지는 마라. 나는 당신이 이 기법을 내담자에게 적용시키도록 할 것이다. 무엇보다 내담자를 치료하기 위해서는 내담자를 존중하고, 검사 점수로는 절대적 진실을 알 수 없다는 것을 기억하라. 이를 유념하면 이미 당신은 치료적 평가를 하고 있는 것이다. 이는 내담자와 당신에게 도움이 될 것이다.

2

# 심리평가의 힘과 잠재성 알기[1]

내가 처음 심리평가의 힘에 관해 심리학자들에게 말했을 때, "알고 있는 이야기를 반복"하는 것은 아닌가 걱정을 했었다. 그러나 그때 발표장에 있던 몇몇은 눈을 반짝였고, 내담자와의 경험을 전할 때는 고개를 끄덕이기도 했다. 그러나 심리평가를 진단과 치료를 계획하는 도구 이상으로 보지 않는 사람들도 있다는 것을 알게 되었다.

아직도 많은 사람들이 심리평가의 힘과 잠재성을 모르고 있다. 나는 심리평가의 신비와 변화의 놀라운 힘을 경험했고, 그 잠재성을 깨달았다. 그래서 "이 내담자는 어떻게 해야 하지?"라는 생각으로 심리평가를 시작한다. 평가가 진행되면 내담자와 내가 만든 변화에 놀라기도 한다. 논문과 다른 심리학자의 보고서를 읽고, 전문가 모임에서 발표를 해왔어도 여전히 나는 심리평가를 잘 모르겠

1 이 장은 성격평가학회 첫 회장 수락 연설에서 인용한 것이다(Finn, 2002b).

다. 심지어 경험 많은 심리평가자도 어둠 속에서 보물을 찾을 때는 지도를 본다. 우리가 심리학자의 일의 특징을 이해 못한다면, 성격평가에 회의적인 사람들을 어떻게 설득할 수 있겠는가?

나는 심리평가라는 보물을 처음 만난 날을 기억한다. 그 날은 Minneapplis Hennipen주립병원에서 훌륭한 지도감독자와 평가 수련의 한 해를 끝낼 무렵이었다. James Butcher와 Auke Tellegen에게는 MMPI를 배웠고, 지능검사는 유명한 신경심리학자에게, 그리고 로르샤하와 TAT는 유능한 겸임교수에게 배웠다. 나는 이 과정이 흥미로웠고 심리검사의 유용성에 호기심이 많았다.

주 감독자였던 Glenna Schroeder 박사는 내가 대학원생이었을 때 조현병을 앓고 있던 Joe라는 환자와 첫 평가를 할 수 있게 해주었다. Joe는 임상심리실과 정신건강의학과 직원들에게 잘 알려진 노숙자였다. 그는 급성 정신증 때문에 1년에 두 번 정도 응급실에 오는 전설적인 인물이었다. 매번 Joe는 약물로 안정되었고, 3주 후면 퇴원을 했다. 이후에는 치료를 거부하고 6개월 후 재입원을 반복했다.

나는 퇴원하기 일주일 전 Joe를 보았다. 그는 심리평가에 짜증이 나있었다. WAIS와 MMPI는 이미 실시했었고, 로르샤하를 남겨두고 있었다. 그는 내가 처음으로 로르샤하를 실시한 환자였다. Joe는 Ⅱ, Ⅲ, Ⅷ, Ⅸ, Ⅹ번 카드를 거부했다. 나는 로르샤하를 실시 할 준비가 되어 있었고, 계속했다면 무언가를 더 볼 것이라고 확신했었다. 그러나 그는 검사를 거부했다. 나는 더 이상 질문을 하지 못했다. 그는 "불쾌하다."고 한 카드에서 어떤 것도 보지 못했고, 이미 한 반응이 전부라고 말했다. 나는 더 이상 로르샤하를 실시하지 못하고 지도감독자에게 갔다.

Schroeder 박사는 훌륭한 임상가였다. 그녀는 나에게 잘했다고 격려했고, 로르샤하를 채점한 뒤 아침에 보자고 했다. Joe의 반응 대부분은 순수 형태 반응이었고, 거부하지 않았던 카드 반응은 타당했다. 다음날 Schroeder 박사는 Ⅱ, Ⅲ, Ⅷ, Ⅸ, Ⅹ번 카드의 공통점에 대해 나에게 물었다. 나는 "유채색입니다."라고 답했다. "좋아요.", "그럼 색깔 카드에 관해 로르샤하가 말해주는 것은 뭐죠?", "그것은 정서를 불러일으킵니다.", "Joe가 불쾌하다고 한 것은 무엇을 의미하죠?", "카드가 불러일으킨 정서를 좋아하지 않는다는 건가요?", "좋아요! 그럼 직면하기 싫은 정서를 그는 어떻게 했죠?" 여기서 나는 곤경에 빠졌다. "부인했지요.", "Joe는 병원을 떠날 준비가 되어 있었지만, 오랫동안 불쾌한 감정을 억누르고 있었죠. 그래서 결국 다시 폭발했던 거예요."라고 Schroeder 박사가 설명했다.

나는 Schroeder 박사의 해석에 놀랐다. 결정적이었던 것은 내가 검사에 관해 이야기 하러 다시 Joe에게 갔을 때였다. 로르샤하에 대해 말할 때 그는 눈물을 흘렸다. 지금껏 아무도 자신을 이해해 준 사람이 없었다고 했다. 우리는 "불쾌한" 감정에 관해 나누었고, 회복 프로그램에 참여하기로 했다. 악수를 했고 서로의 눈을 바라본 후 헤어졌다.

회기가 끝난 후 나는 깊은 감명을 받았다. 또한 로르샤하에 대해 확신을 가지게 되었다. 13개월 뒤 나는 같은 병동에서 심리학 인턴을 시작했다. 얼마 후 Joe는 응급실에 다시 오게 되었다. 간호사들은 마지막으로 내가 Joe를 본 이후 입원을 하지 않아 그에게 나쁜 일이 일어난 것이 아닌가 걱정을 하던 차였다. 마침내 Joe가 병동에 왔고, 그는 나를 보자마자 뛰어 들어와 내 손을 잡았다. "우리 잉크반점 검사 다시 할 수 있어요? 그것은 내 인생에서 중요한 것 중 하나였어요!" 나는 놀랐지만, 할 수 있다고 했고, 그에게 어떻게 지냈는지를 물었다. 그는 집단치료 모임에 참여했고, 약물치료를 받았다고 했다. 회피했던 감정을 직면하는 것이 어려웠고, 최근 한 친구가 죽은 후 입원하게 되었다고 했다. Joe는 “자신의 상태를 확인”하고 싶어 했다. 다음 주 실시한 로르샤하에서 그는 10개 카드 모두에 반응을 했다.

이 경험은 나에게 의미가 있었다. 왜냐하면 나는 평가 교육 과정 중 이런 상황에 어떻게 대처해야 하는 지를 배운 적이 없었기 때문이었다. 당시 검사는 타당했고, 신뢰로웠으며, 흥미로웠다. 그러나 심리평가가 사람들의 삶을 바꿀 수 있다는 것을 왜 아무도 말해 주지 않았지? 이것에 관한 책은 어디 있지? 연구가 되어 있나? 이것이 그렇게 큰 비밀이었나? 이 의문을 심각하게 고려해 보자. 심리평가가 내담자의 삶을 변화시킬 수 있다면, 사람들은 왜 이 사실에 관해 알고 싶어 하지 않나?

나는 심리학에서 심리평가를 혈액검사와 별반 다르지 않다고 보는 오래전 패러다임을 살펴보았다. 우리는 비협조적인 “환자”에게 정보를 “얻기” 위해 심리검사를 사용한다. 검사를 하면, 자료를 컴퓨터로 분석하고 결정을 내리고 이것을 치료에 이용한다. 어쨌든 그 방식을 따르는 누군가는 우리가 발견한 것을 환자에게 말하고 싶어 하지만, 실상 이것이 필수적인 것은 아니다.

특히 인간적이고, 기계적이지 않게 심리평가를 훈련받은 재능 많고 뛰어난 임상가들에게 이것은 가혹한 일이다. 그러나 나는 그들이 예외라고 생각한다. 얼마나 많은 평가자들이 피드백을 하지 않고, 기술적인 전문 용어와 의미 없는 미사여구로 가득한 길고 획일적인 보고서를 쓰는지 아는가? 심리학자가 평가에 정말 필요한 일을 하는 대신, 타당도 척도를 개발하기 위해 얼마나 많은 노력을 기울이는지 아는가? 전문가로서 조용히 앉아 비인간적이고 해를 주는 겉만 번지르르한 심리평가 훈련을 계속 할 것인가? 만약 우리가 심리평가의 힘과 잠재성을 모른다면 분명 이렇게 될 것이다. 소수의 학생만이 심리평가를 배울 것이고, 뉴욕 타임즈는 우리에 관해 비판적인 기사를 쓸 것이다. 그리고 의료 관료가 심리평가 예산을 삭감하는 것은 놀랄 일이 아닐 것이다.

우리는 심리평가 역사에서 중요한 시기를 맞이하고 있다. 심리평가의 비밀을 알기 위해서는 적극적인 노력이 필요하다. 어떻게 이것을 할 수 있을까?

첫째, 심리평가에 대한 직업적 관점을 없애야 한다. 이것을 위해 자신을 속이지 않고, 내담자에게 MMPI-2, 로르샤하, 벡우울척도를 실시할 때 마다 이를 인식해야 한다. 어쩌면 우리는 이것을 무시한 채 우리 일을 단순하게 보고, 많은 검사를 해서 돈을 벌고, 상사를 행복하게 할 수도 있다. 만약, 우리 일의 중요성을 알지 못한다면, 심리평가가 혈액검사와 다를 바 없다는 잘못된 메시지를 내담자에게 전달하게 될 것이다.

둘째, 우리는 기회가 있을 때 마다 심리평가가 할 수 있는 것을 알리고, 만족한 내담자들이 다른 사람에게 전할 수 있도록 해야 한다. 우리는 Austin에서 치료적 평가를 특화했고, 의뢰받은 많은 내담자들에게서 평가가 도움이 되었다는 것을 들었다. 일년에 한 번은 평가 시연 워크숍을 개최했고, 다른 심리학자와 정신건강전문가는 이를 보고 조언을 해주었다. 그들은 평가가 무엇을 할 수 있는지를 알게 되었다. 요즘은 보통 4~5명의 워크숍 참여자들에게서 평가에 대한 문의가 온다. 그리고 나는 성격평가학회지에 심리평가 사례를 실었다. 또 '심리평가가 어떻게 내담자를 변화시키는지', 혹은 그렇지 않았던 사례도 보면서 평가를 향상시킬 방법을 연구하고 있다. 왜냐하면 여전히 많은 사람들이 심리평가의 힘과 잠재성을 충분히 이해하지 못하고 있다고 생각하기 때문이다. 그래서 우리는 검사 구성과 타당도만을 연구하는 것에서부터 심리평가의 유용성과 치료 요인을 배우는 것으로 초점을 바꿀 필요가 있다. 나는 1996년부터 1997년까지 심리평가 워크 그룹의 APA 특별위원장 일을 했다. 당시 업무는 심리평가 타당도와 유용성에 관한 문헌을 개관하는 것이었다. 어쩌면 당신은 심리검사 타당도에 관한 우리의 보고서를 읽었을지도 모르겠다(Meyer, Finn, Eyde, Kay, Kubisyn, Moreland, Eisman, & Dies, 1998; Meyer et al., 2001). 검사의 유용성을 고려하면, 실망스러운 소식이 있다. 여전히 심리평가의 유용성이나 치료적 가치에 대한 연구가 거의 되어 있지 않은 실정이다. 연구는 즉시 시작되어야 하고, 그 필요성도 크다.[2]

이번 장을 마무리 하면서 나는 처음 마음으로 돌아가고자 한다. 나는 심리평가를 사랑한다. 개인적으로 이보다 흥미롭고, 감동적이며, 도전적인 일을 생각해 낼 수가 없다. 여러분도 나와 비슷하게 느끼리라 믿는다. 자! 심리평가의 힘과 잠재성을 알리는 일에 당신도 동참하지 않겠는가?

---

2 거의 십년 후에야 소수의 연구자들이 우리의 요구에 관심을 가졌다. 하지만 여전히 이런 연구가 활발히 진행되지 않고 있는 실정이다.

3

# 치료적 평가: Harry가 옳았을까?[1]

이 장에서는 나의 전문 분야가 어떻게 발전해 왔는지를 살펴보려고 한다. Harry Stack Sullivan이 치료적 평가의 발전에 미친 영향과 함께 Sullivan의 생각과 일치하는 치료적 평가의 특징을 살펴볼 것이다. 마지막으로 치료 과정에서 심리평가 정보를 어떻게 얻을 수 있을지에 관해 논의할 것이다.[2]

## Sullivan과 그의 책과의 만남

학부 때 Sullivan의 책을 읽는 것은 흔치 않은 일이다. Haverford

1 이 장은 성격평가학회지에 투고한 논문(Finn, 2000)에서 발췌하였다. Leonard Handler와 David Nichols의 의견과 초안 검토에 감사드린다.

2 내가 알기에 Sullivan은 강의나 저서에서 심리검사를 직접 거론하지는 않았지만, "진단과 예후는 임상적으로 고려해야 할 사항과 분리할 수 없다."(1940/1953, p.180)라고 하였고, 과거력에 대한 정보도 대인관계를 이해하는데 필수적이라고 주장했다.

대학 교수였던 Douglas A. Davis는 Sullivan에 관심이 많았던 성격 심리학자였다. 신입생이었을 때 나는 Davis가 강의 중에 Sullivan에 대해 언급했던 것을 기억한다. 2년 후 나는 Haverford주립병원에 입원한 조현병 환자를 이상심리학 강의의 일부로 만나면서 *조현병의 정보 처리 과정*(Sullivan, 1962)이라는 책을 읽게 되었다. 당시 나는 Sullivan의 통찰에 놀랐다. 또한 독실한 Quaker 교도로서 조현병 환자에 대한 Sullivan의 심오함에 감명을 받았다. 그것은 보편적인 인간애를 담고 있는 “내면의 빛”이라는 퀘이커 교도의 사상과도 잘 들어맞았다.

나는 Minnesota대학 대학원에 입학한 첫 학기에 *정신건강의학 면담*(Sullivan, 1954)이라는 책을 읽었다. 좋은 면담은 내담자를 변화시키고, “타인과 함께 살게 해준다.”는 Sullivan의 말은 인상적이었다(1954, pp.18-19). 후에 이것은 나에게 중요한 주제가 되었다. 나는 Perry의 Sullivan에 대한 전기(1982)를 열심히 읽었다. 이 책에서 Sullivan이 동성애자나 양성애자이고, 나처럼 뉴욕 북부의 가난한 가정에서 태어났다는 것을 알았을 때 그를 동일시하게 되었다.

Sullivan의 생각에 대한 중요한 변화는 Minneaplis의 Hennepin 주립병원에서 인턴과 연구원 기간 동안에 있었다. 나의 지도감독자였던 Ada Hegion 박사와 Kenneth Hampton 박사는 대인관계 원리에 따라 심리치료와 심리평가를 실시했다. 그들을 만나면서 나는 치료자와 내담자 사이의 관계의 힘에 대해 배웠다. 그리고 조현병 환자를 대상으로 심리평가를 하면서 치료적으로 가치 있는 사례를 생생하게 볼 수 있었다. 또한, Hampton 박사와 Hegion 박사의 소개로 Washington 정신의학 교실의 Frieda Fromm Reichnann(1950)의 책을 읽게 되었다.

Sullivan을 알게 된 마지막 경험은 Austin의 Texas대학 조교수로

부임한 첫 해 동안에 있었다(1984~1985). 나는 심리평가 강의에서 *정신건강의학 면담*을 학생들에게 읽게 했다. 이 책을 잘 가르치고 이해하기 위해 *현대 정신의학의 개념*(1940/1953), *정신의학의 대인관계 이론*(1953), *정신의학과 사회과학의 융합*(1964)과 같은 Sullivan의 다른 책도 읽었다. 이때는 치료적 평가 모형을 개발하고 효과 연구를 시작한 무렵이었다. 그래서 치료적 평가에 사용된 개념과 용어 중 상당수는 Sullivan의 것이었다. Texas대학에 있을 때 실시한 치료적 평가의 경험적 연구(Finn & Tonsager, 1992)에 Sullivan의 특징이 반영된 것은 우연이 아니었다.

## Sullivan과 치료적 평가의 유사점

치료에 대한 Sullivan의 접근과 치료적 평가 원리와 실제 사이에는 비슷한 점이 많았다. 나는 평가에 대한 접근을 연구하면서 그 관련성이 궁금했다. 후에 Sullivan에 대한 Evans(1996)의 글을 읽으면서는 다른 점을 발견했다. 그래서 이 유사점을 살펴보았다.

### Ⅲ 내담자가 가지는 목표의 중요성

Sullivan은 내담자가 개별화된 목표를 달성하는 것이 중요하다는 것을 강조했다. 이것은 내담자의 신뢰를 얻고, 필요한 정보를 수집하여 치료 계획을 세우는 데 필수적이다. 내담자가 임상가와의 상호작용으로 도움을 받을 수 없다면, Sullivan의 관점에서는 "제한된 목표"만 달성할 수 있다(1954, p.17).

심리검사는 전통적으로 치료와 분리되어 개념화되어 왔기 때문에 심리학자들은 내담자의 목표를 강조하지 않는 대신 의뢰된 문제에 초점을 두었다. 나는 이것이 잘못되었다고 생각한다. 나는 치료적 평가에서 Sullivan의 생각을 재확인하였고, 심리검사의 일차 목표는 내담자를 돕는 것이라는 것을 강조했다. 내담자에게 도움이 되기 위해서 평가자와 내담자는 개별화된 질문을 만들어야 한다. 이 목표는 평가 회기에 수립된다. 내담자는 개인의 목표를 말함으로써 평가에 협력자로 참여하게 된다. Sullivan이 말한 것처럼 내담자는 "실패와 실수에 대해 솔직하게" 말해야 한다(1954, p.16). 심리검사의 타당도 개발에 초점을 둔 전통적 평가와 달리 이 접근은 내담자에 관한 "진실"을 말해 줄 것이다(6장을 보라).

## III 내담자의 개인 정보 보호

정신건강의학 면담에서 Sullivan(1954)은 중요하지 않은 자료를 선별해야 하고, 임상가가 개인의 호기심을 충족하거나 습관적으로 질문하는 것에 주의해야 한다고 했다(예, p.34를 보라). 이것은 임상가를 신뢰하는데 도움이 된다.

불행히도 전통적 심리평가는 이런 제한을 강조하지 않았다. 내담자는 어떤 설명도 듣지 못한 채 평가 목표와 관련 없는 질문에 답하고 검사하는데 많은 시간을 보낸다(의뢰 질문과 상관없이 검사 배터리를 사용하는 것은 개인의 생활과는 관련이 없다). 치료적 평가는 내담자의 사생활을 존중하고, 내담자와 관련 없는 질문은 하지 않는다. 나는 평가를 내담자가 목표에 도달하기 위해 인생 설계도에 '전망대'를 세우는 것으로 비유했다(Finn, 1996b). 특히, 내담자의 목표와 연관이 없는 검사와 질문은 인생 설계도와도 관련이 있다. 예를 들어, 최근에 한 내담자가 MMPI-2를 실시했는데, 평가 질문과 관련 없는 질문을 많이 받았다고 불평을 털어 놓았다. 나는 MMPI-2가 성격과 정서 상태를 알 수 있고, "사람들을 만나는데 왜 이렇게 힘들죠?"라는 질문에 답하는데 도움이 될 것이라고 말하였다. 평가가 진행되면서 평가자는 예상치 못한 결과를 재평가하기 위해 전망대를 넓힐 것을 제안한다. 하지만, 평가자는 훌륭한 목공처럼 전망대를 넓히기 전에 내담자에게 허락을 구해야 한다.

## Ⅲ 참여적-관찰자로서의 평가자

Handler(2000)는 참여적-관찰자로서 임상가에 대한 Sullivan의 개념을 소개했다. 나는 이것을 평가자가 "완벽히 객관적인" 관찰자이어야 한다는 전통적 평가의 논리-실증주의 관점과 비교하고 싶었다. 표준화된 자료 수집 절차는 전통적 평가 모형에서 강조하고 있는 방법이다. 그래서 (혈액검사와 비슷하게) 다른 자극 값을 써서 "시험관에서 균"을 얻지 않는다.

나는 Sullivan과 함께 현상주의 심리학과 상호주관에 관한 Fischer (1985/1994)와 다른 저자들(예, Stolorow & Atwood, 1992)의 영향을 받았다. 우리는 인간과학이 완전히 객관적이라고 믿지 않는다. 설령 객관적이라 할지라도 그것이 타당한 것이라고 생각하지 않는다. Handler가 증명한 것처럼 내담자와 우리가 반응을 신중히 다루면 평가 과정은 발전할 수 있다. Sullivan(1954)이 말한 내용을 보면 "... 정신건강의학과 의사는 언제나 면담에 개입한다. 그리고 면담에 참여하고 있다는 것을 인식하지 못하고, 그 과정에서 무엇이 일어났는지도 모른다."(p.19) 이것을 심리평가에 적용하면, 내담자 행동의 일부는 불가피하다는 것을 알게 될 것이다.

이러한 이유 때문에 나와 동료들은 Fisher(1985/1994)의 제안대로 평가 보고서를 작성해 보았다. 다음은 성문제로 의뢰된 남자 청소년에 대해 학교에 보낸 편지 내용을 요약한 것이다.

> 로르샤하에서 Jeff는 성반응을 했고, 내 반응을 살피며 힐끔거렸다. 내가 이것을 물었을 때 Jeff는 그 반응에 내가 "놀랐는지"가 궁금하다고 했다. 내가 "아니, 그냥 궁금해서"라고 했더니 Jeff는 실망한 듯한 눈치였다. 처음에는 부인했지만, Jeff는 사람들을 놀라게 하는 것이 "재미있어서" 그랬다고 했다. 그리고 사람들이 자신을 잘 알아주지 않는다고 했다. 자신이 "문제가 있다."는 것을 알고 사람들을 놀라게 하는 게 Jeff는 재미있었던 것이었다.

이것은 평가자-내담자의 상호작용만을 다루는 것처럼 보이지만, 의뢰인에게도 도움이 된다.

## Ⅲ 경청과 관찰의 중요성

Sullivan의 책은 정신의학 면담의 주요 방법으로 경청과 관찰을 강조한다. Sullivan은 조현병 환자들과의 치료에서 언어, 어조, 신체언어 뉘앙스에 집중할 줄 아는 임상가였다.

심리평가의 전통적 훈련은 검사 "점수"에만 초점을 두고, 점수가 나온 과정에는 주의를 기울이지 않는다. 알다시피 검사 점수는 여러 방법으로 얻을 수 있고, 과정을 배제한 채 결과에만 초점을 두면 중요한 정보를 잃어버릴 수 있다. 치료적 평가에서 내담자의 문제를 이해하는 방법은 대인관계 과정에 참여하는 것이다. 검사 점수는 내담자의 문제를 관찰하고 가설을 세울 때 비로소 그 가치를 발휘한다. 그리고 우리는 검사 점수를 내담자의 "진실"로 보는 대신 논의의 출발점으로 보아야 한다. Sullivan에 따르면 우리는 "진실"을 찾지 않고, "합의에 의한 타당성"만을 추구한다. 검사 점수로 얻은 가설은 평가자와 내담자 사이에 "지속적이고 반복적인 수정(Sullivan, 1954, p.121)"을 거쳐 검증되어야 한다.

## III 표준화된 정신의학 용어에 대한 회의

Evans(1996, 2000)에 따르면, Sullivan(1954)은 표준화된 정신의학 용어(진단 같은)와 덜 공식적인 정신의학 용어(모성 고착과 같은 용어)에 대해 회의를 품었고, "정신의학의 진부함"이라고 표현했다(p.35). 그는 이러한 용어를 비판했다. 왜냐하면 그것은 모호하고, 오해받기 쉬우며, 내담자와 소통할 수 없기 때문이다. 또한 진단은 내담자의 문제를 정적이고, 변하지 않는 것으로 보는 경향이 있다. 이는 문제를 개선하거나 악화시키는 상황 변인이다.

Sullivan의 의견에 따라 나는 치료적 평가에서 내담자와 논의할 때는 전문 용어 사용을 자제하고, 내담자와의 상호작용 경험을 1인칭으로 표현했다. 이와 관련해서는 Sullivan뿐만 아니라 Fischer의 영향도 받았는데, 그녀는 어떻게 의사과학(pseudoscientific) 용어가 기술을 대신하는지 그 예를 잘 보여주었다. 또한, Sullivan과 Fischer처럼 의사소통을 명료하게 하기 위해서 진단을 내리지 않았다. 왜냐하면 이것이 나의 관점을 반영하고 있기 때문이었다. 분명 거기에는 유전이나 생물학적 요인의 영향을 받은 심리적 특성이 있다. 하지만 평가의 목표는 내담자의 문제행동이 일어나는 맥락을 확인하는 것이다. 만약 내담자와 내가 그러한 요소를 안다면, 내담자를 괴롭히는 문제를 해결하기 위해 어떤 것이 필요한지를 알고 가설을 검증할 수 있을 것이다. 한 평가를 통해 나는 우리의 가설과 결과를 녹

음해서 내담자에게 들려주었고, 이를 통해 다른 전문가는 도움을 받을 수 있었다. 오랫동안 함께 일했던 정신건강의학과 의사가 내담자에게 다음과 같은 질문을 했을 때 나는 기뻤다. "Smith씨는 언제 조현병 증상이 많이 나타나고 덜 나타납니까?" 몇 년 전 같았으면 이 전문가는 이런 질문을 못했을 것이다.

### III "자기"가 변해야 변화가 일어난다

Sullivan의 가장 유명한 개념은 *자기-체계*이다. 이 개념은 우리의 정체감을 정의하고 자존감을 보호한다. Sullivan은 우리 모두가 자기-체계를 유지하려는 암묵적인 목적이 있다고 믿었다(그리고 그 때문에 불안을 회피한다). 그리고 환경이 바뀌면서 자기 개념을 변화시키지 못할 때 문제가 발생한다. 자기심리학에 익숙하다면, Sullivan의 이론이 Kohut(1977, 1984)에게 영향을 주었다는 것을 들어 보았을 것이다. Kohut처럼 Sullivan(1953)은 어떻게 임상가가 내담자의 자기-체계를 변화시킬 수 있을지에 대한 분명한 생각을 가지고 있었다. 이는 치료자와 내담자의 "친밀감"과 "의지"를 통해 생긴다. 내담자는 "더 큰 맥락 안에서 자기-체계를 수정할 수 있게 된다."(p.302)

Sullivan의 이론은 왜 평가가 내담자를 변화시킬 수 있는지에 관한 나의 생각을 담고 있었다. 비록 심리평가가 단기간의 상호작용이라 할지라도 내담자의 자기-체계에 직접적으로 영향을 준다는 것이 내 생각이다. 내담자를 관찰자로 참여시키고 가설과 검사 결과를 함께 논의함으로써, 자신에게 하는 이야기(예를 들면, 내담자의 자기-체계)를 수정해서 보다 효율적으로 살게 하는 것이 우리의 목표이다. 만약 성공적으로 개입하면, 변화는 맥락을 넘어 발생하고 내담자의 삶도 달라질 것이다. 나는 그러한 변화를 촉진하는 Sullivan

의 방법에 동의한다. 내담자는 평가자나 치료자에게 충분히 지지받고 안전하다는 것을 느껴야 하고 정체감 변화에 따른 불안을 견뎌야 한다. Sullivanian식 선거 표어를 제안하자면 다음과 같이 표현할 수 있을 것이다. "문제는 관계이다!"

## III Sullivan의 "한 통속" 가설과 심리평가

*한 통속 가설*은 "모든 사람은 다른 사람과 다를 게 없다."라는 Sullivan의 가정을 바탕으로 하고 있다(1953, p.32). 이처럼 단순하고 심오한 가정은 심리평가에서 중요한 의미를 가진다.

Sullivan의 관점을 적용해 보면, 내담자와 우리 사이에는 차이점보다 공통점이 많다. 그것은 심리평가자로서 우리의 작업이 긍정적이라는 것을 보여준다. 심지어 우리가 내담자의 복잡한 행동을 이해할 수 있다는 믿음으로 출발할 수 있었던 이유는 우리가 내담자와 그렇게 다르지 않기 때문이다. Sullivan의 말을 믿는다면, 내담자와의 상호작용을 함부로 할 수 없다. 왜냐하면 우리는 "신의 은총이 함께 한다."는 것을 알기 때문이다. 나는 한 심리평가 훈련에서 미심쩍은 것을 발견했다. 여기서는 내담자의 동의를 받지도 않았고, 피드백을 주지도 않았다. 이는 Sullivan의 틀에서는 상상도 할 수 없는 일이다. 우리는 내담자와 같은 인간이기 때문에 우리가 대우 받고 싶은 것처럼 내담자도 대우받고 싶어 한다.

Sullivan의 한 통속 가설은 흥미로운 도전을 준다. 내담자의 문제를 이해하기 위해서는 내적 투쟁과 갈등, 딜레마의 의미를 찾아 Sullivan이 "안전 활동"이라고 말한 것을 극복해야 한다. 그리고 나서야 비로소 내담자는 삶의 문제를 새로운 수준에서 이해할 수 있게 된다. 예를 들어 성문제가 있었던 Jeff와 했던 치료적 평가에서 나는 의미 없이 살기보다는 사람들에게 충격을 주고, 자벌적인 것이 낫다는 나의 일면을 발견하였다. 내가 이러한 감정을 알아차렸을 때, Jeff의 행동 때문에 어리둥절하고 분노했던 사람들에게 비로소 나의 이해를 전달할 수 있었다. 이러한 틀에서 Jeff는 인정받을 수 있었고, 타인을 놀라게 해서 얻었던 해결책을 다른 방법으로 대체할 수 있었다.

물론 환자의 행동은 특별하고, 놀랍고, 사회적으로 거부당하기 때문에 평가자는 내담자와 다른 점보다는 비슷한 점을 찾아야 한다. 나는 이것을 평가와 치료에서 "개인적이고 영적인 성장 부작용"이라고 부른다. 내담자를 통해 우리는 인정받지 못했던 자신의 일부를 찾게 되고, 그로 인해 인간으로서 연민과 힘을 느끼게 된다. Sullivan(1962)은 "면담자와 피면담자 사이에는 항상 상호작용이 있고, 분석가와 피분석가 사이에도 그렇다. 그리고 양쪽은 상호작용을 통해 *건강*해 질 수 있다."고 말했다(pp.297-298).

마지막으로 Sullivan의 한 통속 가설을 평가에 적용하면, 결국 협력적 평가 기법으로 귀결될 것이다. 나는 이러한 기초 위에 치료적 평가가 발전되는 것을 Harry가 기뻐하리라고 믿는다.

4

# 인본주의 치료적 평가[1]

(Mary E. Tonsager 작성)

이 장에서는 인본주의 훈련이 어떻게 치료적 평가 방법에 통합되었는지를 살펴보았다. 그리고 치료적 평가가 인본주의 원리와 양립할 수 있는 면을 강조하였고, 치료적 평가와 인본주의 심리학과의 관계를 기술하였다.

## 치료적 평가의 개발

치료적 평가의 기초는 Steve가 대학원에서 심리평가 때문에 삶이 긍정적으로 변한 내담자들을 만난 후부터 시작되었다(2장을 보라). Steve는 이것이 어떻게 가능하고, 어떻게 심리평가의 효율을 높여 내담자를 도울 수 있을지에 관심이 많았다. 1980년대 Texas

1 이 장은 인본주의 심리학자에 처음 투고한 논문에서 인용하였다(Finn & Tonsager, 2002). Mary Tonsager의 협력과 우정에 감사한다.

대학 교수로 재직 중에 Steve는 여러 방법으로 평가 수행을 실험하였고 그 결과에 주목했다. 1990년대 초반 Mary는 심리평가의 치료적 요인을 검증한 첫 번째 연구 논문을 썼다(Finn & Tonsager, 1992). 치료적 평가의 개발이라는 측면에서 이 논문은 내담자에게 심리평가 결과를 "피드백"하는 방법에 초점을 두었다.

돌이켜 보면 당시의 방법은 검사 결과가 객관적 "진실"이라고 주장하는 대신, 내담자와 평가자 간의 힘의 불균형을 줄이고, 검사 결과에 대해 대화하는 것을 인본주의적인 것으로 보았다. 그러나 우리는 Maslow, Rogers, May 그리고 다른 인본주의 심리학자들의 책을 읽었음에도 인본주의 심리학이 친숙하지는 않았다. 그래서 먼저 초기 인본주의의 기초를 살펴보았다. 분명 Steve는 Quaker와 "내면의 빛"을 믿는 사람들의 영향을 받았다. 또한, Steve와 Harry Stack Sullivan은 심리학자를 자문가와 참여관찰자로 본다는 점에서 비슷한 점이 있었다(3장을 보라). 게다가 Mineapolis의 Hennepin 주립병원에서 받은 Steve의 수련은 내담자의 존엄을 강조했다. Kohut의 자기심리학과 Stolorow의 상호주관 이론은 Mary의 연구와 슈퍼비전에 영향을 주었다(예, Atwood & Stolorow, 1984; Stolorow, Brandchaft, & Atwood, 1987). 이러한 접근은 정확한 반영과 공감적 조율, 그리고 내담자가 이해받는 느낌을 갖도록 치유의 힘을 강조했다.

우리는 1990년대 초반 Fischer(1970, 1972, 1978, 1979, 1982, 1985/1994; Craddick, 1972, 1975; Dana, 1982, 1984a, 1984b; Dana & Graham, 1976; Dana & Leech, 1974)의 인본주의 틀로 심리평가 훈련을 받은 심리학자들의 책을 읽었다. 이는 평가에 대한 우리의 철학적 기초가 되었다. 우리는 치료적 평가 이론을 개발했고, 다른 임상가의 인본주의 훈련을 빌려왔다. 아울러 목표를 함께 관찰하고, 이해하며, 문제를 재고하는 협력 속에서 내담자가 필수적으로 참가하는 모형을 만들었다. 평가를 실시할수록 내담자들은 이 모형의 영향을 많이 받았다. 어쩌면 내가 인본주의 원리와 하나가 되는 긍정적인 결과에 감명 받지 못했다면, 치료적 평가는 인본주의 심리학과 함께 할 수 없었을 것이다.

사례 또한 도움이 되었다. 앞서 언급한 것처럼 우리가 초점을 둔 것은 내담자에게 피드백을 주는 과정이었다. 문제는 내담자와 검사 결과를 어떻게 논의할 것인가였다. 자신의 관점을 확증하는 정보가 있다면, 내담자는 자신의 관점과 갈등이 있는 정보에 보다 개방적일 수 있다(Schroeder et al., 1993). 또한 나는 검사 결과의 타당도를 고집하기보다 내담자가 조절하고 수용하고 거부할 수 있는 이론을 제공하는 것이 더 낫다는 것을 알게 되었다. 이는 인본주의 관점과도 일치했다(Fischer, 2001 참고). 그것은 단순히 현상을 표현하는 것보다 유용한 방법이 되었다.

치료적 평가 개발 단계에서 우리가 발견한 것은 내담자들이 개인적 목표와 "수수께끼" 같은 검사 정보를 대체로 잘 받아들인다는 것이다. 그래서 평가 초기에 내담자에게 심리평가를 통해 탐색하려는 자신에 관한 질문을 만들어 보게 했다. 이 질문은 내담자를 압도하는 정보에 "개방적일 수 있도록" 했다. 우리가 말한 것이 내담자의 주제와 어떻게 관련되는지를 설명할 수 있다면, 그들은 도전적인 정보를 쉽게 받아들이고, 삶을 변화시킬 수 있다. 심지어 법적 평가처럼 평가를 받고 싶지 않지만 의뢰된 내담자와 작업할 때도 그렇다.

지나고 보니 검사 중심의 모형에서 내담자 중심의 평가 모형으로 변화한 것은 우리의 평가에 대한 관점에 많은 영향을 주었다. 내담자의 질문을 수집하고, 목표 탐색에 참여하고, 검사 피드백에서 전체 평가 과정으로 초점을 옮기도록 했다. 우리는 변화에 대한 내담자의 딜레마를 공감하고, 행동의 맥락적 측면을 이해할 수 있었다. 여전히 검사 결과가 중요했지만, 우리는 일상의 문제를 어떻게 명료화 할 수 있을지에 더욱 관심을 가지게 되었다. 결국 Fischer가 강조한 "생활-중심의 평가(예, Fischer, 2001)"를 실시하게 되었다.

치료적 평가 개발의 다음 단계는 "평가 개입 회기"의 개발이다(8장을 보라). 이 회기는 Fischer(1985/1994)의 "평가 과정"의 표준화 판이다. 평가자는 검사를 이용하여 일상에서 내담자의 문제와 비슷한 것을 찾고, 문제 사고와 행동, 정서 등을 관찰하고, 이해하며, 변화를 위한 작업을 한다. 예를 들어 직장에서 매번 일처리가 늦고 실수가 두려워 조심스러운 한 내담자에게 WAIS-Ⅲ의 바꿔쓰기 검사를 실시하였다. 평가자는 내담자의 수행 속도가 느린 것을 언급했고(예, "조심스럽네요"), 직장에서의 상황과 비슷하다는 것을 알 수 있게 좀 더 빨리 하도록 독려했다. 내담자는 몇 번 성공을 한 후(예, 바꿔쓰기 과제의 수행이 빨라졌다), 직장에서 이것을 시험해 보았다.

비록 평가 개입 회기에 대한 공식적인 연구가 없었음에도 내담자에게는 긍정적인 변화가 있었다. 예를 들어 ADHD라 믿고, 다른 대안을 고려하기를 주저하는 내담자를 위해 우리는 유용한 개입 방법을 개발하였다(10장을 보라). 비록 이 과정이 내담자에게 영향을 주고 싶은 욕구 때문에 생겼지만, 결과는 일종의 관행을 탐색하게 했고(Fischer, 2001), 심리평가의 인간-과학 모형과도 잘 맞았다. 이는 치료적 평가에서 인간-과학의 기초를 튼튼하게 해주었다(17장을 보라).

다음은 치료적 평가의 원리와 훈련에 대해 설명하고, 어떻게 그것이 인본주의 심리학과 관련이 있고, 내담자에게 도움이 되는지를 기술할 것이다.

## 치료적 평가의 인본주의 요소

### Ⅲ 평가 목표 설정에 내담자 참여시키기

심리평가의 목표는 내담자를 진단하고, 정신건강 상태를 확인하고, 치료 계획을 수립하며, 개입 효과를 평가하는 정신건강전문가의 욕구를 충족시키는 방향으로 흘러왔다. Finn과 Tonsager(1997)는 이 접근을 심리평가의 "정보-수집 모형"이라고 불렀다. 그러나 치료적 평가의 목표는 내담자의 목표와 욕구를 만족시키는 것이다. 즉, 내담자와 다른 사람들과의 관계에 관해 질문하고 탐색하며 답하는 것이다.

앞서 언급한 것처럼 우리는 평가 초기에 내담자가 질문을 하고, 질문과 관련된 정보를 수집하는데 전념한다. 어떤 점에서 이 과정은 전망대(평가)를 세우는 계획을 논의하기 위해 건축가(평가자)와 만나는 것과 비슷하다. 갑판을 어느 정도 덮을지 어디에 세울지를 결정하는 것이다. 그러기 위해 우리는 내담자의 삶을 깊이 들여다보아야 한다. 예를 들어 한 내담자가 "왜 나는 힘든 상황을 피할까요?", "왜 비판에 부정적일까요?", "불편한 사람을 어떻게 하면 편하게 대할 수 있을까요?"라고 물었다.

아동 청소년 평가에서 우리는 부모와 아이 모두에게 질문을 받는다. 대부분의 아동 청소년에게 이것은 자신의 목표, 좌절, 관심에 대해 말하고 의미 있게 반응할 기회가 된다. 최근에 검사를 받은 한 아이는 다음과 같은 질문을 했다. "우리 엄마를 미치게 하는 나는 대체 누구죠?", "자는 것이 왜 이렇게 힘들까요?", "나는 모든 것을 잘하나요?" 아울러 아이에 대한 질문을 부모가 받기 때문에 사생활 보호에 주의해야 한다.

평가 목표를 정의하기 위해 내담자와 협력적으로 작업하는 이 훈련은 C. R. Rogers(1951)의 내담자-중심치료와 자신을 잘 이해하도록 돕는 Jourard의 "심리학으로의 초대"와 비슷하다. 여러 인본주의자들이 만든 이론처럼 협력적 목표 설정은 (a) 내담자에게 힘을 주고, (b) 평가 과정에 대한 호기심과 참여를 높이며, (c) 평가 불안을 줄여준다. 이러한 훈련은 내담자가 자신의 관점을 교정하고, 치료적 변화를 위한 기초를 다지게 한다.

## III 공감적 확대경으로 심리검사 사용하기

표준화 절차와 법칙적인 규준이 내담자와 평가자가 대화를 시작하는 방법으로 사용됨에도 불구하고, 치료적 평가에서는 심리검사를 내담자에 대한 객관적 "진실"의 지표로 보지 않는다. 오히려 평가자는 심리검사를 내담자의 눈으로 보는데 유용한 "공감적 확대경"으로 생각한다(Finn & Tonsager, 1997). 이러한 점에서 치료적 평가는 객관성과 주관성이 "조화를 이루는" 인본주의 심리학의 목표와도 일치한다(Bugental & Sapienza, 1994).

일례로 한 내담자는 로르샤하에서 정서적 상황을 회피하는 것으로 나타났다(Afr=.16, CF+C=0). (이것은 "왜 나는 힘든 상황을 피할까요?"라고 언급한 내담자의 것이다) 로르샤하 실시 후 Steve는 Ⅷ번 카드의 반응을 반영하기 위해 내담자와 만났다. "이 두 생명체는 힘든 상황에서 도망가고 있어요. 폭발이 일어났어요. 목숨을 구하기 위해 달려가고 있어요." 다음 대화가 이어졌다.

Steve: 그 생명체 모두를 보았나요?
내담자: (웃으면서) 네! 하루 종일 직장에서 일어나는 일이에요. 몽둥이가 있었으면 벌써 죽였을 거예요. 도망가는 저 생명체는 나쁜 거예요.
Steve: 그래요?
내담자: 사실 그리 나쁘지는 않아요. 하지만, 내가 죽을 것 같은 기분이 들기 전까지는 몰랐어요.
Steve: 네. 그것은 왜 당신이 문제를 회피하는지에 대한 중요한 통찰을 보여 주네요.
내담자: 이 모든 것과 힘든 시간을 보낸 것은 놀라운 게 아니에요.

Fischer(2001)가 주목한 것처럼, 이는 분명 해석적 접근이다. 평가자는 내담자의 목표와 법칙적인 검사 자료, 평가자의 연상, 그리고 검사반응에 대한 내담자의 해석 사이를 순환한다. 딜레마를 제대로 알면, 내담자를 깊이 이해하고 공감할 수 있게 된다. 결국 우리는 심리평가를 통해 성공적인 치료 경험을 할 수 있다. 평가자와 내담자 모두는 내담자의 딜레마를 이해하게 된다. 그리고 내담자를 위한 새로운 방법을 알게 되고 변화하게 된다.

## III 내담자와 반응 공유하기

우리는 치료적 평가에서 맥락적 기초를 확인하였고, "객관적 관찰자"로서의 긍정적 목표를 거부하였다. 그리고 평가를 통해 내담자와 의견을 나눌 때 고려해야 하는 편견을 알고, 우리의 반응과 개인의 맥락을 공유했다. 다음은 "다른 사람의 비난"에 익숙해 질 수 있는지를 논의한 내담자와 Steve의 대화이다.

Steve: 우리가 지금까지 이야기 한 것 중에 다른 사람을 편하게 대할 수 있는 방법이 있었나요?
내담자: 네. 다른 사람이 나를 미쳤다고 하든 말든 나는 죽고 싶지 않아요.
Steve: 좋아요. 자신을 도울 방법이 있나요?
내담자: 나에게 별로 중요하지 않은 사람부터 시작할 수 있을 것 같아요. 그게 덜 두렵겠죠.
Steve: 그래요! 나도 마트 점원과 비슷한 문제를 겪었던 적이 있었어요.
내담자: 당신도 나와 비슷한 문제가 있었나요?
Steve: 네. 그때 화를 가라앉히려고 무척 애썼죠. 이런 나를 보았으면 좋았을 텐데.
내담자: 지금은 좋아졌나요?
Steve: 네. 더 이상 직면하는 게 두렵지는 않아요.
내담자: 한결 편하네요. 저도 그렇게 되고 싶어요.
Steve: 네. 화가 가라앉으면 좋아질 거예요.

우리가 인본주의 원칙을 유지하고 있다는 믿음은 Perls의 이론에 근거한다(Barton, 1994 참고). 마지막 피드백에서 내담자는 희망을 찾는 전환의 순간을 경험한다. 많은 내담자들은 평가자에게 영향을 주었다고 느낄 때 생기가 넘친다. 이러한 이유로 우리는 평가의 마지막에 내담자와의 작업에서 받았던 감동을 성장의 계기로 삼는다.

### III 타고난 치유 잠재력 믿기

치료적 평가에 관해 강의할 때 자주 받는 질문은 "그렇게 간단한 절차가 사람들을 변화시킬 수 있습니까?"이다. 우리는 자신과 세상에 관해 스스로 "이야기"하기 때문에 심리평가가 사람들을 변화시킬 수 있다고 믿는다. 이 장에서는 낙관주의와 인본주의의 공통 주제를 다루었다. "인간은 풍부한 자원을 가지고 있고, 자유롭고, 상상력 넘치며, 창조적이다. 그리고 통합적이고, 상징적이며, 재능이 있고, 탄력적인 존재이다."(Barton, 1994, p.228)

치료적 평가는 "자아를 실현"한 치료자와의 지속적인 관계를 통해 내담자에게서 그런 특성을 이끌어 내는 것이다. 내담자는 진지한 자기 탐색 과정에 참여하고, 평가자는 삶의 문제를 공감하기 위해 심리검사를 사용함으로써 내담자를 돕는다. 임상 경험과 연구는 이러한 접근의 치유 가능성을 지지하고 있다.

최근 한 내담자가 평가 마지막에 쓴 피드백은 치료적 평가의 이런 면을 잘 반영하고 있다.

> 4~5명의 치료자를 만나 보면서 그들은 나를 더 이상 도울 수 없다고 생각했었습니다. 그러나 당신의 계속되는 질문이 나의 말과 행동을 생각해보게 했습니다. 변할 수 있다고 생각하면 할 수 있습니다. 이제 나를 새롭게 볼 방법이 있다는 것을 깨달았습니다.

마지막으로 나는 내담자에게 도움이 되는 방식으로 심리평가를 실시하는 법을 전할 수 있어 기쁘다. 우리는 분명 인본주의 원리와 함께 했다. 이것은 인본주의 심리학에 대한 새로운 타당성을 제공한다. 그리고 이것은 임상가가 내담자의 말을 경청해서 발견한 공동의 진실이 될 것이다.

PART Ⅱ

# 치료적 평가의 기법

# 내·담·자·의·눈·으·로

5

# 치료 중 로르샤하로 평가하기[1]

수련 동안 나는 대부분의 심리학자들처럼 치료 중에 심리평가를 하는 것은 이상한 일이라고 배웠다. 그리고 이것이 치료에서 전이를 왜곡하므로 다른 평가자에게 내담자를 의뢰하라고 교육을 받았다. 심지어 나의 지도감독자와 동료들은 심리치료 중에 내담자를 검사하는 것은 문제가 있다고 말했다. (a) 그것은 검사 결과를 왜곡하고, (b) 치료관계에 해를 줄 수 있기 때문에 우선은 일차적인 문제에 초점을 맞추고, 이후에 이차적으로 치료관계에 미치는 검사 효과를 다루도록 했다.

Exner, Armbruste, Mittman(1978)은 내담자가 자신의 치료자에게 검사를 받는 것이 로르샤하 프로토콜에 어떤 영향을 주는지를 연구

1 이 장은 성격평가학회에 투고한 논문(Finn, 1994)에서 인용했다. 나는 당시 "심리검사의 오용"에 관심이 많았다. 그리고 최근 들어 협력적 평가가 더 많이 확산되는 것을 기쁘게 생각하고 있다.
이 글의 초안에 도움을 준 Constance Fischer에게 감사드린다.

했다. 그들은 자신의 치료자와 알지 못하는 치료자에게 로르샤하를 받도록 한 후 두 집단을 무선 할당하였다. 평가 상황은 유사했고, 종합체계(Exner, 1993) 절차도 비슷했다. 검사 당시 내담자는 20~40 회기의 심리치료를 받고 있었다.

Exner와 동료들은 자신의 치료자에게 검사를 받은 내담자들이 잘 모르는 임상가가 검사한 내담자들보다 혼합반응과 색채, 인간운동반응이 더 많다는 것을 발견했다. 자신의 치료자에게 검사를 받은 내담자들은 성반응이 많았고, 평범반응이 적었으며, 형태질도 좋지 않았다. 그러나 자신의 치료자에게 검사를 받은 내담자는 개방적인 프로토콜을 보였다. 또한, 규준 자료와 비교할 때 평가자는 내담자를 과도하게 병적으로 보았다.

내가 처음 이 자료를 보았을 때 이것은 매우 인상적이었다. 그러나 이 자료는 치료 중에 내담자에게 로르샤하를 실시하는 것이 현명하지 않다는 것을 설득하기에는 근거가 충분하지 않았다. 그 이유로 개별 평가에 대한 Fischer(1985/1994)의 표준화 검사 절차는 법칙발견적인 점수가 개인을 분류할 때 달라질 수 있다는 주장의 영향을 받았다. 그리고 나는 Exner 등(1978)의 결과에 고무되었다. 로르샤하를 실시할 때 내 내담자의 프로토콜이 "개방적인 경향"이 있다면, 내담자에 관해 더 많은 것을 배울 수 있지는 않을까? 그리고 관계 때문에 로르샤하에서 변화가 있다면, Exner와 동료들이 보고한 구조적 요약을 해석할 수 없는 것이 아닌가? 마지막으로 나는 평가를 통해 치료적 개입과 정보-수집이 둘 다 가능하다고 믿고 있었다(Finn & Tonsager, 1997 참고). 이것이 사실이라면 내 내담자를 대상으로 로르샤하를 실시해 보고 싶었다.

나는 로르샤하를 실시할 몇 번의 기회가 있었지만, 치료관계에 손상을 줄 수 있다는 충고를 고려하여 잠시 보류하고 있었다. 그리고 지도감독자와 동료들의 우려를 생각해 보았다. 결국 이를 해결할 방법은 평가 상황에서 내담자에게 전이와 투사를 적극적으로 활용하는 것이었다. 대부분의 내담자들은 Shafer(1954)가 관음증적이고, 폭력적이고, 강압적이거나 신성한 특질이라 부른 것을 평가자 탓으로 돌리는 경향이 있다. 치료 중 그런 전이의 과장은 치료관계를 어렵게 한다. 그리고 치료가 조기에 종결될 수도 있다. 이것이 나에게도 일어날 수 있겠지만, 나는 실수를 통해 배우고 싶었다. 그래서 치료 중 내 내담자 몇 명에게 로르샤하를 실시해 보았다. 나는 이것을 20년 넘게 75회 정도 해 보았다. 내담자들은 이전에 로르샤하를 받아 본 경험이 없었다. 그리고 MMPI-2도 함께 실시했다. 모든 내담자들은 검사를 받기 전에 나와 약 25회 정도 정신역동적 심리치료를 받았다.

## 사례 1 - Chad: 심리치료 자료로 로르샤하 사용하기

Chad는 명문 의대에서 학업 문제 때문에 심리치료를 하게 된 26살의 매력적인 남성이었다. 그는 철학과 문학에 소질이 있었지만, 의과대학 과정은 낙제를 했다. 나는 가족에게 인정받기 위한 수행 불안 때문에 Chad의 학업에 문제가 있었다고 생각했다. 그러나 치료를 진행하면서 Chad는 불안장애보다 사고장애가 의심되었다. 나는 혼란스러운 사고가 Chad의 수행을 방해한다는 생각이 들었고, 이 가설을 심리치료로 이끌 방법을 찾고 있었다. 그래서 로르샤하를 실시했다.

Chad는 혼합반응이 많았고, 평범반응(P=4)이 적은 긴 프로토콜(R=43)을 보였다. 또한, 음영반응(Sum Shading=24)이 많았고, 두 개의 오염반응(CONTAM=2)이 있었으며, 수준 2의 우화적 합성반응(FABCOM2=3)이 3개가 있어 사고장애가 시사되었다(WSum6=62). 평가자와의 친밀성이 사고장애와 상관이 있다는 Exner 등(1978)의 증거가 없었기 때문에 나는 Chad의 사고장애를 관찰할 수 있었다.

Chad의 검사 결과를 논의하는 데는 몇 주가 걸렸다. 내가 "발견한 것"에 대해 Chad는 불안해했다. 지도감독자와 동료들이 예측한 것처럼 전이의 모호한 측면이 강해졌다. 치료 기간이 집중적이어서 이것을 다루는 것이 불가능하지는 않았다. 로르샤하는 많은 것을 보여 주었고, Chad의 사고 유형은 다른 사람과 달라 보였다. 나는 그의 학업 성취가 방해를 받았는지가 궁금했다. Chad는 갑자기 눈물을 흘렸고, 몇 분이 지나자 안정을 되찾았다. 그는 "독특한 사고"를 숨기기 위해 몇 개월 동안 치료를 받았다고 했다. 아버지도 자신처럼 "독특한 사고" 유형이었다고 했다. 우리는 독특하게 사고를 하는 Chad의 상황을 탐색했다. Chad는 검사 후 28개월간 치료를 받았고 로르샤하는 관계 전환점의 계기가 되었다. 그는 나에게 적절하고 이상적인 전이를 보여주었고 치료는 원만하게 진행되었다.

## 사례 2 - Barry: 로르샤하의 퇴행반응 이용하기

Barry는 2년간 심리치료를 해온 41세의 아프리카계 미국인이었다. Barry는 이성관계에 문제가 있었다. 그는 성경험이 없었고, 직장에서는 성공했지만 성문제 때문에 고민을 하고 있었다. Barry의 어머니는 양극성장애 진단을 받고 여러 차례 입원을 했다. 2년 넘게 우리는 어머니의 변덕스러운 성격과 함께 어머니가 Barry와 형제들을 학대했던 것을 탐색했다. 나는 어머니의 폭력이 Barry의 불안과 연결되어 있다는 것을 알게 되었다. Barry는 그 불안을 직면하지 못했다. 그러나 그는 어머니가 침대에서 자신의 성기를 만졌던 것을 떠올렸다. 몇 회기 후 Barry는 로르샤하를 실시했다.

Barry의 첫 반응은 I번 카드의 D7 영역에서 두 마리 늑대를 본 것이었다. 질문 단계에서 (1) 그는 늑대 털과 눈을 언급했다. 다음 반응은 (2) "하늘에 손을 뻗은 두 손"(D1) [질문: "그것은 벙어리 장갑이어서 손가락은 볼 수 없어요. 도움을 바라는 거예요."] 그런 다음 (3) "두 가슴"(Dd22) [질문: "여기에 있어요. 나는 위에서 그것을 내려다보고 있어요."] (4) "자세히 보니 허리에 치마를 두른 게 보이네요. 이것은 엄마 치마예요. 나를 찌르고 있어요. 이 밝은 부분(Dd27)은 자궁이에요. 약간 높이 있지만 그래요."

II번 카드는 더욱 뚜렷이 보여요. (5) "같이 놀고 있는 두 마리 코끼리"(평범반응), (6) "빨갛기 때문에 핏자국"(d2), (7) "발사되는 로켓"(DS5+D3), (8) "피가 묻은 지문"(D2 다시). 나는 반응에 대해 질문을 했다. "그들은 여기 여기 있어요. 누군가 지문을 여기 찍었어요." [나: 뭐가 지문처럼 보이게 했나요?] "피로 손가락을 찍고 또 찍은 것처럼 지저분해요. 내가 집을 부수고 들어갔을 때가 생각나요. 나는 문에서 피를 보았어요. 집을 부수고 피를 흘린 것이 매스꺼워요."

Barry는 14개의 성반응을 했고, Vista 결정인이 포함된 질과 항문을 보았다. Exner(1978)가 발견한 성반응의 증가는 의미가 있었다. 그래서 나는 Barry 또한 성적 외상이 있었는지가 궁금했다.

물론 나는 Barry에게 이 가능성을 기정 사실로 받아들이지 않도록 주의를 주었다. 피드백 검사보다 더 중요했던 것은 그가 피드백을 받기 전에 꾼 꿈이었다. Barry는 어머니가 더러운 냅킨으로 그의 얼굴을 닦는 꿈을 꾸었다고 했다. Barry가 형에게 이 꿈

이야기를 하자 형은 실제로 이 일이 있었다고 했다. 치료가 계속되는 몇 달 동안 Barry는 성적 외상에 대해 이야기 했고, 형은 이를 확인해 주었다. 로르샤하는 Barry가 자신을 개방할 수 있도록 했고, 성문제 치료에서도 중요한 역할을 했다. 나는 로르샤하 실시 전에 Barry와의 신뢰관계가 그 결과를 가져오는데 중요한 역할을 했다고 믿고 있다.

## 사례 3 - Stephanie: 로르샤하 후 전이의 위험성

다음 또한 성학대 경험에 대한 사례이다. 나는 환자를 통해 로르샤하의 힘을 알았다. Stephanie는 23살의 여자로 상담센터에서 몇 회기 상담을 한 후 나를 만나러 왔다. 그녀는 11살까지 아버지에게 성적·신체적 학대를 당했다. 아버지가 감옥에 있는 동안 Stephanie는 가출을 했다. 엄마는 Stephanie에게 모든 것을 용서하고 아버지와 함께 있고 싶다고 말할 것을 강요했다. Stephanie는 학대 기억을 가지고 상담에 왔다. 그녀는 감정 표현이 없었지만, 아버지와 가족에 대한 애정이 있었고, 학대에 대해 자기도 일부 책임이 있다고 했다. 나는 Stephanie에게 로르샤하를 제안했다.

Stephanie의 프로토콜은 풍부했지만, 나는 사건에 초점을 맞추었다. 그리고 Stephanie와 나란히 앉아 로르샤하를 실시했다. 다른 환자가 기다리고 있어 짧게 이야기 할 수밖에 없었지만, 그녀의 프로토콜(64개 반응)은 많았다. 그런데 다음 날 아침 Stephanie에게 급한 전화가 왔다. 몇 시간 뒤 그녀는 사무실로 와 나에게 몹시 화가 났다며 울먹이며 말했다. 내가 검사 동안 자신을 하찮게 대하고, 말하지도 보지도 않고, 혼자 두고 떠났다고 했다. 그리고 기분이 더럽고 자신이 이용당해 상처를 받았다고 했다. 내가 좋은 사람이라고 생각했지만 다시는 만나고 싶지 않다고 했다.

나는 몹시 놀랐고 무슨 일이 있었는지 그녀의 말을 들어 보았다. 그녀는 아버지와 경험한 것 같은 상황을 내가 똑같이 만들었다고 했다. 그녀는 과거에 겪었던 감정을 재경험하였다. Stephanie는 자신이 한 말은 사실이지만, 곧 진정 될 것이라고 말했다. 나는 로르샤하를 할 때 나란히 앉는다는 것을 미리 말하지 못한 것과 검사 후에 이야기하는 시간을 가진다는 것을 확인하지 못한 것에 용서를 구했다. Stephanie와 나는 아버지에게 학대 받은 경험과 로르샤하의 경험을 함께 나누었다. 어느 날 그녀는 로르샤하를 통해 성학대와 관련된 고통을 경험했다고 했다. 나는 Stephanie를 통해 로르샤하를 실시할 때 전이의 방해 요소를 다루는데 상담관계가 얼마나 중요한지를 배울 수 있었다.

## 사례 4 - Robert: 투사적 상담의 예

투사 검사 결과는 평가 후에 환자와 공유되어야 하고, 환자는 상담자와 연상을 공유하기 위해 초대되어야 한다고 Harrower(1956)가 말했다. Harrower는 이 기법을 "투사적 상담"이라고 불렀다. 나는 43살의 Robert에게 투사적 상담을 실시했다. Robert는 동성애자였고, 관계의 어려움을 해결하려고 연구소에 방문했다. 그는 이삼십대 때 몇 번 연애를 했으나 실패했고, 지금은 남자친구와 한두 번 만나는 것조차 운이 좋은 것이라고 했다. 14개월간의 심리치료 후 나는 Robert가 친밀감에 대해 양가감정이 있다는 생각이 들었다. 그는 친밀한 관계를 가지고 싶은 욕구만 있는 것 같았다. 그는 자신이 무심코 연인을 떠나보냈을 것이라는 나의 생각을 인정하지 않았다. 우리는 로르샤하 피드백 동안 새로운 가설을 세웠다.

예를 들어 그의 관계 지각에 대해 알려 줄 것이라 생각했던 쌍반응(2)과 인간운동(M)반응을 검토했다. Ⅲ번 카드에 대한 Robert의 반응은 다음과 같았다. "정장을 입고 모자 끝을 만지며 마주 보고 인사하는 두 사람"(D1). 우리가 이 지각에 대해 논의했을 때 Robert는 형식적으로 사교하고 좋은 사람으로 보이려는 자신의 욕구를 인식했다. 그리고 그것이 관심 있는 사람과 거리를 두려는 것임을 깨닫게 되었다. Ⅳ번 카드에서 Robert는 "무서운 괴물이 다가오고 있어요. 짓밟으려고 해요. 그것은 거대해요. 곤충의 눈으로 보고 있고 앉으려고 해요."(W)라고 말했다. 보통 Ⅳ번 카드에 대한 반응은 남성에 대한 감정이 반영되어 있다는 임상심리학에서 전해지는 구전 지식이 있다. 그는 어렸을 때 자신을 괴롭혔던 동네 깡패들과 목소리 큰 남자에게 느꼈던 공포를 연상해 냈다. 나는 남자가 접근할 때 굴욕감을 주고 괴롭힘을 당한 두려움이 Robert를 불안하게 하는지 의문이 들었다.

Ⅸ번 카드에서 Robert는 다음을 보았다. "수유 중에 손을 들고 누워있는 핑크빛 작은 두 아기"(D6), "배기가스를 뿜는 오토바이를 타는 남자"(Dd99). Robert는 활짝 웃으며 말했다. "나의 미숙한 부분을 극복할 수 있을 것 같아요." 다른 사람에게 이것을 숨기려고 얼마나 애썼고 또 얼마나 힘들었던지. 이 작업은 우리에게 도움이 되었다. Robert와 나는 계속 로르샤하 반응을 검토했고 그는 관계에 관한 통찰에 열변을 토했다. 얼마 후 Robert는 남자와 데이트를 하게 되었고 시간이 지나도 관계는 지속되었다.

## 결론

나는 치료 중 로르샤하가 유용하다는 것을 배웠다. Exner(1978)에 따르면, 오랫동안 치료하고 있는 환자는 시작 단계에 있는 환자보다 정신장애가 심하다. 그래서 구직 목적이나 법적인 이유로 검사가 필요한 내담자에게는 로르샤하를 실시하지 않는다. 심리치료 중 로르샤하는 유용할 수 있다. 설명한 것처럼 임상가는 내담자와 치료관계를 형성하고, 그런 다음 치료 준비가 되어 있다는 것을 로르샤하를 통해 확인할 수 있다. 우리는 로르샤하를 통해 내담자의 연상이나 꿈에서 나타나는 것 같은 무의식적 자료를 찾을 수 있다. 심리치료 중에 실시하는 로르샤하는 일시적으로 전이를 강화시키고 위기를 가져올 수도 있다. Stephanie와의 경험처럼 큰 혼란은 없었지만, 검사 결과가 상처를 주거나 두려움을 증가시킬 수도 있다. 그러나 이러한 위기는 극복될 수 있고 치료의 돌파구로 이용될 수 있다. 마지막으로 내담자는 로르샤하를 통해 새로운 통찰을 배울 수 있고, 평가자는 투사적 상담의 공동 작업에 로르샤하를 사용할 수 있다. 여러 이유로 나는 심리치료 중 환자에게 로르샤하 사용을 비난하지 않기를 바란다. 평가자는 검사 자료를 해석할 때 맥락을 고려해야 한다. 이 원리는 모든 평가 상황에 적용될 수 있을 것이다.

# 6

# "방어적" 검사 프로토콜 피드백 하기[1]

MMPI-2의 L, S, K 점수가 65점 이상이거나 로르샤하에서 14개 이하로 반응한 내담자를 어떻게 다루어야 하는지를 아는 것은 평가 과정에 도움을 준다. 이 주제는 내외적 압력 때문에 임상에서 생길 수 있는 문제에 관한 것이다.

이 장에서는 방어적 검사 프로토콜에 대해 복잡하고 다양한 평가 맥락을 강조한 다섯 가지 지침을 제시했다. 이 지침은 과장이나 꾀병 프로토콜에도 적용할 수 있다. 그러나 대부분은 방어적 프로토콜에 초점을 두었다. 방어적 프로토콜이 주로 강조되겠지만, 평가에 대한 나의 생각도 논의될 것이다. 반응에 영향을 주는 사건을 어떻게 해석할지에 대해 주의해야 할 점이 있다. 이 지침은 방어적이고 무효 프로토콜을 보인 내담자와 상호작용 했던 나의 개인적인 경험에서 나왔다. 따라서 이 지침을 모든 평가 상황에 적용할

---

1 이 장은 나의 성격평가 논문에서 인용했다(Finn, 1999). 이 주제에 대해 쓰도록 도와준 Ronald Ganellen에게 감사한다.

수는 없을 것이다.

**지침 #1.** 방어적 검사 프로토콜이 내담자에 대한 정보가 없다는 것은 아니다. 방어적 검사 프로토콜은 내담자의 문제, 변화의 딜레마, 그리고 다른 사람들이 내담자를 어떻게 보는지를 이해하는 데 도움이 된다.[2]

최근 자살을 시도한 후 내원한 환자가 있었다. 간호사와 정신건강의학과 전문의는 말을 하지 않는 곤혹스러운 환자의 진단을 위해 MMPI-2를 실시했다. 나는 새로 익힌 MMPI-2의 해석을 적용하고 싶었고, 환자에게 도움이 될 거라고 생각했다. 하지만, 내담자의 임상척도는 상승하지 않았고, 나는 타당도 척도의 L, K가 상승한 것에 실망했다. 나는 채점을 한 뒤 MMPI-2 책을 읽은 후 프로파일이 "의미 없음", "해석할 수 없음"을 뜻한다는 것을 알았다. 나는 지도감독자에게 "더 이상 할 게 없어요!"라고 볼멘소리를 했다. 지도감독자는 웃으며 "그래?"라고 물었다. 그리고는 환자의 MMPI-2가 "방어적"인 것이 내담자에 대한 직원들의 태도와 관련 있는지 의문을 가져보라고 했다. 평가 당시 환자는 CIA가 음모를 꾸민다는 망상 때문에 고민 털어놓기를 두려워하고 있었다. MMPI-2는 환자가 도움을 원하지만 믿을 사람이 없다는 딜레마를 반영하고 있었다.

나의 오류는-"방어적" 검사 프로토콜을 환자에 대한 정보가 부족한 것으로 보았던- 내가 훈련받은 평가의 정보 수집 모형(Finn &

---

2 변화의 딜레마는 내담자의 선택이 원하는 결과를 가져다주지 않아 힘들게 하는 상황을 말한다. 이 용어는 특정 패턴에 "고정"된 상황을 묘사하기 위해 가족치료자들이 사용했다(예를 들어, Papp, 1983).

Tonsager, 1997)의 논리적 실증주의를 반영했다. 무의미한 MMPI-2는 혈액검사를 할 때 오염된 검사관을 사용하는 것과 같다. 그것은 무엇이 잘못되었는지를 알기 어렵게 한다.

이것은 또한 Shafer(1954)가 "신탁"이라 부른 평가자 역할에 대한 압력을 반영한다. 다른 치료진이 나에게 역할을 "떠넘긴 게" 아니라는 것을 알게 되면서, 나는 환자와 새로운 관계를 형성할 수 있었다. 환자는 안정되었고 두려움을 드러내었다. 이후 MMPI-2를 다시 실시했을 때 프로파일은 타당하게 나왔다.

**지침 #2.** 한 척도를 항상 같은 의미로 해석하지 마라. 유의하게 상승한 척도는 다른 검사와 내담자의 환경, 그리고 맥락을 고려해서 해석해야 한다.

몇 년 전 나와 다른 심리학자가 참여했던 양육권 다툼에 대한 평가가 생각난다. MMPI-2에서 K척도의 T점수가 70이었던 아버지는 "약점을 인정하지 않았고", "방어적이었으며", "성격장애가 있었다." 하지만 양육평가에서는 MMPI-2의 K척도의 상승이 일반적이기(Ben-Porath, Graham, Nagayama Hall, & Hirschman, 1995) 때문에 이 해석에는 문제가 있었다. 그러나 이러한 오류는 평가 목적이 검사 수행에 영향을 준다는 점을 생각할 수 있게 했다. 하지만 이 일반적인 지침은 잊어버리기가 쉽다.

마찬가지로 외래와 입원환자가 MMPI-2에서 F척도의 T점수가 100인 것은 다른 의미가 있다. 그리고 로르샤하에서 낮은 R이나 높은 Lambda값에는 다른 요소들이 기여를 한다. 훌륭한 평가자는 검사를 해석하는 데 고정된 법칙이 없다. 그러나 일반적 규준을 벗어난 타당도를 보이는 내담자에게서는 이를 간과하기가 쉽다. 내가 제시한 지침으로 내담자의 "방어적" 검사를 추론한다면, 겸손하고 호기심 가득한 태도를 유지할 수 있을 것이다.

나는 검사 점수를 해석하는 고정된 법칙에 대한 탐색이 평가 불안을 다루는 데 반영되었는지를 생각해 본다. 평가의 정보 수집 모형에서는-내담자에 대한 "진실"을 찾는데 일방적으로 검사 결과를 해석하는 데(예, 내담자나 다른 사람의 조언 없이)- 심리학자에게 가해지는 압력이 크기 때문에 우리는 "과학적이고", "엄격하고", "간단한" 법칙을 원한다. 하지만 이 법칙을 엄격히 적용하면, 실용적이고 상식에 근거한 방법을 사용하는 것보다 가치 없고, 신뢰성이 떨어지는 결과가 나온다. 예를 들면, 치료적 평가를 할 때는 애매모호한 검사 점수에 대해 논쟁을 하기가 쉽다. 이 때문에 평가에서는 "공동 조사관"으로서 내담자의 협력이 필요하다. 그렇게 함으로써 잘못된 결론에 도달하지 않게 된다.

**지침 #3.** 내담자의 "방어적"이고 "무의미한" 검사반응을 "개인적인" 것으로 받아들이지 마라. 그것은 내담자가 평가자를 믿지 않고, 협력하기를 꺼려한다는 신호이다. 따라서 검사 전에 충분히 내담자와 관계 형성을 했는지, 그리고 평가 중에 직면한 딜레마를 충분히 고려했는지를 확인하라.

내담자가 로르샤하에서 R이 12이고 Lambda값이 2.4이었을 때, 참을성 있게 초보평가자로서 나의 자기애적인 상처를 돌아보게 해준 지도감독자가 있었다. 만약 내담자가 나를 신뢰했다면, 분명히 길고 덜 "방어적인" 프로토콜을 보여주었을 것이다. 나중에서야 내담자의 위축된 로르샤하 반응이 내가 아닌 내담자의 대인관계 두려움과 관련 있다는 것을 알게 되었다. 나는 당황스러웠고, 임상가로서 자신감을 잃어 버렸다. 내담자와 잘 지냈다고 생각했는데 "나를 속인 것"에 화가 났다. 내가 행동과 말을 고심해서 표현했음에도 그 또한 나의 수행과 관련이 있었다.

좋은 평가자는 방어적이지 않은 검사 프로토콜을 위해 "관계"를 잘 형성해야 한다고 나는 배웠다(처음 수련을 받았을 때는 내담자와의 관계가 그리 강조되지 않았다. 좋은 "자료"를 얻는 것만으로도 충분했다). 나는 내담자의 로르샤하가 "방어적"일 때, 둘 중 한 쪽에 잘못이 있다고 생각했다. 선택해야 할 경우 나는 다수를 택했다. 나는 그녀를 탓했다. 우리가 내담자를 "방어적이다.", "기만적이다.", "비협조적이다.", "저항적이고 통찰이 없다."라고 낙인찍을 때 이러한 자기방어가 나타난다. 또한 이 과정은 앞서 양육평가 때 했던 것을(내담자 아버지의 MMPI-2에서 K척도의 상승을 "성격문제"로 여겼던) 설명해 준다. 게다가 내담자의 검사반응을 개인적인 것으로 다룬-우리가 위축되거나 방어적 검사 결과에 기여했는지 아닌지를 설명하지 못하는- 실수를 범할 수도 있다. 그래서 나는 "개인적인" 것으로 라는 말을 사용했다. 우리는 언제나 평가에서 개인의 영향을 고려해야 한다.

몇 년 전 한 정신건강전문병원의 수석 심리학자가 내원 환자의 무효 MMPI-2 결과에 대해 나에게 자문을 구했다. 나는 환자가 MMPI-2를 어떻게 했는지를 살펴보았다. 간호사가 MMPI-2 검사지와 답안지, 그리고 연필을 주면서 환자에게 "선생님이 이것을 작성하라고 하네요."라고 말하는 것을 보았다. 그런 후 환자는 다른 사람들이 서성이는 휴게실에서 MMPI-2를 작성했다. MMPI-2를 자신의 방에서 작성하고, 심리학자가 내담자와 함께 검사를 받는 이유를 설명하고, 질문에 답할 수 있을 때야 비로소 무효와 방어적인 프로토콜은 적어진다.

이 해결책이 분명하겠지만, 심리학자들이 멍청하고, 수련을 잘못

받았거나 상식이 부족하다는 말이 아니다. 심리학자들은 내담자와의 관계보다 "자료 수집"을 강조하는 평가를 배워왔다. 우리가 의학에서 "혈액검사"보다 심리검사가 더 많이 사용된다는 것을 알면, 검사를 단순하게 끝내기보다 내담자가 보다 안정과 신뢰를 느끼도록 하게 할 것이다.

**지침 #4.** "비협조적이고", "저항하고", "거짓말하고", "과장하고", "속이는" 무효검사 프로토콜을 보이는 내담자를 비난하지 마라. 대신, 평가와 관련한 딜레마나 "곤란한 상황"을 인지하고 이에 대해 충분히 논의하라.

여러분 중 누군가는 나와 마찬가지로 평가 전에 협력도 하지 않고, 평가 결과에 영향을 주려는 비판적인 내담자를 만난 적이 있을 것이다. 나는 이러한 비판과 심리평가에 대해 내담자가 주는 상처에 충격을 받은 적이 있다. 일전에 센터에서 치료를 받은 MMPI-2를 꺼린 한 내담자가 생각났다. 우리는 피드백 회기 전에 MMPI-2 결과가 "무효"였다는 것을 알았다. 나는 이것이 왜곡된 결과일까 아니면, 이전 평가자의 태도를 반영한 것일까 의구심이 들었다.

그러나 우리가 방어적이거나 무효검사 프로토콜을 보이는 내담자를 대상으로 하지 않는다면(평가의 대인 영역에 대한 우리의 기여를 고려함에도), 도대체 무엇을 해야 하나? 이런 상황에서 우리는 타당도 척도가 상승한, 갈등이 있는 내담자의 "변화의 딜레마"(Papp, 1983)를 공감할 필요가 있다. 불행히도 당신이 Agazalian(1997)이 "장벽 경험"이라 부른 상황에 있다면-내담자의 검사반응을 받아들이고, 원하는 대로 반응하지 않은 것에 대해 비난하는 것-무의미하고 방어적 검사 결과를 공감하기가 쉽지 않을 것이다.

앞서 언급했던 양육평가를 다시 보자. 내가 MMPI-2의 높은 K척도에 대해 아버지와 이야기했을 때, 그는 설문지를 작성했던 상황에 대해 말했다. 그는 딸을 만나는 데 전 아내가 중요한 역할을 할 것이라고 여겼기 때문에 평가자에게 협력해야 한다고 생각했다. 그래서 평가 동안 좋은 인상을 주고 싶었다. 그리고 전 아내가 왜곡되고, 불공정하게 사실이 아닌 것으로 비난했기 때문에 최선을 다하고 싶었다. MMPI-2를 했을 때, 그는 사회적 비바람직성 문항에서 좋게 보이려고 애를 썼다. 아버지로서 장점을 강조했고, 비난받을 만한 요소를 줄였다. 직장을 구할 때도 "좋아지고 있다고 했어요. 과거 문제는 말하지 않았어요. 구직 면담을 할 때와 같은 방식으로 했어요."라고 말했다.

충분히 그럴 수 있다고 생각했지만, 내가 문제를 감추는 것 때문에 비난 받을 수 있다고 하자 그는 MMPI-2를 다시 실시할 수 있는지, 이러한 해석이 나오지 않을 다른 검사가 있는지를 물었다. 우리는 로르샤하 실시에 동의했다.-이전 평가에서 실시하지 않았던- 그는 저항 경향이 있었으나 규준에서 벗어나지 않은 방어적이지 않은 프로토콜을 보였다. 내 입장에서 보면(나는 그를 성격장애로 진단하기보다 다시 MMPI-2를 실시하기를 제안했다) 아버지의 MMPI-2의 K척도는 계속 딸과 만나고 싶은 소망을 반영했다. 이처럼 양육평가에서 자신의 잘못을 드러낸 부모를 어떻게 해야 하나? 나는 아버지가 부당하게 비난받았다고 생각되었지만, 그의 성격 결함은 발견하지 못했다. 그리고 그의 "안정적인" 특징을 알게 되었다. 아버지는 딸과 계속 만날 수 있게 된 배심원의 판단에 만족했다.

이해관계에 있는 내담자는 자신의 의지와 다르게 평가를 하게 된다. 예컨대 법적 상황, 장애평가, 다른 가족 구성원에 대한 개입의 일부로 실시된 평가, 퇴원하고자 하는 내담자가 직원과 갈등하거나 더 큰 체계와 충돌하는 경우 등이다. 그러나 자발적으로 검사를 받은 내담자가 무의미하거나 방어적 검사 프로토콜을 보일 때는 변화의 딜레마가 있을 가능성이 있다.

한 번은 심한 우울 때문에 온 15세 여자 아이를 평가한 적이 있었다. 아이는 수년간 심리치료와 약물치료에도 증상이 나아지지 않았다. 치료자는 평가를 제안했고 아이는 이에 동의했다. 가족에 대해 물었을 때 아이는 불안해했고, 말을 아꼈지만 솔직하게 답을 했다. 아이는 부모님이 치료에 참여하는 것을 거부했다. 평가 중 내가 부모님과 만났을 때, 그들은 면담하는 것을 꺼려했다. 아이는 방어적인 MMPI-A 프로토콜과 로르샤하에서 R=14, Lambda=1.2를 보였다. 로르샤하의 마지막 반응은 이것이었다. "여기 끔찍한 상황에 있는 사람이 있어요. 무엇을 해야 할지 몰라요. 조금이라도 움직이면 다쳐요. 결국 자포자기하는 심정으로 절벽을 뛰어내려요. 죽겠죠. 하지만 자유로워지겠죠."

나는 갇혀 있다고 느끼는 지를 물었다. 아이는 "아니요."라고 말하더니 울기 시작했고, 아버지가 자신을 5년간 성학대했다고 말했다. 아이는 우울했었다. 어머니는 화를 냈고, 아버지가 감옥에 가는 것을 아이는 두려워했다. 아이의 "방어적"인 검사 프로토콜은 딜레마의 완벽한 표현이었다.

> **지침 #5.** 방어적인 검사반응에 대한 심리학자의 해결책은 더 나은 타당도 척도를 개발하고 통계적 교정을 하는 것이 아니다. 평가 동안 자신의 문제를 탐색하려는 내담자의 호기심과 동기, 그리고 의지보다 신뢰롭고 타당한 것은 없다.

나는 타당도 척도 개발과 해석 작업을 해온 동료들을 폄하하고 싶지 않다. 이런 연구는 내담자의 동의 없이 평가해야 하는 환경에서 일하는 심리학자들에게 도움이 된다. 하지만 검사 무효 문제의 가장 좋은 해결책은 내담자가 직면한 변화의 딜레마를 평가자가 줄여주는 것이다.

우리는 치료적 평가에서 내담자의 평가 과정에 대한 의구심을 줄이기 위해 여러 방법을 사용한다. 우선 평가에 앞서 심리평가에 대한 일반적인 정보와 실시할 평가에 대한 정보를 제공한다. 그리고 가능한 모든 질문에 답을 한다. 내담자의 평가 목적을 이해하고 -다른 심리건강전문가나 법원, 보험회사에서 내담자를 의뢰했다 하더라도- 그 목적에 집중하고, 내담자에게 피드백을 줄 것을 약속한다. 또한 과거 심리평가를 한 적이 있다면 그 경험에 대해 어떻게 느꼈는지를 묻는다. 과거 경험이 부정적이었다면, 과거의 외상을 다시 겪게 하지 않겠다고 약속한다. 평가를 할 때는 검사 목적을 설명하고, 평가 과정을 이해시킨다. 마지막으로 검사 결과를 내담자와 함께 확인하고, 보고서 초안에 대해 의견을 묻는다. 그리고 2~3개월 후에 추가 피드백과 추수 만남을 제안한다.

이것은 방어적이고, 무효 프로토콜을 효과적으로 줄일 수 있는 -상식이나 존중관계를 기초로 한- 방법이다. 방어적인 무효 프로토콜이 나오면, 나는 호기심이 생긴다. 평가에서 중요한 것은 내담자와의 소통이다. 만약 소통을 두려워한다면, 이해할 수 있도록 돕고, 이해하지 못한 것에 대해 말해 줄 것을 요청한다.

마지막 지침은 도발적인 것처럼 보이지만, 심리평가의 미래를 위해 이야기하고자 한다. 평가 동안 피할 수 없는 딜레마 때문에 내담자와 협력할 수 없다면, 평가가 적절한지를 재고해 보아야 한다. 내담자는 법정에서 죄인 취급을 받지 않을 권리가 있다. 자신에게 불리할 수 있는 심리평가를 거부하고, 사전에 그 위험에 대해 알 권리가 있다. 이런 점에서 법적인 평가와 고용평가, 그리고 자신의 의지에 반하는 평가처럼 동의를 얻지 않은 평가는 철저히 검토할 필요가 있다.

나는 이런 유형의 평가를 실시해왔다. 그러나 이런 평가가 내담자를 존중하지 않는다는 것은 아니다. 많은 범죄수사관들이 내담자에게 동의를 알린 것 때문에 나는 용기가 생겼다. 또한 우리 센터에서는 그것이 문제를 덜 일으키고, 치료적으로 될 수 있는지를 알아보기 위해 내담자에게 갈등이 있을 때 평가하는 방법에 대해 연구하고 있다. 예를 들면, 이혼 후 법정 밖에서 치료적 양육평가를 위한 프로토콜 개발 연구가 바로 그것이다.

많은 심리학자들은 "원치 않는" 평가의 장단점을 논의하는 훈련을 잘 받지 못했다. 심리학자 역할을 하고 생계를 꾸리면서 느끼는 복잡한 압력은 내담자의 동의를 받지 않고 얼렁뚱땅 넘어가게 한다. 이런 문제는 내담자의 –좋든 나쁘든– 관계 경험보다 내담자에 대한 정보를 중립적이고 객관적인 방법으로 얻는 전통적 평가모델에서 나온 것이다. 심리평가의 진정한 힘에 대해 알 때 –내 생각에 그것은 진행 중이다– 비로소 무효 프로토콜이나 방어적 검사 프로토콜은 줄어들 것이다.

7

# MMPI-2와 로르샤하를 통합한 평가 피드백[1]

최근 들어 내담자에게 성격평가 결과를 피드백 하는 과정에 대한 관심이 많아지고 있다. 그리고 MMPI-2 결과를 내담자와 나누는 방법도 소개되고 있다(예, Butcher, 1990; Finn, 1996; Lewak, Marks, & Nelson, 1990). 그러나 임상가들이 하나의 평가 도구만을 사용하지 않고, 여러 도구를 함께 사용함에도 불구하고 내담자와 검사를 나누는 방법에 대한 문헌은 그리 많지 않은 실정이다.

이러한 문헌의 부족은 몇 가지 측면에서 중요한 의미를 가진다. 첫째, 미국심리학회 윤리규정에서는 내담자가 이해 가능하도록 평가 피드백을 해야 한다고 규정하고 있다. 그러므로 내담자가 여러 가지 검사를 받았을 때는 실시한 모든 검사에 대해 피드백을 받아야 한다. 둘째, 최근에는 공감적이고 협력적인 방법으로 피드백을 할 때 치료에 도움이 된다는 연구 결과가 발표되었다

1 이 논문은 성격평가학회지에 투고되었다(Finn, 1996a).

(Finn & Tonsager, 1992). 따라서 자기 보고형 검사와 행동기반 성격검사를 피드백 하는 방법이 개발된다면, 더 나은 치료 효과를 얻을 수 있을 것이다.

이 장에서 나는 MMPI-2와 로르샤하 결과를 통합한 모형을 제시하였다. 나는 오랫동안 두 검사로 이 모형을 발전시켜 왔고, 임상경험을 통해 서로가 잘 보완된다는 것을 알게 되었다. 나는 두 검사 결과를 함께 나누는 방법을 제시하기 위해 개념 모형을 사용했다. 그리고 MMPI-2와 로르샤하 결과를 이용해 피드백을 제공했다. 마지막으로 사례를 통해 이 피드백 접근에 대해 설명하였다.

## MMPI-2와 로르샤하 결과의 이해

내담자와 검사 결과를 나누기 전에 평가자는 검사 결과를 잘 알고 있어야 한다. 전문가들 사이에도 MMPI-2와 로르샤하의 통합 방법에 이견이 있어 왔다(예, Archer & Krishnamurthy, 1993a, 1993b; Exner, 1996; Meyer, 1997).

MMPI-2와 로르샤하는 신뢰롭고, 타당하며, 유용하다. 많은 사례에서 두 검사는 서로를 입증하고 있다. 그러나 어떤 경우는 MMPI-2와 로르샤하 결과가 불일치 할 때가 있다. 그래서 이 불일치를 해결하기 위해 다른 모형을 사용하기도 한다(Gallen, Wasyliw, Haywood & Grosman, 1996; Lovitt, 1993; Meyer, 1997; Weiner, 1993). 이 모형은 MMPI-2와 로르샤하의 통합 해석에 기초하고 있다.

MMPI-2는 일반적으로 상호작용이 적은 구조화 검사이다. 그리고 문항을 읽고 답란에 기입하고 컴퓨터 자판을 누른다. 대부분의 미국 성인은 이 방식에 익숙하다. MMPI-2는 검사 점수의 상관 때문에 내담자가 알지 못하는 자신의 문제와 특성을 잘 보여준다. 그리고 점수는 검사 당시의 자기표현과 상태를 반영한다. 한편, 지적으로 방어하고 구조화되어 상호작용이 적은 상황에 잘 대응하는 내담자는 타당도 척도가 상승하지 않는 프로파일을 보이기도 한다.

대조적으로 로르샤하는 상호적이고 비구조적이다. 내담자는 MMPI-2 보다 로르샤하를 더 불안해한다. 그 이유는 내담자가 자신의 어떤 점이 로르샤하에서 드러나는지를 알기 어렵기 때문이다. 로르샤하의 잉크 음영과 색깔은 내담자를 정서적으로 자극한다. 그래서 이 검사는 비구조적이고, 상호적이며, 정서를 유발하는 상황에서 나타나는 문제를 잘 보여준다. 어떤 내담자는 그러한 상황을 잘 회피한다. 따라서 로르샤하는 내담자가 직면한 스트레스나 상황, 예컨대 심리치료 중에 생길 수 있는 어려움을 예측하는데 좋다.

## MMPI-2와 로르샤하 반응의 유형

보기 7-1은 로르샤하와 MMPI-2 결과의 조합을 다섯 가지 도식으로 나타낸 것이다. (a) MMPI-2에서 나타나는 장애의 정도, (b) 로르샤하에서 나타나는 장애의 정도, (c) 로르샤하에서 내담자의 관여 정도.

MMPI-2와 로르샤하 모두 장애가 심하거나 모두 적은 경우(A와 D)는 해석이 쉽다. 반면, MMPI-2와 로르샤하에서 내담자의 장애 정도가 일치하지 않는 경우(B와 C)는 해석이 복잡하다.

## III A - MMPI-2와 로르샤하 모두 장애가 심한 경우

이는 구조적이고, 비구조적인 상황에서 심리적으로 문제가 있는 내담자에 해당한다. MMPI-2와 로르샤하가 일치하는 것은 장애가 없기 때문이다. 문제는 일상에서 잘 나타나고, 내담자는 문제를 잘 인식하고 있으며, 문제는 MMPI-2에서 보고된다. 이런 유형은 정서적 위기 때문에 자발적으로 도움을 요청하는 입원환자나 외래환자에게 많다. 이런 결과를 보이는 내담자는 검사 결과가 일관적이다. 이들은 피드백을 듣고 별로 놀라지 않는다.

**보기 7-1 MMPI-2와 로르샤하 결과의 유형**

| | MMPI-2에서 장애가 심한 경우 | MMPI-2에서 장애가 적은 경우 |
|---|---|---|
| 로르샤하에서 장애가 심한 경우 | A[a] | B[a] |
| 로르샤하에서 장애가 적은 경우 | C, 경우 1[a]<br>C, 경우 2[b] | D[a] |

주: 모든 사례의 MMPI-2 프로파일은 일관되고(예, VRIN과 TRIN이 정상 범위에 있고), 타당하고, 방어적이지 않다(예, L, K, Fp, S가 유의하게 상승하지 않음).
[a] 이런 로르샤하 프로토콜은 내담자가 검사에 적절히 참여하고 있다는 것을 보여준다(예, R은 평균 이상이고, Lambda값이<1.0); [b] 이 로르샤하 프로토콜은 억제적이다(R이 작고, 1.0보다 큰 Lambda값).

### Ⅲ B - MMPI-2에서 장애가 적고, 로르샤하에서 장애가 심한 경우

로르샤하와 MMPI-2가 일치하지 않는 경우도 있다. 이 유형의 내담자는 정서문제나 퇴행이 있고, 상호적이며, 비구조화된 상황(로르샤하 같은)에서 병리가 나타난다. 그러나 불안을 조절하기 위해 지적 자원을 사용하고, 익숙하고 구조화된 상황(MMPI-2를 실시할 때와 같은)에 잘 대응한다. 이 유형의 내담자는 문제의 본질을 모르는 경우가 있어 그것을 MMPI-2에 보고할 수가 없다. 그들은 일상에서 자기 개념과 일치하지 않는 것을 고민하고, 정신건강 서비스를 자주 이용한다. 경험상 이런 유형은 외래환자에게 흔하고, 내담자에게 적용하는 대처 방법이 미리 정해져 있다(예를 들어, 대학상담센터, 고용지원 프로그램). 외래치료에 진전이 없고 심리치료 중 불안이나 이상행동을 보이는 것을 걱정하는 치료자가 이런 환자를 의뢰하는 경우가 많다. 주의해야 할 것은 내담자의 성격과 상관없이 심한 스트레스가 있을 때 일어났던 과거의 사건이다. 이런 내담자에게 피드백을 하는 것은 어려운데, 그 이유는 평가자가 잠재된 병리에 대해 말할 때 놀랄 수 있기 때문이다. 그런 내담자는 자신의 문제에 대해 이야기할 때 좌절하거나 혼란스러워하며 방어적으로 될 가능성이 있다.

### Ⅲ C - MMPI-2에서 장애가 심하고, 로르샤하에서 장애가 적은 경우

이것은 입원환자나 외래환자에게 잘 나타나지 않는 MMPI-2와 로르샤하의 불일치 유형이다. 이 유형은 정신장애를 의뢰하거나 법적 검사를 받는 내담자에게 자주 나타난다. 그리고 전혀 다른 해석이 가능하다.

**사례# 1. 로르샤하에 적극적으로 참여하는 내담자**

이런 경우 내담자는 MMPI-2와 로르샤하 모두에 적극적으로 참여한다. 그리고 불일치하는 두 검사는 로르샤하보다 MMPI-2에서 내담자가 자기표현을 할 때 통제력을 더 많이 가지는 것으로 보인다(Ganellen, Wasyliw, Hayood, & Grossman, 1996). MMPI-2에서 보이는 장애는 내담자의 정신병리를 뒷받침하기 위한 의도적인 시도인 반면, 로르샤하에서 장애가 나타나지 않는 경우는 꾀병을 부리고 과장하거나 "도움을 요청하는 것"일 가능성이 있다. 이런 경우 MMPI-2의 F척도가 상승한다. Arbisi와 Ben-Porath(1996)가 개발한 F(p)척도는 증상의 과장과 의도적 꾀병을 구분하는 데 유용하다.[2] 꾀병은 실제보다 더 문제가 있을 때 이 유형을 고려해야 한다(예를 들어, 정신장애나 법적 분쟁에서 "정신 이상"을 주장할 때). 예상할 수 있듯이 여기에 해당하는 내담자와의 피드백은 증상을 과장해서 보고할 가능성이 있어 평가자를 불안하게 한다.

**사례 #2. "위축된" 로르샤하**

심한 장애의 MMPI-2와 비교적 "평범한" 로르샤하는 내담자가 과장하는 동기가 없는 상황에서도 일어난다(예를 들어 자발적으로 치료를 요구하는 외래환자나 입원환자). 이런 경우 로르샤하에서 퇴행반응이 나타나는데, 이는 내담자의 정서적 철수의 결과 때문이다. 이런 내담자는 MMPI-2에서 문제를 드러내는데, 이유는 그것이 개인적인 것이 아니고 덜 자극적이고 덜 압도적이기 때문이다. 그러나 이런 내담자는 로르샤하에서 방어적이다. 왜냐하면 이것이 대인관계와 관련 있고, 정서적으로 자극하는 검사 상황으로 인해 내담자가 혼란스럽기 때문이다. 평가자는 이런 내담자가 로르샤하에 협력하기 위해 노력하고 있다는 것을 알아야 한다. 그럼에도 Lambda값은 높고 R반응도 많다.

2 Meyer(1997)는 이 두 반응 형식을 각각 "Style-4-M"과 "Style-5-M"으로 불렀다.

일반적으로 Meyer(1997)는 이 반응을 "Style 2-R"이라 했고, 이런 로르샤하를 묘사하기 위해 Rapaport, Gill, Schaffer(1968)는 "압축"이라는 용어를 사용했다. 실수로 MMPI-2를 과장보고 했다고 하면 그러한 피드백은 참담할 수 있다.

### Ⅲ D - MMPI-2와 로르샤하 모두 장애가 적은 경우

이 내담자는 구조화나 비구조화 상황 모두에서 기능을 잘한다. 이 유형은 임상에서는 드물게 나타나고, 고용심사나 연구 등에 많다.

## 내담자에게 피드백하기

보기 7-2는 MMPI-2와 로르샤하 결과를 이용한 피드백의 예를 보여준다. 로르샤하와 MMPI-2가 일치하는 결과를 내담자와 나누는 것은 비교적 쉽다(A와 D). 이런 경우 내담자에게 두 검사 결과가 일치한다고 말해주고, 평가 결과를 설명할 때는 MMPI-2를 이용한다. MMPI-2를 중심으로 피드백을 하는 이유는 수치로 되어 있어 이해하기가 쉽고, 로르샤하의 구조적 요약보다 시각적으로 도움을 주기 때문이다. 이후에 로르샤하 결과로 다른 특징이나 문제를 설명한다.

이 경우는 로르샤하 결과를 은유적으로 제시한다. 예를 들면, MMPI-2의 4번 척도가 80T이고 분노 척도 점수가 높고, 로르샤하에서는 S와 AG가 상승하고, 폭발 직전의 5개 화산이라는 표상이 포함되어 있는 한 사례가 있었다. 이 내담자와 척도에 대해 이야기

할 때 나는 이것을 "분노 척도"라 불렀고, "금방이라도 폭발할 것 같은 화산"과 같은 느낌이 든다고 했다. MMPI-2는 시각적으로 제시했고, 로르샤하는 주관적인 경험을 묘사할 때 사용했다.

MMPI-2의 F척도가 80T, 불안척도는 91T, 로르샤하의 D값이 −4가 나온 한 내담자는 로르샤하 X번 카드의 마지막 반응을 다음과 같이 했다.

> "이 분홍색은 절벽이고 작은 물체가 매달려 있는데 떨어지지 않으려고 해요. 지진, 폭풍이 있어요. 가운데 이것은 떨어지려고 해요. 죽을 힘을 다해 매달려 있어요."

나는 내담자에게 심한 정서적 스트레스가 있는 것 같다고 말해주었다. 아울러 피드백 동안 최근에 있었던 일 때문에 속상해서 마치 "필사적으로 매달려 있는" 것처럼 "절벽 가장자리에서 떨어지는" 것 같은 느낌이 든다고 내담자에게 말하였다. 내담자는 내 말에 감동을 받은 것 같았다(대부분의 내담자들은 내가 해준 피드백이 자신의 로르샤하 반응에서 나온 것을 모르는 것 같다). 이후 나는 Molly Harrower(1956)의 "투사적 상담"과 Constance Fisher(1985/1994)의 "개별화된 평가" 방식으로 반응을 나누었다.

### 보기 7-2 MMPI-2와 로르샤하 결과를 이용한 피드백의 예

▸ A (MMPI-2와 로르샤하 모두 장애가 심한 경우)

"현재 상황을 힘들어하고 있다는 점에서 MMPI-2와 로르샤하 결과가 일치합니다. 당신은 문제가 심각해 보이고, 친숙하고 스트레스가 적은 상황에도 어려움을 겪고 있습니다."

▸ B (MMPI-2에서 장애가 적고, 로르샤하에서 장애가 심한 경우)

"MMPI-2는 자신을 어떻게 생각하고 있고, 일상에서 문제가 어떻게 나타나는지를 보여줍니다. 결과는 당신이 정서적 고통을 다루는 법을 알고 -친숙하고 구조화된 상황에 있는 한- 내면의 고통을 잘 다룰 수 있다는 것을 보여줍니다. 로르샤하는 당신 성격의 다른 수준을 알려줍니다. 이것은 다른 사람에게는 보이지 않고 스스로도 알지 못합니다. 이 검사는 당신이 갈등을 하고 혼란스럽다는 것을 보여줍니다. 이 어려움은 정서적이고 익숙하지 않은 상황일 때 발생합니다. 심지어 당신은 오랫동안 자신을 고립시키고 불편한 상황을 회피함으로써 혼란을 피하려고 합니다."

▸ C (MMPI-2에서 장애가 심하고, 로르샤하에서 장애가 적은 경우)

사례 1: "MMPI-2에서 심한 고통과 장애가 나타납니다. 당신은 문제를 알고 싶지만, 자신의 강점을 경시하는 것처럼 생각됩니다. 로르샤하는 당신의 강점을 보여주고 친숙하지 않고 조직화되지 않은 상황에서도 잘 기능한다는 것을 알려줍니다."

사례 2: "당신은 MMPI-2에서 현재 겪고 있는 문제에 대해 알려주었습니다. 당신이 응답한 것은 이 문제에 대해 개방할 수 있다는 것을 나타냅니다. 로르샤하는 당신의 어려움에 대해 덜 분명한 그림을 제공합니다. 당신은 잉크반점 검사의 친숙하지 않은 상황에서 입을 열지 않는 것으로 보입니다. 말하지 않는다면 당신의 고통은 다른 사람에게 잘 보이지 않습니다."

▸ D (MMPI-2와 로르샤하 모두 장애가 적은 경우)

"MMPI-2와 로르샤하 모두 당신이 잘 기능하고 있고 고통이 적은 것으로 나타났습니다. 심지어 낯선 상황에서도 힘들어하지 않습니다. 당신은 탄력적이고 스트레스 저항력이 강한 사람입니다."

로르샤하와 MMPI-2 결과가 다를 때는 피드백이 어렵다. 즉, 이것은 한 검사가 다른 검사보다 장애가 심한 경우이다. 로르샤하가 MMPI-2보다 장애가 심한 경우(B), 나는 *성격 수준*이라는 개념을 사용한다. MMPI-2는 자신에 대해 생각하고 있는 것과 일상에서 남들에게 보여 지는 방식을 알려준다. 반면, 로르샤하는 일상에서 잘 보이지 않고, 낯설고, 스트레스가 많고, 정서 자극이 많은 상황에서 나타나 MMPI-2와는 보여주는 성격의 수준이 다르다. 내담자는 이를 잘 이해해야 한다. 그런 후에 대처기제가 스트레스를 관리하는 데 어떤 도움을 주는지에 대해 논의해야 한다. 이 작업 후에는 회피하고 싶지만, 내담자를 혼란스럽게 하는 어려움에 대해 이야기한다(MMPI-2를 실제적으로 해석한다. 로르샤하가 더 "현실적"이고, "중요하다."는 것을 고집하지 않는다. 내담자는 이런 방법으로 자신의 문제를 다루는 것을 좋아한다).

MMPI-2가 로르샤하보다 장애가 심한 경우(C)는 내담자가 어떤 도움을 원하는지를 살펴보고, 소통하기 위해 MMPI-2 사용에 대해 이야기한다. 다시 말해 두 검사를 "현실적"으로 보고, 내담자가 과장하거나 일차적 또는 이차적 이득을 얻기 위해 거짓말하는 것을 비난하지 말아야 한다.

사례 2처럼 로르샤하에서 장애가 적은 경우(내담자가 행동기반 검사에서 자신의 문제를 축소해서 보고할 때), 내담자의 혼란을 다른 사람이 알아차리는 것이 얼마나 어려운지에 대해 이야기해 본다.

이처럼 불일치하는 경우는 검사 결과와 연결짓고 은유로 피드백을 주기 위해 로르샤하를 먼저 검토한다. 특히 B의 경우 -자신의 고통을 알지 못하는 경우- 은유를 사용하면 내담자는 치료자의 말을 잘 이해할 수 있다.

## 사례 - Harry[3]

56세 Harry의 사례를 보자. Harry는 이혼을 하고 다른 여성과 로맨틱한 관계를 시작한 매력적인 사업가이다. 그는 여자친구와 친구들, 그리고 전 부인이 한 피드백 때문에 힘들어했다. 피드백은 그가 "정서적으로 메마르다."는 것이었다. 반면, 그는 독립성이 강했고, 감정 회복력이 높았다. 여자친구의 제안에 따라 Harry는 성격검사를 받았다. 그는 검사를 통해 다음 두 가지를 알고 싶었다.

**보기 7-3** Harry의 K-교정 MMPI-2 프로파일

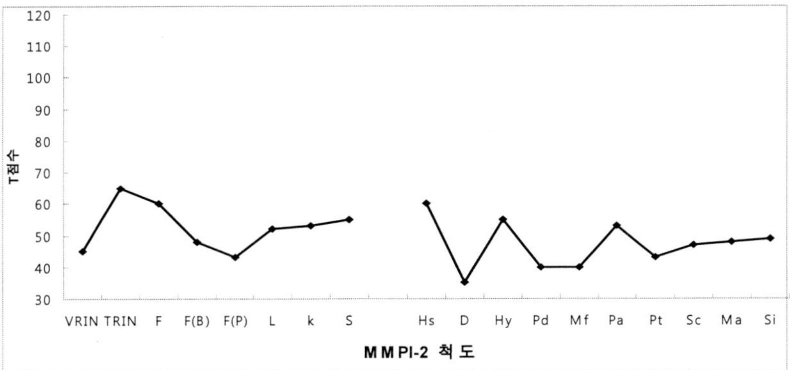


주: VRIN=Variable Response Inconsistency Scale; TRIN=True-Response Inconsistency Scale; F=Infrequency; Fb=Infrequency Back Page; Fp=Infrequency Psychopathology; S=Superlative Self-Presentation; Hs=Scale 1, Hypochondriasis; D=Scale 2, Depression; Hy=Scale 3, Hysteria, Pd=Scale 4, Psychopathic Deviate; Mf=Scale 5, Masculinity-Femininity; Pa=Scale 6, Paranoia; Pt=Scale 7, Psychasthenia; Sc=Scale 8, Schizophrenia; Ma=Scale 9, Hypomania; Si=Scale 0, Social Introversion

3 내담자의 이름과 개인 정보는 비밀 보장을 위해 바꾸었다.

(1) 다른 사람들은 내가 폐쇄적이고 정서적이지 않다고 해요. 나는 독립적이고 절제를 잘 한다고 생각하는데, 허풍인가요? 통제적이고, 폐쇄적이고, 준비를 철저히 하는 것이 다른 사람을 불편하게 하나요?
(2) 사람들과 친하게 지내는 것에 왜 나는 양가적일까요?

## MMPI-2와 로르샤하 결과

보기 7-3은 Harry의 MMPI-2 프로파일이다(Welsh 136/0897:425 #FKL/). 타당도 척도에서 유의하게 상승한 척도는 없었고, 1번 척도(T=59) 점수가 약간 높았다. Harry는 면담에서 받은 인상과 비슷하게 정서 문제는 없어 보였다. 1번 척도의 신체 불편감은 그가 베트남 전에서 특수부대원으로 있을 때 부상으로 생긴 관절통과 근육통이 반영된 것 같았다.

보기 7-4는 Harry 로르샤하의 구조적 요약이다.[4] 관념상의 문제와 우울, 애정에 대한 갈망, 그리고 내재된 분노를 포함해 MMPI-2에서 나타나지 않았던 문제가 로르샤하에서 발견되었다. 그래서 Harry의 결과는 보기 7-1의 B 유형에 해당했다. 그는 주지화와 과도한 의존을 대처기제로 사용하고 있었다[2AB+(Art+Ay)=22].

4 Harry와의 작업은 구조적 요약 4판(Exner, 1995)으로 채점했다.

이것은 MMPI-2와 로르샤하가 불일치하는 전형적인 예였다. 그리고 Armstrong Lowinstein(1990) 외상 항목 지수도 높았다(.30).

## 보기 7-4 Harry 로르샤하의 구조적 요약

### 반응영역

| | |
|---|---|
| Zf | = 21 |
| ZSum | = 69.5 |
| ZEst | = 70.0 |
| W | = 18 |
| (Wv | = 2) |
| D | = 4 |
| Dd | = 1 |
| S | = 4 |

DQ

| ......... | | FQ(-) |
|---|---|---|
| + | = 16 | (6) |
| o | = 4 | (0) |
| v/+ | = 0 | (0) |
| v | = 3 | (2) |

### 형태질

| | FQx | FQf | MQual | SQx |
|---|---|---|---|---|
| + | = 0 | = 0 | = 0 | = 0 |
| o | =13 | = 0 | = 2 | = 1 |
| u | = 2 | = 0 | = 1 | = 1 |
| - | = 8 | = 0 | = 3 | = 2 |
| none | = 0 | | = 0 | = 0 |

### 결정인

| 혼합 | 단일 | |
|---|---|---|
| Fma.FC' | M | = 2 |
| Ma.FC=2 | FM | = 0 |
| FC'.CF | m | = 1 |
| mp.FT | C | = 0 |
| FMa.FT | Cn | = 0 |
| Fmp.FY | CF | = 1 |
| FD.FT | FC | = 1 |
| FY.FV | C' | = 0 |
| Fr.CF | C'F | = 0 |
| ma.FC.Ma | FC' | = 0 |
| FC'.C.ma.Ma | T | = 0 |
| ma-p.FC'.C | TF | = 0 |
| VF.ma | FT | = 0 |
| ma.CF | V | = 0 |
| | VF | = 0 |
| | FV | = 1 |
| | Y | = 0 |
| | YF | = 0 |
| | FY | = 0 |
| | rF | = 0 |
| | Fr | = 0 |
| | FD | = 0 |
| | F | = 0 |
| | (2) | = 8 |

### 반응내용

| | |
|---|---|
| H | = 2,2 |
| (H) | = 1,0 |
| Hd | = 0,1 |
| (Hd) | = 0,0 |
| Hx | = 0,0 |
| A | = 4,2 |
| (A) | = 0,0 |
| Ad | = 0,1 |
| (Ad) | = 1,0 |
| An | = 0,0 |
| Art | = 7,0 |
| Ay | = 0,3 |
| Bt | = 1,1 |
| Bl | = 0,1 |
| Cg | = 1,4 |
| Cl | = 0,0 |
| Ex | = 0,0 |
| Fd | = 0,0 |
| Fi | = 0,1 |
| Ge | = 0,0 |
| Hh | = 0,2 |
| Ls | = 0,1 |
| Na | = 1,3 |
| Sc | = 5,4 |
| Sx | = 0,0 |
| Xy | = 0,0 |
| Id | = 0,0 |

### 접근방식

| 카드 | | 위치 |
|---|---|---|
| I | : | W.D |
| II | : | WS.WS |
| III | : | WS.D.D |
| IV | : | W.W |
| V | : | W.W |
| VI | : | W.D |
| VII | : | W.W. |
| VIII | : | W.W.Dd.W |
| IX | : | W.W |
| X | : | W.WS |

### 특수점수

| | Lvl-1 | Lvl-2 |
|---|---|---|
| DV | = 2 | 0 |
| INC | = 0 | 1 |
| DR | = 2 | 2 |
| FAB | = 0 | 0 |
| ALOG | = 1 | |
| CON | = 0 | |

Raw Sum6 = 8
Wgtd Sum6 = 29

| | | | |
|---|---|---|---|
| AB | = 6 | CP | = 0 |
| AG | = 3 | MOR | = 3 |
| CFB | = 0 | PER | = 0 |
| COP | = 2 | PSV | = 0 |

비율, 백분율, 산출점수

| | | | | | |
|---|---|---|---|---|---|
| R = 23 | L = 0 | | FC:CF+C = 4:6 | COP = 2 | AG = 3 |
| | | | Pure C = 2 | Food = 0 | |
| EB = 6:8 | EA = 14 | EBPer = -NA | SumC':WSumC = 5:8 | Isolate/R = .48 | |
| eb = 10:13 | es = 23 | D = -4 | Afr = 0.53 | H:(H)+Hd+(Hd) = 4:3 | |
| | Adj es = 8 | Adj D = -1 | S = 4 | (H)+(Hd):(A)+(Ad) = 1:0 | |
| | | | Blends:R = 15:23 | H+A:Hd+Ad = 11:3 | |
| FM = 3 | SumC' = 5 | SumT = 4 | CP = 0 | | |
| m = 7 | SumV = 3 | SumY = 1 | | | |

| | | | | |
|---|---|---|---|---|
| | | P = 7 | Zf = 21 | 3r+(2)/R = .48 |
| a:p = 13:4 | Sum6 = 8 | X+% = .57 | Zd = -.5 | Fr+rF = 1 |
| Ma:Mp = 5:1 | Lv2 = 3 | F+% = NA | W:D:Dd = 18:4:1 | FD = 1 |
| 2AB+Art+Ay = 22 | WSum6 = 29 | X-% = .35 | W:M = 18:6 | An+Xy = 0 |
| M- = 3 | Mnone = 0 | S- = .25 | DQ+ = 16 | MOR = 3 |
| | | Xu% = .09 | DQv = 3 | |

| | | | | | |
|---|---|---|---|---|---|
| SCZI = 6 | DEPI = 5 | CDI = 2 | S-CON = 7 | HVI = No | OBS = No |

V번 카드에 대한 Harry의 반응은 복잡했다.

> "이것은 박쥐같아요. 꼬리와 머리, 날개가 있는데 날개가 비정상적이에요. 이것은 솜털 대신 균과 먼지 같은 거를 옮겨요. 그것이 짐처럼 보이지는 않지만 그럴 수도 있어요. 이렇게 쌓인 것 때문에 발버둥치는 박쥐를 싹 치울 필요가 있어요. 이 박쥐가 문제가 있다는 것을 받아들이는 게 망설여져요. 그러나 나는 이것이 보기보다 좋지 않다는 것을 알게 되었어요. 이것이 더 슬퍼요.

## 평가 요약/논의 과정

Harry와 평가 결과를 나눌 때 나는 먼저 MMPI-2 결과를 보여주었고, 그의 정서 회복력과 좋은 대응력을 칭찬했다. 강점을 열거했고, 준비성이 철저하다고 말해 주었다. 그는 안도했고, 자신의 생각을 확인시켜 준 것에 기뻐했다. 나는 겉으로 보이는 것보다 그의 내면에 많은 것이 있다는 생각이 들었다. 그리고 로르샤하에 나타난 우울이나 무기력, 갈망, 그리고 사고 문제를 그와 함께 나누었다. 이야기를 듣고 있던 Harry는 눈물을 흘렸고, 베트남에서의 고통스러웠던 외상을 털어 놓았다. 그는 누구에게도 이 경험을 말해 본적이 없었고, 그동안 애써 외면해 왔다고 했다. 그리고 어릴 때 아버지가 신체적 학대를 한 것도 밝혀졌다. 그는 이 사실을 어느 누구에게도 말한 적이 없었고, 학창시절 운동과 공부로 이를 극복해 왔다고 했다. Harry는 피드백에서 감동을 받았다며 고마워했다.

## 피드백 편지

다음은 피드백 후 평가 결과를 요약하고 그의 질문에 답한 것을 Harry에게 보낸 편지이다(이 내용은 요약/논의 회기 동안 Harry에게 한 것과 비슷하다).

> Harry에게
> 이 편지는 우리가 지난주 피드백에서 검토했던 심리평가 결과를 요약한 겁니다.

당신은 정서적으로 힘든 환경에서도 잘 해왔습니다. 그 중 하나는 고통스러운 감정을 옆으로 제쳐두고 나아갈 수 있는 능력입니다. 다음 세 가지는 당신이 가진 유용한 대처기제입니다.

(1) 독립심: 자신을 돌보는 데 필요한 능력입니다. 당신은 사람들과 함께 있는 것을 즐기지만, 자신의 요구를 충족시키고 스스로 생존하는 법을 배웠습니다. 이 능력은 공포에 갇혀 지내지 않고 나쁜 환경에서 벗어나게 해줍니다.
(2) 합리성: 문제를 분석하고, 합리적으로 접근하고, 현명하게 생각하고 감정에 치우치지 않는 능력입니다.
(3) 망각: 과거의 고통스러운 사건이 더 이상 괴롭히지 못하게 하는 능력입니다.

로르샤하 결과는 당신 성격의 깊은 곳에서 일어나는 대처기제의 "근원"을 알게 해 주었습니다. 검사 결과는 눈으로 보는 것보다 더 많은 일이 당신에게 일어난다는 것을 보여 줍니다. 잘 알지는 못하지만 억압된 정서 경험이 당신에게 내재할 수도 있습니다. 이런 감정은 다른 사람에게는 잘 보이지 않는 우울과 무기력, 애정과 배려에 대한 강렬한 갈망과 분노입니다. 당신의 대처기제는 절망적인 환경에서도 잘 기능했고, 현재는 외상에 따른 최악의 결과를 피할 수 있게 해 주었습니다. 그러나 대처기제를 너무 많이 사용하는 것은 당신을 지치게 하고 부담을 줄 수도 있습니다. 해결되지 않은 고통 때문에 생긴 가장 큰 문제는 친밀한 관계에서 받은 영향일 것입니다. 검사 결과는 다른 사람과 가까워지는 데 양가감정이 있다는 것을 보여줍니다. 당신은 상처 입는 것과 그것을 없애야 한다는 것을 걱정하는 것 같습니다. 하지만, 이러한 두려움이 부적절한 것은 아닙니다. 너무 가까이 다가가는 것은 내면에 있는 감정의 판도라 상자를 여는 것과 같습니다. 두려워하는 이유는 이것이 당신을 압도하고 고통스럽게 하고, 미칠 것 같은 감정을 느끼게 하기 때문입니다.

이제 당신은 "변화의 딜레마", 즉 지금 이대로 살지 아니면, 변화할지를 결정하는 "비용과 이익"을 고려할 수 있는 충분한 정보가 있습니다.

당신의 딜레마는 다른 사람과 가까워지고 싶은 욕구와 정서적으로 개방하고 성장하고 싶어 하는 소망에서 시작되었습니다. 반대로 타인과의 친밀감이 내면의 고통을 보호하고자 하는 필요에 의해 제한되어온 것도 사실입니다.

당신에게 외상은 과거의 일입니다. 그런 상황에서 감정을 드러내는 것은 안전합니다. 하지만 고통스러울 수도 있고, 그냥 내버려두는 것이 더 낫다고 생각할 지도 모릅니다. 당신은 잘 견뎌왔고 자신만의 방식으로 마음을 여는 방법을 배워 왔습니다. 마음을 개방하고, 안전하게 나아가기 위해서는 스스로에게 많은 투자를 할 필요가 있습니다. 외상을 잘 다루는 기술로 당신을 지원할 수 있는 치료자와 함께 대처기제의 "근원"을 찾고 상처를 이겨낼 필요가 있습니다. 이제 평가에서 당신이 궁금해 했던 질문에 답을 해 보겠습니다.

(1) 다른 사람들은 내가 폐쇄적이고 정서적이지 않다고 해요. 나는 독립적이고 절제를 잘 한다고 생각하는데, 허풍인가요? 통제적이고, 폐쇄적이고, 준비를 철저히 하는 것이 다른 사람을 불편하게 하나요?

두 모습은 어느 정도 사실인 것으로 생각됩니다. 당신은 독립적이고 절제를 잘 하고, 다른 사람의 도움이 필요 없어 보입니다. 로르샤하에서는 그것이 사실이 아닌 것으로 나타났지만, 당신의 모습이 다른 사람을 불편하게 할지도 모릅니다. 또 다른 경우는 (대부분의 사람들에게 흔한) 당신이 내적인 감정과 다른 사람의 요구나 비판에 위협당할 때, 조금은 난폭해지거나 과장된다는 겁니다. 이런 상황일 때 당신은 자신의 일에만 몰두하고 타인에게 둔감해지는 경향이 있습니다.

(2) 사람들과 친하게 지내는 것에 왜 양가적일까요?

말했듯이, 검사 결과는 당신이 다른 사람들과 친해지고 싶고 애정과 우정에 대한 강한 열망이 있다는 것을 보여줍니다. 그러나 친밀감은 당신을 혼란스럽게 할 것입니다. 다른 사람과 가까워지면 당신은 힘들어하고 두려워합니다. 다른 사람이 요구할 때는 안전한 경계를 만들 수 없게 됩니다. 또한 다른 사람과 가까워지면 많이 고통스러울 겁니다. 현재는 다른 사람에게 끌려 다니거나 도망가고 싶은 두 감정 모두를 느끼는 것으로 보입니다.

나의 답변 속에 Harry가 로르샤하에서 사용한 언어가 많이 언급되어 있다는 것을 알 수 있을 것이다.

## Harry의 답장

나의 편지에 대해 Harry는 다음과 같은 답장을 보내왔다.

지난 번 평가에서 보여준 통찰과 친절함에 감사드립니다. 저를 지치게 하는 짐을 가지고 다녔다는 것을 이제야 깨달았습니다. 늦기 전에 무언가를 할 필요가 있다는 생각이 들었습니다. 최근 심리학자와 상담 약속을 잡았습니다. 그는 베트남 전에 참전했고 당신과 내가 검사를 통해 안 것을 이해하는 것 같았습니다.

## 결론

MMPI-2와 로르샤하는 하나의 평가로 통합되기가 어렵다. 그것의 통합적 해석은 여전히 논쟁 중에 있다. 그러나 내담자의 인생을 다른 관점으로 바라보고 개념적으로 이해하면, 그 모순이 잘 해결될 수 있다고 나는 믿는다. 여기 제시한 해석 모형을 연구하기 위해서는 더 많은 노력이 필요하다. 그동안 내담자를 보다 잘 이해하기 위해 동료들과 나는 치료적 평가센터에서 이 모형을 연구해 왔다. 그리고 나는 로르샤하와 MMPI-2를 통합함으로써 내담자의 주관적 경험을 공감하고, 그들의 내면을 정확하게 비춰줄 수 있다는 것을 알게 되었다. 아울러 내담자는 치료자와의 관계에서 일상의 문제에 대한 새로운 대안을 탐색하게 하는 유대감을 느끼게 되었다. MMPI-2와 로르샤하를 함께 사용하는 것이 가치 있는 일인가에 대한 최근의 논쟁에 대해 (증가된 타당도와 진단적 효율에 근거해서) 심리학자들은 그 두 검사가 치료적 효용을 높이는 지를 살펴볼 필요가 있을 것이다.

8

# 평가 개입 회기: "어려운" 검사 결과를 "쉬운" 검사로 설명하기[1]

7장의 Harry의 사례처럼 우리는 검사를 이용하여 내담자와 요약/논의 회기를 진행할 수 있다. 치료적 평가 원리에 따라 실시된 요약/논의 회기는 내담자의 고통을 줄이고, 자존감과 희망을 높이며, 유연성을 향상시킨다(Ackerman, Hilsenroth, Baity, & Blagys, 2000; Finn & Tonsager, 1992; Newman & Greenway, 1997).

평가 초기에는 평가자가 "함께 하려는" 노력에도 불구하고, 내담자가 요약/논의 회기에 저항하는 경우가 있다. 시간 압박이나 다른 검사(지필검사)때문에 협력적으로 논의 할 기회가 없고, 자신과 세상을 새로운 시각으로 바라볼 여유가 없어서 그럴 수도 있다. 이유야 어떻든 평가자는 "내담자가 말하고 싶어 하는 것은 3단계 정도의 정보일거야."와 같은 판단으로 요약/논의 회기에 접근하기가 쉽다.

1 이 장은 MMPI, MMPI-2, MMPI-A 사용의 최신 발달에 대한 28차 연차 심포지엄에서 발표한 논문에 기초했다.

1장의 내용처럼 나와 동료들은 내담자를 돕기 위해 다음의 “평가 개입 회기” 과정을 개발했다.

## 평가 개입 회기의 목표

정신역동치료에 따르면 평가 개입 회기는 표준화 검사로 내담자에게 자신의 평가 결과를 살펴보게 하여 “섣부른 해석”을 하지 않도록 한다. 이 과정은 논의 회기에서 거절되었을지도 모를 결과를 탐색할 수 있도록 돕는다. 그리고 자신과 세상에 대한(평가 마지막에 평가자가 제안하여 수정하지 않고) 자신만의 이야기를 “쓸 수 있게” 한다. 아울러 내담자와 평가자는 표준화 검사를 통해 가설을 검증한다. 이때 형식적인 검사 점수에 묶인 무미건조한 개념은 평가 개입 회기에서 생동감 있게 변할 수 있다. 따라서 내담자는 평가 개입 회기를 통해 평가를 새롭게 이해하게 된다. 평가 개입 회기는 내담자의 문제를 맥락 속에서 해결하기 때문에 딜레마를 공감하여 외부 세계에 적용할 수 있다.

### 보기 8-1 평가 개입 회기 과정

▸ 1단계 - 계획하기

- 초점 정하기
- “어떻게 내담자의 문제를 이끌어낼 것인가?”라고 자문하기

▸ 2단계 - 회기 소개하기

- 내담자에게 개인적인 질문을 하게 될 것이라고 말함으로써 준비하기

▸ 3단계 - 이끌어내기, 관찰하기, 문제행동 명명하기
- 주요 문제행동 이끌어내기
- 문제행동을 관찰하고 내담자의 언어를 받아들이기
- 평가 상황 밖의 이야기와 연관짓기

▸ 4단계 - 문제행동 맥락 파악하기
- 무엇이 문제행동을 일으키고 강화하는가?

▸ 5단계 - 문제행동의 해결책을 생각하고 시도해보기
- 해결책 제시해 보기
- 실행하고 결과 관찰하기
- 성공했다고 느낄 때까지 해결책을 수정하기

▸ 6단계 - 성공적인 해결책을 어떻게 외부 세계에 적용할 것인가에 대한 논의
- 해결책을 어떻게 다룰지 계획하고 마음속으로 그려보기
- 내담자에게 주의 깊게 행동하도록 요청하고 다음 회기에 보고하기

---

## 평가 개입 회기 과정

1장에서 논의한 것처럼 개입 회기는 내담자의 질문과 관련된 표준화 검사를 마친 후, 요약/논의 회기 전에 실시한다. 보기 8-1은 평가 개입 회기 과정을 요약한 것이다. 이 장에서 나는 각 단계에 대해 설명하였고 몇 년 전에 평가했던 24살 Jim의 사례를 제시하였다. 1장에서도 언급했듯이 이 단계는 Fischer(1985/1994)의 “평가

과정"에서 가져온 것이다.

### III 1단계 - 계획하기

**초점 정하기.** 이 단계가 가장 중요하다. 당신은 평가 개입에서 중요한 초점을 선택하고 싶을 것이다(원한다면 다른 문제행동을 목표로 삼을 수도 있다). 가능하면 평가 질문과 관련된 것을 선택하는 것이 좋다. 우선 "내담자의 삶에서 중요한 것은 무엇인가?"라고 자문한다. 그런 다음 "내담자와 문제의 어떤 부분을 탐색할 것인가?", "내담자가 받아들이기 힘든 것은 무엇인가?"라고 묻는다. 마지막으로 "어떤 문제가 나의 관점과 관련 있는가?"를 살펴본다.

**사례.** Jim은 실패를 자주 경험하는 수줍음 많은 남성이었다. 그의 평가 질문은 "왜 나는 성공할 수 없을까요?"였다. Jim은 좋지 못한 성적과 주의력 부족 때문에 가까스로 고등학교를 졸업했다. 부모님과 함께 살았고, 안정적인 직업이 없었으며, 대학에 입학하지 못했다. 대학에 가고는 싶었지만 매번 낙방을 했다.
Jim은 7살 때 실시한 지능검사와 성취검사에서 언어학습장애가 있다고 보고되었다. 성인용 웩슬러 지능검사-Ⅲ(WAIS-Ⅲ; Wechsler, 1997)에서는 전체 IQ 점수가 124점이었지만, 언어성 IQ는 92점이었다. 웩슬러 개인 성취검사-Ⅱ(WIAT-Ⅱ; Psychological Corporation, 2002)는 읽기=88, 산수=89, 쓰기=87, 말하기=99점이었다. 놀라웠던 것은 그가 끊임없이 자기를 비하하고 있다는 것이었다. 예를 들면, "나는 이것도 못해.", "쓰지도 못해.", "바보야, 바보!"(그가 WAIS-Ⅲ의 산수검사를 틀릴 때마다). 이런 자기비하는 검사를 잘하고 있을 때도 그랬다. 예를 들어 토막짜기 환산 점수가 14점이었는데도 "절망적이에요. 그렇지 않나요?"라고 자신을 비하했다. 심지어 잘 했다는 내 의견을 무시하기도 했다. 너무 쉽게 포기해서 "계속 해보세요."라고 격려하지 않았다면, WAIS-Ⅲ의 하위검사 점수는 더 낮았을 것이다. Jim의 MMPI-2 프로파일은 2-7-8-0이었고(거의 90T에 가까웠다), 나는 그의 자존감이 낮은 것에 또 한 번 당황했다. 낮은 자존감 척도는 97T였다. Jim은 자신을 서투르고, 부족하고, 성공하지 못할 거라고 생각하고 있었다. 그는 우울과 불안이 있고, 학습장애가 있다고 해도 놀라지 않을 것 같았다. 이 모든 것이 그가 실패하는 이유였다. 한편, 부모와의 관계도 Jim의 문제에 영향을 주고 있었다. 그에게 이 사실은 놀라운 일이 아니었다. Jim은 실패할 것이라 확신했고, 그 어떤 것도 시도하지 않았으며, 성공의 기회조차 포기했다. 그를 이해하기 위해서는 생생한 예가 필요했다. 그래서 나는 "개방형" 질문을 했다("어째서 성공할 수 없지요?"). 나는 시작도 하기 전에 포기하는 그의 경향에 초점을 두었다.

**어떻게 내담자의 문제를 이끌어낼 것인가?** 일단 초점을 정하면 평가자는 "내담자의 시선으로 바라보고" 문제행동을 이끌어내기 위해 표준화 검사 결과를 공감해야 한다. 이 단계에서 "문제행동의 상황적 단서는 무엇인가?", "검사와 행동이 상황적 단서를 제공하는가?"라고 자문해 본다. 당신은 (a) 아직 사용해본 적 없는 표준화 검사, (b) 역할 놀이, 예술 과제, 심리극, 구조화 활동, (c) 표준화되지 않은 약간 쉬운 평가 도구를 사용할 수도 있다. 나는 주로 세 번째 방법을 이용했다. 그래서 이 장의 제목을 ["어려운" 검사 결과를 "쉬운" 검사로 설명하기]라고 정했다.

**사례.** 나는 WAIS-Ⅲ를 통해 Jim이 자신을 무능하다고 여기는 것을 알았다. Jim은 시각기억과 시공간 통합 능력이 좋았다. 그래서 나는 다른 과제를 실시해서 Jim이 WAIS-Ⅲ에서 보였던 자기

비하를 멈추고, 자기 인식이 얼마나 왜곡되었는지를 알고, 반박할 수 없는 증거를 찾아보고자 했다. 그래서 여러 검사 중 벤더게슈탈트검사(Bender, 1938)를 사용하였다. Fischer(1985/1994)는 내담자와의 상호작용을 위해 벤더게슈탈트검사를 이용하는 방법을 고안했다. 나는 Jim이 자신에 대한 부정적 인식을 깨달을 수 있도록 벤더게슈탈트검사를 이용하여 본 시행과 함께 단기기억도 평가를 했다.

### Ⅲ 2단계 - 회기 소개하기

표준화 검사 회기에서는 내담자의 상태를 확인("오늘 어떠세요?")하고 이전 회기에 대해 물으면서 평가 개입 회기를 시작한다. 그런 다음 평가 질문에 대해 이야기하고 본 회기를 소개한다. 이는 내담자의 불안을 줄이는데 도움이 된다. 즉, 평가 목표는 과제에 대한 개인의 주제를 충족하는 것임을 내담자에게 상기시킨다. 그리고 질문을 해서 내담자가 회기에 대해 준비하도록 한다.

**사례.** Jim은 지난 회기에 MMPI-2를 끝냈고, 그 후로 검사에 대해서는 생각하지 않았다고 했다. 그리고 아침에 아버지와 취직하지 못한 것에 대해 다퉜다고 했다. 그런 대화는 Jim을 무력하게 만드는 것 같았다. 그는 이를 인정했고, "왜 나는 성공할 수 없을까요?"에 대한 답을 찾고 싶어 했다.

### Ⅲ 3단계 - 이끌어내기, 관찰하기, 문제행동 명명하기

**주요 문제행동 이끌어내기.** 계획된 실험을 실시하여 내담자와 탐색할 문제행동을 확인한다. 이후에 내담자의 행동을 관찰하고 여러 상황에서 문제행동의 예를 살펴본다.

**사례.** 내가 BGT 카드를 제시하자 "저는 그림에 소질이 없어요."라고 Jim은 말했다. 나는 할 수 있는 만큼만 하면 된다고 격려했다. 그는 한숨을 쉬었지만 9개 도형 모두를 그렸다. "정확하게" 그리기 위해 여러 번 지우기도 했다. 그는 검사 내내 의기소침했고 부끄러워했다. 나는 검사를 마친 후 어땠는지를 물었다. 그는 "간단한 것을 그리는 것도 어려워 화가 나요."라고 답했다. 나는 종이를 치운 뒤 새 종이를 주면서 조금 전에 그린 도형을 가능한 많이 그려보라고 했다. 그는 당황하며, "하나도 기억할 수 없어요."라고 했다. "가능한 최선을 다해 보라."고 했더니 4개의 도형을 그렸다. 그리고 종이를 내밀며 "기억할 수 있는 전부"라고 했다. 나는 "괜찮다."라고 한 후 "좀 더 생각해 보면 기억이 날 것이다."라고 말했다. 그가 거절할거라 예상했지만, 그는 그러지 않았고 2개의 도형을 더 그렸다. 다시 그만 두려했으나 재차 격려하자 2개를 더 기억해 9개의 도형 중 총 8개를 그렸다.
나는 Jim의 얼굴에서 만족감을 볼 수 있으리라 기대했지만 여전히 그는 우울해 보였다. 나는 무엇이 그렇게 만들었는지를 물었다. "당신이 한 것에 대해 어떻게 생각하세요?" Jim은 괴로워하며 답했다. "끔찍해요! 아무것도 기억하지 못하다니 저는 바보에요." 나는 그에게 물었다. "도형이 몇 개였다고 생각하세요?", "모르겠어요. 14개나 15개 정도요." 나는 또 한 번 놀랐다. "아니에요. Jim." 나는 탁자에 카드를 놓으며 "9장의 카드가 있었어요. 당신은 거의 다 기억했어요. 다른 사람은 보통 6~7개 정도를 기억하는데 당신은 8개를 기억했어요. 그림 역시 괜찮아요. 다른 사람들 보다 나아요. 정말이에요!"
Jim은 혼란스러워했고, 말을 잇지 못했다. 나는 부드러운 목소리로 말했다.

보세요. Jim. 당신은 잘 할 수 있는 것도 부정적으로 보고 있어요. 다른 사람처럼 당신도 실패하고 싶지 않을 거예요. 하지만 잘 할 수 있는 것도 할 수 없다고 하고 있어요. 이것이 "왜 나는 성공할 수 없을까요?"라는 질문에 대한 답이 될 수 있어요. 당신은 할 수 있지만 자신을 믿지 않았어요. 그래서 시도조차 하지 않았죠. 격려하지 않았다면 4개를 그린 후 포기했을 거예요. 하지만 할 수 있다고 믿었기 때문에 계속 해보라고 했어요. 당신은 잘 할 수 있을 때도 부정적으로 보았어요. 이것이 어떤 것도 잘 할 수 없다는 생각을 강화시킨 것 같아요.

Jim은 얼굴을 가린 채 울었다. 나는 어깨에 손을 얹고 휴지를 주며 물 한잔을 건넸다.

**문제행동을 관찰하고 내담자의 언어를 받아들이기, 평가 상황 밖의 이야기와 연관짓기.** 문제행동이 나타나면, 다음 단계는 내담자의 주의를 집중시키는 것이다. 내담자에게 그런 행동을 뭐라고 부를지, 다른 때도 그런 행동을 인지하고 있는지를 살펴본다. 1장에서 사용한 은유로 돌아가면, 이것은 내담자가 당신과 함께 합의한 것을 가지고 "관찰대"에 오르는 것이다. 여기서부터 우리는 변화의 딜레마를 이해하게 되고, 내담자와 협력하여 논의 할 수 있게 된다.

**사례.** Jim이 진정하자 나는 무슨 일이 있었고, 지금 기분이 어떤지를 물었다. "울었어요. 지금껏 어느 누구도 나에게 잘 했다고 말해준 사람이 없었어요. 당신은 내가 잘 할 수 있다는 것을 얼마나 모르고 있는지를 보여주었어요. 그리고 내가 모르는 또 다른 게 있는지가 궁금해요." 나도 같은 생각을 하고 있다고 했고, 자기를 비하하는 것을 뭐라고 부르면 좋을지를 물었다. 그는 잘 모르겠다고 했다. 나는 그것이 자신을 왜곡하는 '안경' 같다고 했다. 그는 동의했고, 그런 시각 때문에 '패자 안경'으로 자신을 보게 된다고 했다. 우리는 '패자 안경'이 행동에 영향을 주는지를 알아보았다. 그는 '패자 안경'이 구직을 어렵게 하고, BGT때처럼 쉽게 포기하게 만든다고 했다. 그리고 자신을 비하하게 한다고 했다. 우리는 회상하지 못한 도형의 개수를 얼마나 '줄였는지'를 주목했다. 나는 자신을 평가 절하했던 다른 경험이 있었는지를 물었다. Jim은 9살 때 캠프에서 노력도 하지 않고, 지레 게임을 배울 수 없을 것이라고 생각했었다. 그러나 캠프가 끝날 즈음 그는 모든 사람을 이겼고, 심지어 격려해준 상담자도 이겼다. Jim은 이야기하는 내내 들떠 있었다.

## Ⅲ 4단계 - 문제행동 맥락 파악하기

문제행동을 확인하고 외부 세계와 연관지었다면, 평가자는 잠시 평가 개입을 멈춘다. 그리고 정서적으로 압도되었는지 아니면 더 깊이 논의할 수 있는지를 살펴본다. 내담자가 계속하기를 원하면, 다음 단계에서는 문제행동의 맥락을 파악한다. 문제행동을 발생시키는 요인에는 어떤 것이 있나? 무엇이 행동을 강화시키나? 내담자는 보통 그러한 맥락의 단서를 잘 모른다. 이 정보를 알기 위해 평가자는 조심스럽게 질문을 한다.

**사례.** 나는 Jim에게 '패자 안경'이 없을 때가 있었는지를 물었다. 그는 잠시 생각하더니 이렇게 답했다. "제 방에서 기타를 칠 때요. 그때는 걱정 없이 연주를 즐기죠.", "누가 연주를 듣고 있다면 다를까요?", "네. 엉망일거에요. 연주를 못 할 겁니다.", "당신은 연주를 잘 하나요?" Jim은 가끔 꽤 괜찮게 연주한다며 미소를 지었다. 그는 초등학생 때 아버지와 식탁에 앉아있던 모습을 떠올렸다. 아버지는 가르쳐 주지도 않고 꾸짖기만 했다. 이야기는 끔찍했다. 나는 그 사건이 '패자 안경'을 형성하는데 영향을 주었는지를 물었다. Jim은 그랬다고 했고, 아버지가 아침에 취업하지 못한 것을 비난한 것처럼 지금도 그 비난이 계속된다고 하였다. 나는 그 사건이 BGT 검사에 영향을 주었는지를 물었다. 그는 확실치는 않지만 그 사건이 절망을 준 것은 분명하다고 했다. 나는 "부모님이 교육 동기를 높이려 했지만, 오히려 성취를 힘들게 한 것 같아요."라고 말했다. Jim은 사실이라고 했다. 그는 부모님께 그것을 말할 방법을 찾고 싶어 했다. 나는 좋은 생각이라고 했다. 마지막으로 나는 처음부터 "포기하지" 않았던 적이 있었는지를 그에게 물었다. "네.", "어떻게 했었는지 부끄러울 겨를도 없었어요.", "그러면 부끄러움이 불안보다 낫다는 말인가요?" Jim은 멈칫하더니 천천히 답했다. "아니요. 그렇게 생각해 본적은 없어요." 나는 많은 사람들이 낯선 고통(불안)보다 친숙한 고통(부끄러움)을 선호한다는 것을 알았다.

## Ⅲ 5단계 - 문제행동의 해결책을 생각하고 시도해보기 성공했다고 느낄 때까지 해결책을 수정하기

일단 문제행동을 확인하고, 무엇이 문제행동의 원인이 되고 강화시키는지를 알았다면, 문제행동을 발생하지 않게 하는 것이 무엇인지를 생각해 본다. 그러고 나서 내담자와 함께 문제행동을 해결해 본다. 이런 협력적 접근을 유지하기 위해 내담자가 먼저 해결책을 제시하도록 하고, 필요하면 추가하거나 새로운 제안을 한다. 가능한 해결책을 찾는데 다른 지식을 이용하기도 한다.

**사례.** 나는 Jim에게 잠시 휴식을 할지 아니면 계속할 지를 물었다. 그는 계속 하고 싶다고 했고 흥미로워했다. 우리는 다음과 같은 대화를 나누었다.

Steve: 나와 해볼까요?
Jim: 뭐죠?
Steve: 패자의 시각에서 벗어날 수 있게 다른 과제를 할 거예요. 그리고 계속 할 수 있는지를 살펴볼 거예요.
Jim: 어떻게 하나요?
Steve: 우선 우리가 이야기 한 것에 대해 어떻게 생각하세요?
Jim: 글쎄요. 일단은 내가 하는 행동이 좋지 않더라도 계속 해야 할 것 같아요.
Steve: 좋아요. 그럼 무엇이 당신을 그렇게 만들었나요?
Jim: 불안해지네요.

우리는 불안에 대처하는 방법을 나누었고, Jim은 "무시하기"를 생각해 내었다. 나는 이에 대해 동의했고 그에게 두려워 할 필요가 없다고 지지를 해 주었다.
나는 Jim에게 한 번 더 BGT 도형을 기억해서 그려보라고 했다. 나는 이것이 그의 장기기억을 보여 줄 것이라고 말했다(즉시회상 후 40분이 지났었다). Jim은 잘 기억이 나지 않는다고 했다. 하지만, 잠시 후 "최선을 다해볼게요."라고 말했다. 그런 다음 도형을 그리기 시작했다. 그는 도형 몇 개를 그린 후 그만두고 싶지는 않지만 불안을 무시하기가 어렵다고 했다. 나는 기타를 연주하는 것처럼 할 수 있겠냐고 물었다. 그는 곰곰이 생각하더니 도형을 그리는 동안 내가 지켜보지 않으면 안 되겠냐고 요청했다. 나는 그러겠다고 했고 밖에서 기다렸다.
돌아왔을 때 Jim은 의자에 앉아 있었다. 상담실에 들어올 때 모습과는 사뭇 달랐다. "무슨 일이 일어난 거죠?" 나는 물었다. 그는 "좋아요."라고 답했다. 그리고는 아홉 개의 BGT 도형 모두를 그린 종이를 자랑스럽게 보여주었다. "멋져요. Jim." 나는 어떤 일이 있었는지를 말해 달라고 했다. 그는 자신이 없었고, 몇 번이나 포기하려 했지만, "생각이 날 수도 있으니 몇 분만 더 해보자."며 스스로를 다독였다고 했다(내가 전에 그에게 했던 것처렴). 그는 잘 해냈고 "패자 안경"을 벗을 수 있었다. 나는 "빠르게 학습한 것"에 놀랐다. 그리고 "나는 왜 성공할 수 없을까요?"라는 질문에 답을 할 수 있겠냐고 그에게 물었다. Jim은 "왜냐하면 나를 믿지 않았고, 빨리 포기했기 때문이에요."라고 답했다. 나는 그것이 가장 큰 이유였다는 것을 확인시켜 주었고, 다음 주에 검사 결과를 보고 더 이야기 해보자고 했다.

## III 6단계 - 성공적인 해결책을 어떻게 외부 세계에 적용할 것인가에 대한 논의

평가 개입 회기에서 발견된 해결책을 일상에 적용할 때, 어떤 내담자는 주눅이 든다. 상황에 따라 여러 요구가 있고, 평가자가 없는 상황이라면 한 번으로 얻게 된 전략을 성공적으로 기억하고 행동하는 것은 어렵다. 이 때문에 나는 평가 개입 회기를 마치기 전에 어떻게 그 방법을 일상에서 적용할 수 있을지에 관해 생각해 본다. 그리고 이러한 가능성에 대해 논의하면서 해결책에서 보지 못했던 부분을 생각하고 일반화한다. 내담자에게 무엇을 배웠는지 "무엇을 할 수 있는지를 보라."고 하고, 다음 만남 때 이야기해 보자고 한다. 1장에서 언급했듯이 그런 지시는 치료적 변화를 위한 호기심 강화에 도움이 된다.

**사례.** 회기가 끝날 무렵, 나는 "집에 가서 오늘 배운 것을 시도해보는 것은 어떠세요?"라고 물었다. 그는 "흥미롭네요."라고 답했다. 나는 어떤 점이 흥미로운 지를 물었다. 우리는 직업을 구하는 것이 "패자 안경"으로 보고 있기 때문에 이것이 어려운 일이라는 것에 동의를 했다. 그리고 자신이 실패하고 있다고 확신하고 있었기 때문에 시작부터 문제가 있었다고 생각했다. 그리고 부모님이 일자리에 지원하는 것을 모른다면 덜 불안하겠다고 했다. 왜냐하면 BGT를 그릴 때처럼 부모님이 많은 것을 물어 볼 것이고, 그것이 Jim을 힘들게 할 수도 있기 때문이었다. 나는 회기에서처럼 떠오르는 불안을 무시할 수 있는지가 궁금했다. 그리고 다음 주에 이것을 시도해보자고 했다. 그 말을 듣고 그는 미소를 지었다. 다음 주까지 네 개의 지원서를 작성해보겠다고 했다. 나는 그 전에 질문이 있거나 노력한 결과에 대해 이야기하고 싶다면 연락을 달라고 했다. 그는 그러겠다면서 악수를 청했고, 이번 회기가 도움이 되었다며 고마워했다. 그가 나간 뒤 나는 회기 내용을 정리했고, 다음 주에 있을 요약/논의 회기에 관해 계획을 세웠다.

## 결론

평가 개입 회기는 내담자와 세상에 대한 이야기에 영향을 주고, 문제의 해결책을 확인하는 강력한 도구가 된다. 회기는 자신의 세계를 구축하는 데 내담자가 얼마나 적극적으로 참여하는지를 보여준다. 그리고 특징적인 행동을 이해함으로써 내담자가 평가 개입 회기에서 새로운 선택을 하고 신중하게 행동하도록 한다.

평가 개입 회기는 변화의 딜레마를 공감하고, 검사 결과의 개인적 의미를 이해하도록 돕는다. 예를 들어 나는 Jim의 MMPI-2 프로파일을 통해 자기 개념의 부정적 왜곡을 알 수 있었다. 하지만 그가 BGT에서 회상하는 게 끔직했다고 말했을 때 나는 매우 놀랐다. Jim은 MMPI-2의 낮은 자기 존중감 척도 점수가 97T였다. BGT에 대한 Jim의 관점을 떠올려 보면 충분히 그 점수를 이해 할 수 있을 것이다.

내담자를 녹화한 사례를 보면, 평가 개입 회기가 "마술"처럼 보일 수도 있다. 나는 이 장에서 논리적이고 체계적으로 이 회기를 구조화했고, 치료적 평가에 익숙하지 않은 임상가도 실시할 수 있다는 것을 증명하려고 했다. 나는 성공적인 평가 개입을 위해 1년 동안 대학원생들을 가르쳤다(15장 참고). 요즘 동료들과 나는 문제행동 유형에 따른 "표준화된" 평가 개입을 개발하고 있다. 다음 참고문헌은 개입의 사례들을 잘 보여 주고 있다. Finn과 Martion(1997), Finn과 Kamphuis(2006), Finn(2003, 출판중), Tharinger, Finn, Wilkinson, and Schaber(출판중). 치료적 평가 개입은 "예술적"인 분야이다. 이것을 실시하고 슈퍼비전을 받으면 도움이 될 것이다. 무엇보다 "시도해 보고", "당신이 찾으려던 것이 무엇인지를 보라." 그러면 어떻게 진행되는지를 알고 여유를 느끼게 될 것이다.

9

# 한 단계 위와 아래, 그리고 그 사이: 협력적 평가 의뢰 모형[1]

다른 정신건강전문가에게 치료를 받고 있는 내담자를 평가하는 것은 조금 복잡하다. 이 주제에 대한 몇몇 자료가 있는데(예, Allen, 1981; Berg, 1986, 1988; Cohen, 1980; Shafer, 1954), 9장에서는 치료적 평가 의뢰와 나와 동료들의 협력 원리 및 기법에 대해 다루었다.

치료자는 평가에서 내담자가 당황하고, 좌절하고, 놀라워하고, 지루해 한다는 것을 안다. 치료자는 내담자를 이해하고 도움을 주기 위해 평가를 한다. 평가를 의뢰하는 경우는 RP(Referring Professional: 치료적 평가를 의뢰한 상담자나 정신건강전문가)가 치료를 막 시작하거나 시작한지 어느 정도는 되었지만 위기가 있을 때이다. 이때 평가자는 다음 질문에 답을 할 수 있어야 한다. "이 내담자를 다른 치료자에게 의뢰해야 할까요?", "이 내담자는 다른 치료가 필요할까요?", "저

1 이 장은 성격평가학회에 투고한 논문에서 발췌했다(Finn, 1997b). 초안을 검토해준 Jim Durkel과 Steve Smith에게 감사드린다.

와 내담자는 왜 치료 중에 부딪칠까요?" 어떤 치료자는 질문에 답하지 않고 단지 "진단과 치료 계획"만 묻는다.

지금부터는 치료적 평가 중 경험할 수 있는 어려움에 대해 말하고자 한다.

## 치료의 어려움에 대해 체계적으로 생각하지 않는 RP

정신건강의학과 전문의들을 자문하고 내담자와 상담하면서 나는 다음과 같은 결론을 내렸다. 상담이 정체되거나 내담자와 치료자가 불안이나 좌절, 혼란과 절망을 느끼면, 양쪽 모두에게 책임이 있다는 것이다. 당신과 내담자와의 관계를 생각해보면, 나의 설명은 보다 분명해질 것이다. 하지만 많은 정신건강의학과 전문의들은 치료가 상호적이라는 것을 잘 모른다. 심지어 이 사실을 알아도 내담자가 어려움에 처하면 이런 생각을 하지 못한다.

체계적이지 못한 관점은 평가 전에 받는 의뢰에도 잘 나타난다. 예를 들어, 한 치료자가 했던 질문을 한 번 보자. "지난 두 달 동안 저는 왜 그렇게 John이 싫었을까요?", "Sara는 왜 자신에게 좋은 일을 실천하지 않을까요?" 첫 번째 치료자는 자신의 역할에 개방적이다. 반면, 두 번째 치료자는 내담자가 성장을 하지 않고 조언을 해도 방어적으로 반응한다고 비난을 한다. Cohen(1980)이 언급했듯이 이런 상황이 되면 RP는 내담자를 진단하기 위해 평가를 받게 한다. 그러나 치료에 문제가 있다는 것은 알리지 않는다.

치료가 교착상태에 있을 때 RP의 사고방식이 개방적이라면, 평가 의뢰는 쉬워지고 효과적일 수 있다. RP가 교착상태를 체계적으로 접근할 준비가 되어있다면, 평가 의뢰는 더 쉽고 효율적일 수 있다. 그러면 임상가는 내담자의 입장에서 평가를 하고, 변화의 딜레마를 공감할 수 있게 된다. 이런 과정은 어떻게 교착상태에 빠졌는지, 어떤 요소가 교착상태에 기여했는지를 이해하는 데 도움을 준다. 앞서 언급했듯이 체계적으로 사고하는 RP일지라도 치료를 하다보면 일시적으로 그런 시각을 잃을 수 있다. 그런 RP에게 평가는 사고를 전환할 수 있는 계기가 된다.

## 도움이 되지 않는 삼각관계

치료자와 내담자가 치료에 난관을 겪고 체계적인 관점이 없을 때, 평가자는 무심하게 문제를 다룰 가능성이 있다. 이런 경우 RP와 내담자는 상대에게 잘못을(의식적이든, 무의식적이든) 돌린다. 이때 평가자는 치료자나 내담자 중 어느 한 쪽의 편을 들게 된다. 편들기를 거부하면, RP나 내담자는 배신감을 느끼고 분노하게 된다. 다행히 나는 이런 분열을 경험하지는 않았다.

더 자주 일어나는 현상은 내담자와 RP 모두 내담자에게 문제가 있다고 하는 경우이다. 예를 들어, 앞서 언급했던 Sara는(치료자가 왜 자신이 알려준 대로 행동하지 않았는지 궁금해 했던 그녀) 치료자가 만들어 놓은 사고의 틀을 반복했다. "치료자가 알려 준대로 행동해야 한다는 것을 알고 있어요. 진심으로 걱정해주죠. 하지만 저는 언제나 일을 망쳐버려요. 왜 그런지 모르겠어요." 평가자는 이런 의뢰에 다른 반응을 보이지만, 공통적으로 느끼는 것은 –특히 평가자가 치료의 단점을 알 때– 내담자에 대한 안타까운 심정과 RP에 대한 불만이다. 심리평가는 장기 심리치료와 다르기 때문에 이런 경험은 강화된다. 협력적 평가에서 내담자는 평가자에게 이상적 전이감정을 가지고, 평가자는 내담자에게 연민을 느끼게 된다. RP가 내담자를 이해하는데 실패한 책임이 있다고 평가자가 느끼면, 내담자를 '구해내는 것'은 쉽다. 이런 상황에서 평가자는 "나는 이 내담자와 더 잘 할 수 있다."라는 환상을 가진다. 반면, 내담자는 "치료자를 바꾸고 평가자와 함께 치료해야 한다."고 생각한다. 나는 많은 사례를 봐왔다. 실제로 그 환상이 실현되어(때로 RP와의 협력을 통해), 평가자와 내담자는 함께 치료를 시작하게 되고, 머지않아 그들도 내담자와 RP 사이에 생긴 어려움에 빠지게 된다.

내가 주장하는 바는 평가자가 가정하는 것이 늘 옳을 수 없다는 것이다. 사실 그런 경우는 드물다. RP와 내담자가 왜 교착되었는지에 대한 이해를 바탕으로 관계가 개선될 때, 비로소 RP, 내담자, 평가자 모두에게 도움이 된다.

## RP의 취약성

RP들도 역시 완벽하지 않다고 생각한다. 치료자는 받는 것보다 주는 것을 편하게 생각한다. 이는 내담자와의 작업에서 중요한 의미를 갖는다. 대부분의 치료자는 내담자 때문에 당황하고, 혼란스럽고, 화를 내지만, 참았다가 동료 치료자에게 상담을 요청한다. 그리고 이해할 수 없고, 해결할 수 없다고 느낄 때, 부끄러워한다. 그러므로 평가를 의뢰하는 RP의 용기는 대단하다고 할 수 있다. 특히 상담 경험이 있는 RP는 더욱 그러하다.

대부분의 치료자들이 공통적으로 가지는 취약성은 자신의 치료에 자부심을 가지고, 자신의 능력이 치료에 도움이 될 것이라고 생각한다는 것이다. 어떤 RP는 앞서 언급한 취약성 때문에 "딜레마"

를 경험한다. RP는 평가자에게 도움을 원하지만 치료 과정이 노출되고, 자신이 드러나는 것을 두려워한다. Allen(1981)이 언급했듯이 대립되는 감정은 딜레마를 유발한다. 평가자가 내담자에 대해 새로운 사실을 알게 되면, RP의 영향력은 감소된다. 그리고 RP의 원래 생각이 드러나면, 평가 과정이 내담자에게 "도움을 주지 못했던" 것처럼 생각될 수 있다. 평가자가 이런 딜레마를 모르면, 자신과 경쟁하게 되고 문제는 악화된다. 극단적인 경우, RP는 치료 과정의 실패를 평가자가 알아차리지 못하게 방해할 수 있다.

## RP 내면의 전이

RP의 불안은 그들이 심리학자가 아니거나 심리평가에 익숙하지 않을 때 더욱 커진다. 이런 불안은 심리평가에 대한 오해에서 비롯된다. 예를 들면, 심리평가의 목적이 내담자의 '진실'을 밝혀내는 것이라는 믿음 같은 것이다. Shater(1954)는 이런 믿음을 평가에 대한 절대적 관점이라고 불렀다. 이런 잘못된 믿음 때문에 평가자(이런 관점을 고수하고 있는 평가자)는 어려움에 처하게 된다. 어떤 RP는 심리평가가 문제를 해결하지 못하면 실망을 한다. 그리고 심리평가에 지레 겁을 먹고 심각한 상황만을 언급한다. 치료적 평가에서는 절대적 진실이 없다는 것을 기억해야 한다. 대신 평가자나 치료자는 서로 다른 입장에서 각자의 맥락에 맞게 공동의 통찰을 찾아야 한다. 이런 태도가 평가를 성공으로 이끈다.

## 숨겨진 문제

때로 RP는 평가를 이용해 내담자에 대해 궁금증을 가지기보다 하나의 관점을 만든다. 이것은 초기 상담에서 자주 나타난다. 후자의 경우는–공공연히 혹은 미묘하게– 평가자가 찾고자 하는 평가 결과에 영향을 주기도 한다. RP가 내담자에게 내린 우울증 진단이 '진실'이라는 것을 증명하기 위해 평가를 이용하는 경우 이런 현상이 나타난다.

다른 문제는 내담자에게 하기 힘든 말을 해야 할 때 발생한다. 내담자와 상담자 모두 하기 힘든 말을 해야 하지만, 치료자는 내담자에게 평가를 받게 함으로써 부담스러운 상황을 평가자에게 전가한다. 몇 년 전에 나는 심한 정신증과 우울증이 있는 부모가 자식을 돌볼 능력이 있는지에 대해 평가를 요청 받았다. 사실 이 치료에 개입된 당사자들은 이미 질문의 답을 알고 있었다. 단지 그들은 판단하기를 원치 않았다. 나는 이를 통해 RP가 당연해 보이는 과제에 도움을 청할 때 관심을 기울이는 방법을 배우게 되었다. RP가 나에게 책임을 전가한다고는 생각하지 않는다. 가끔은 헷갈릴 때도 있다. 하지만 나는 문제를 해결하기 위해 왜 평가가 필요한지를 RP에게 묻는다. 또한 문제가 분명하더라도 내담자가 받아들이기 힘든 정보를 찾기 위해 평가가 필요하다고 본다. 두 문제를 구분할 수 있는 방법은 평가를 시작할 때 그 사실이 제시되는지, 그리고 RP와 평가자가 내담자의 정서적 어려움에 책임을 지는지의 여부이다.

## 치료팀의 분열

여러 치료자가 한 내담자에게 다른 시각을 가지고, 어떻게 접근해야 하는지 의견이 모아지지 않으면, 또 다른 문제가 생긴다. 때로 치료자들은 어떤 치료가 적절한지를 알기 위해 평가를 제안한다. Berg(1988)는 전형적인 사례를 제시하였다. 치료팀은 병동에 입원한 경계성 성격장애 환자에게 어떤 치료가 적절한지를 판단해야 했다. 치료팀은 둘로 나눠졌다. 한 쪽은 '엄격한 태도'에 찬성했고, 다른 쪽은 '동정과 지지'를 주장했다. 나는 정신건강의학과 전문의, 개인치료자, 가족치료자, 부부치료자, 그리고 집단상담가 등 여러 전문가들이 한 내담자에게 개입하는 상황을 보아왔다.

치료자들이 서로를 알지 못하고 교류가 없다면, 치료팀은 분열되기 쉽다. 이런 상황은 서로 간에 소통할 시간이 없는 바쁜 정신건강전문가들 사이에 흔하다. 다른 문제는 한 전문가(일반적으로 개인치료자)가 다른 치료자와 함께 하지 않고, 이런 사실을 모르는 상태에서 평가를 의뢰하는 경우에 생긴다. 그러면 순진한 평가자는 한 치료 팀 내의 권력 싸움에 휘말리게 된다. 특히 치료자들과 소통하지 않는 경우라면 더욱 그렇다.

## 역할규정에 따른 평가자의 불안

평가자가 평가 의뢰에 대해 불안을 느끼는 것은 놀랄 일이 아니다. 평가자에게 이런 평가는 곤란한 상황이 된다. 짧은 회기 동안 평가자는 다음과 같은 요구를 받는다. (a) 내담자와 협력할 것, (b)

한 명 이상의 RP들과 동료관계를 맺을 것, (C) 각각의 사람들에게 솔직할 것, (d) 낯선 사람들에게 자문이 유익하고 긍정적인 경험이 되도록 할 것.

이런 불안을 해소하는 방법이 있다. RP와 평가자는 두 개의 고정적인 반응패턴이 있다. 이 둘 모두는 불안에서 벗어나려고 할 때 발생하고, 평가자와 RP가 고정된 역할을 할 때 나타난다. (a) 평가자가 RP보다 위에 있을 때(예를 들어 "나는 당신의 내담자에 대해 진실을 말해줄 전문가다.") 그리고 RP가 아래에 있을 때("평가 수정안을 보고, 제가 이 내담자와 어떤 것을 해야 할지 알려주세요.") 또는 (b) 상담자가 RP보다 아래에 있을 때("당신 뜻대로 하겠습니다. 내담자에 관한 모든 생각에 동의합니다. 내담자에게 어떤 말을 해주면 되겠습니까?") 그리고 RP가 위에 있을 때("당신은 힘없는 기술자이고, 내 불안을 줄여야 하며, 나와 내담자에게 나의 명석함을 반영해야 합니다.")

역할을 다소 과장되게 표현했지만, 이처럼 완전히 한 쪽으로 치우치는 경우는 거의 없다. 그리고 역할이 치우치면 내담자, 치료자, 평가자 모두에게 좋지 않다. 그러나 이러한 역할 선호는 평가 상황에서 많이 나타나고, 이런 패턴은 치료에 영향을 준다. 다음과 같은 질문을 해 본다. 어떻게 위계적 역할을 피할 것인가? 한 쪽 편을 들지 않고 RP나 치료팀에 대해 한 단계 위와 아래, 그리고 그 사이에 어떻게 머물 수 있는가? 또한, 어떻게 관계 중심적이고 효과적으로 평가를 의뢰할 수 있는가?

## 제안

다음 제안은 평가 의뢰를 받고 실시하고 감독한 나의 경험을 바탕으로 하고 있다.

### III RP를 공감하라

먼저 내가 평가자 역할을 할 때 나는 의도적으로 RP와 내담자를 공감해 준다. RP가 내담자를 다른 전문가에게 의뢰할 때 자세한 정보를 제공하는 것을 걱정하고, 상담이 순조롭지 않다고 느끼면, 나는 더욱 공감을 해준다. 또한 치료가 힘들다는 것을 알려주고, 도움을 청하는 것이 얼마나 어려운 지를 되새겨 본다. 마지막으로 내담자와 마주 앉아 그 어려움을 느껴본다. 예를 들어 내담자의 좌절과 어려움을 어떻게 찾을 수 있을까? 방법을 찾을 수 없다면, 다른 맥락에서 내담자를 바라보면 어떨지를 생각해본다. 예를 들어 장기치료였다면 어땠을까? 라고 자문해 본다.

내담자와의 경험이 RP가 경험했던 어려움과 비슷할 때는 그 사실을 RP에게 알린다. 예를 들어 "Smith 박사님, 당신이 Atkins씨의 조심성에 대해 무엇을 말씀하셨는지 이제 알았습니다. 저는 내담자의 질문에 예/아니오 라고 답하는 것 외에 어떤 것도 할 수 없었어요!" 나는 RP가 참여한 것에 대해 고맙게 생각했고, "그것이 그들의 모든 것이 아님"을 알게 되면서 마음이 편해졌다. 그리고 나서 "Atkins씨가 더 방어적이거나 덜 방어적일 때 무엇을 알았습니까?"와 같은 질문을 해서 내담자를 비난하지 못하게 했다. 또한 내담자를 희생양으로 삼은 평가를 한 RP가 내가 내담자와의 작업에서 한 과제를 보면서 그들의 역할을 점검해보도록 했다. 13장에는 평가 중 좋지 않게 끝났던 부부를 사례로 들었다.

### ▌▌▌ 자신의 불안을 인식하라

자신의 불안을 인식하고 그것을 다루는 것은 도움이 되고 삼각관계도 형성되지 않는다(수 년 간의 경험을 통해). 또한 치료 결과를 통해 나를 관찰하고 다른 사람의 조언을 얻으면, 내가 불안할 때 나타나는 행동을 알게 된다(개인적으로 자주 나타나는 행동은 권위적인 성향을 보이는 것이다). 이러한 인식은 평가 동안 그런 행동을 주의하게 되고, 감당할 수 없게 되기 전에 멈출 수 있게 해준다. 참고문헌을 찾아 RP에게 주고 이 상황을 이해시키면, 내가 RP보다 내담자와 더 동맹관계를 형성하고 있다는 것을 알고 동등한 관계로 돌아간다. 그리고 자기인식에 한계가 있다는 것을 받아들이게 된다. 예를 들면, 13장에 제시한 좋지 않게 끝난 부부평가 사례가 그것이다. 돌이켜 보면, 그 결과에 영향을 준 요인은 내가 평가에 대한 불안을 알지 못했다는 것이었다. 지금에서야 그때 내가 최선을 다했다는 것을 받아들이게 되었다.

### ▌▌▌ 처음부터 동등한 관계를 맺어라

성공적인 평가는 평가자와 RP의 관계가 얼마나 견고한지에 달려있다(당연히 평가자와 내담자 관계도 마찬가지다). 이런 이유로 나는 함께 일해본 적이 없는 RP를 통해 관계를 확장해 간다. 예를 들어 사무실에 찾아가 의뢰에 대해 이야기 하고, 훈련과 치료철학 및 개인적인 삶도 공유한다. 시간이 지나면 RP와 나는 평가를 함께 하고, 서로를 알게 된다. 이런 만남은 짧게 이루어 질 수 있고, 전화로도 될 수 있다. 평가가 많이 진행되기 전에 면 대 면으로 만나는 것도 도움이 된다. 처음 만났을 때는 나의 평가에 대한 접근 방향과 어떻게 도울 수 있는지에 대해 RP에게 알려준다. 그리고 RP를 위해 치료적 평가에 대한 자료를 준비한다. 그 자료는 RP가 의뢰에 대해 궁금해 할 때 제시한다.

## 보기 9-1 의뢰전문가를 위한 자료

### 치료적 평가 센터

4310 Medical Parkway, Suite 101, Austin, TX 78756-3335
Phone: (051)461-2570 Fax: (051)465-7470

---

#### 의뢰전문가를 위한 정보지

▸ 치료적 평가란 무엇인가?

치료적 평가는 Stephen Finn, Constance Fischer의 접근법이다. 이는 심리평가를 사용하여 내담자가 자신의 삶을 구성하고 치료 과정이 진전되도록 돕는 협력적 평가 방법이다. 치료적 평가 후에 많은 내담자들은 스트레스가 줄고 자존감이 높아졌다. 치료적 평가는 타당한 검사 결과를 수집하고, 진단과 치료 계획 수립 및 치료 후 변화를 문서화하는데 사용된다.

▸ 전통적 평가와 치료적 평가는 어떻게 다른가?

치료적 평가 모형에서 심리평가는 잠재적 개입이고, 내담자에 대한 정보를 수집하는 방법이다. 우리는 내담자와 의뢰인을 협력하는 주체, 공동 관찰자, 공동 해석자로 평가 과정에 참여시킨다. 그리고 평가 결과에 대해 구두 피드백을 내담자에게 주고, 필요하면 문서화된 보고서를 제공한다. 평가 마지막에는 내담자에게 평가 경험에 대한 피드백을 부탁한다.

▸ 언제 치료적 평가를 의뢰하는 게 좋은가?

치료적 평가가 당신과 내담자에게 도움이 된다고 생각할 때 평가 의뢰를 환영한다. 의뢰 시점은 1) 치료를 시작할 때, 2) 내담자가 자신의 경험이나 삶에 대해 잘 모를 때, 3) 치료 진전을 위해 도움이 필요할 때, 4) 내담자가 조기에 치료를 종결하려 할 때, 5) 종결의 일부로 변화의 증거를 문서화하고 추후 계획을 세울 때이다. 특히 내담자가 평가에 대해 방어적이면, 협력적 평가는 전통적 평가보다 좋다. 그리고 내담자의 협조를 얻기 전까지는 평가를 진행하지 않는다.

▸ 어떤 평가를 하는가?

개인지능평가, 학습장애평가, 성격평가, 진단 및 치료 계획 수립, 네 살 이상의 내담자의 심리평가를 의뢰받는다. 신경심리평가나 교육평가가 필요하면 관련 전문가에게 의뢰한다. 또한 부부평가와 가족평가도 실시한다. 이는 공동 로르샤하를 바탕으로 한 해석과 보고서를 포함한다. 법정평가 의뢰는 받지 않는다.

▸ 평가자에게 무엇을 기대할 수 있는가?

내담자의 질문을 다루고, 평가가 유용한 정보를 줄 수 없다면 미리 알려 줄 것이다. 또한, 평가 중에 계속 연락을 하고, 결과에 대해 내담자와 공유하기 전에 의뢰자와 의논할 것이다. 보고서를 요구하면 제공할 것이다. 의뢰자와 내담자에게 평가 결과를 공개하고, 치료에 통합될 때까지 연락할 것이다. 평가 후 내담자와 평가 결과를 이야기하기 위해 시간이 지나도 만날 것이다.

▸ 의뢰하는 전문가로서 무엇을 기대하는가?

평가를 통해 몇 가지 질문에 대해 논의하고, 스스로 질문을 만들어 평가를 준비하게 한다. 평가 초반에는 내담자에 대한 정보를 얻기 위해 연락을 할 것이다. 내담자는 정서적 지지나 평가에 대한 경험을 이야기하는데 도움이 필요할지도 모른다. 따라서 치료 과정에서 행동 변화가 있을 때 평가자에게 최대한 빨리 알려준다. 내담자가 평가 결과를 알려줄 피드백 회기에 참여하도록 할 것이고, 피드백 회기 전에 어떻게 하면 평가 결과를 잘 논의 할 수 있을지에 대해 의견을 들을 것이다. 또한, 가능하면 피드백 회기 때 당신의 사무실을 방문할 것이다. 이유는 내담자가 이 환경을 가장 편안해 하기 때문이다. 평가가 끝난 후 내담자에게 우리 작업에 대해 피드백을 요청할 것이다. 이는 앞으로 더 나은 서비스를 제공하기 위해서이다.

▸ 평가 비용은 얼마인가?

비용은 의뢰 질문이 얼마나 복잡한가에 따라 다르다. 내담자와 첫 면담을 마친 후, 인터뷰, 평가 회기, 채점, 해석, 보고서, 피드백 회기를 포함해 전체 비용을 정한다. 비용의 절반은 평가를 시작할 때, 나머지 반은 종결할 때 지불한다. 보통은 내담자와 상의해서 비용을 정한다.

▸ 평가 시간은 얼마나 걸리는가?

평가를 받으려는 사람이 많아 의뢰와 평가 시작 사이에 3~5주 정도 대기 시간이 있다. 평가 시작 후 4주 안에 피드백 회기를 갖는다. 복잡한 평가를 제외하고는 여러 맥락에서 내담자를 살펴보기 위해 2~3주에 걸쳐 평가를 하지만, 원하면 빠른 시간 내에 평가를 할 수도 있다.

▸ 어떻게 내담자를 의뢰하는가?

내담자에 대해 의논하고 싶거나 정보를 원하면 (051)461-2570으로 연락을 바란다.

## Ⅲ 삼각관계를 미연에 방지하라

나는 내담자, RP와 삼각관계가 되지 않고, 분열을 최소화 할 수 있는 방법을 알게 되었다. 예를 들어 평가 동안 RP와 연락할 것이라고 내담자에게 알려주고, 나와 RP가 자유롭게 의견을 나눌 수 있도록 동의서에 사인을 요청한다. 내담자가 꺼리면, RP가 내게 오는 이유는 다른 의견을 듣기 위해서라고 알려준다. 내가 할 일을 내담자에게 확인해주면서 RP와 치료에 대해 이야기할 수 있다면 도움이 될 것이라고 말한다. 대부분의 내담자들은 나와 RP가 협력할 수 있도록 도와주었다.

평가 초기에 나의 역할은 RP와 내담자에게 치료를 용이하게 하는 것이다. 평가가 끝난 뒤 내가 치료를 할 수는 없지만, 다른 상담은 열려있다고 알려준다. 그리고 평가 중에 나에 대한 긍정적 전이는 허용하지만, 이상화는 하지 않도록 한다. 왜냐하면 내담자의 딜레마를 이해하고, 이해받고 있다고 느끼게 하는 나의 능력에 자부심은 있지만, 평가라는 상황은 내담자와 나 사이에 긍정적인 관계를 형성하는 것이라는 것을 이해하고 있기 때문이다.

앞서 언급했듯이, 나는 치료 중에 RP로부터 평가자에게 내담자를 넘겨받는 것을 별로 좋아하지 않는다. 평가자는 참조 대상을 잃고, 모든 면을 부정적으로 볼 수도 있다. 그러면 내담자는 RP에게 거절당했다고 느끼고, 이전 치료를 실패한 것으로 생각한다. 처음에는 RP가 안심하겠지만, 내담자와의 관계가 교착되어 자신이 할 수 있는 일이 없다고 느낄 것이다. 그리고 평가자는 전지전능한 구세주가 되는 환상을 가질 것이다. 결국은 나중에 이것이 문제가 된다.

내담자와 치료자는 파괴된 치료관계를 복구하는 과정에서 많은 것을 배운다. 최상의 결과는 치료적 관계를 개선하고, RP와 내담자가 겪은 어려움을 이해하게 되는 것이다. RP의 전문성과 기술 부족이 분명해지면, 그것은 내담자에게 도움이 된다. 나는 평가가 끝난 뒤 다른 전문가가 보조치료자로 관여하는 것이 내담자와 RP가 관계를 지속하는 것보다 더 낫다는 것을 알게 되었다.

RP나 내담자의 한계 때문에 관계를 회복할 수 없어 치료가 어렵다면, 평가자는 내담자, 치료자와 상의를 한다. 내담자가 계속 치료를 원할 때는 평가자를 제외한 다른 사람을 찾아보도록 한다. 요청한다면 새로운 치료자를 찾을 수 있도록 도와주고, 평가 동안 알게 된 내용을 공유한다.

치료의 교착이 RP의 비윤리적 행동, 예를 들어 이중관계나 내담자와의 문제 때문인 경우도 있다. 그런 RP에게는 상담을 받아서는 안 된다. 나 또한 비슷한 경험을 한 적이 있다. 한 번은 청소년 검사를 의뢰받았는데, 아이가 말을 거의 하지 않았다. 나는 얼마 되지 않아 치료자가 아이의 부모와 친구라는 사실을 알게 되었다. 당연히 아이는 말하는 것이 안전하지 않다고 느꼈을 것이다. 나는 아이에게 다른 치료자를 만날 것을 권했고, 치료 부탁을 거절했다. 그러한 상황에서 평가자는 윤리적 문제에 직면하게 된다. 몇몇 사례는 RP 자격을 주는 기관에 보고 되기도 한다. 나는 현재도 그 치료자와 관계를 유지하고 있고, 평가 후에도 계속 자문을 하고 있다.

## III RP와의 협력

긍정적인 결과를 위해서는 RP를 참여시켜 적극적인 협력자로 만드는 것도 방법이 된다. 이는 다음의 여러 방법으로 가능하다.

**RP가 목적을 명확히 할 수 있게 하라.** 나는 RP로부터 궁금한 정보를 수집하고, 내담자가 질문한 것을 공유한다. 이 과정에서 평가가 할 수 있는 것과 할 수 없는 것을 RP에게 교육한다. 예를 들어 9장의 사례에서 치료자는 평가자에게 내담자가 성학대를 당했는지를 알고 싶다고 의뢰했다. 나는 그녀에게 심리평가는 그런 질문에 답을 할 수 없다고 말했다. 그러나 나는 그녀가 이 문제를 평가의 한 부분으로 보려고 한 것이 기뻤다.

아울러 나는 "진단과 치료 계획"만을 위해서는 평가 의뢰를 받지 않는다. Fischer(1985/1995)는 그런 의뢰를 확장할 수 있는 방법을 제시하였다. 예를 들어, RP가 진단을 원하면 평가자는 이렇게 묻는다. "당신은 어떤 진단을 염두해 두고 있습니까? 그리고 평가가 한 증상을 다른 증상보다 지지한다면, 그것은 치료 계획에 어떤 영향을 줄 수 있습니까?"

앞서 언급했듯이 나는 RP의 평가 요구가 내담자를 희생양으로 삼고 있거나 지나치게 병리적으로 접근하는지를 살펴본다. 그런 사실을 알게 되면, RP가 내담자를 공감하는지를 본다. 예를 들어, 어떤 RP가 내담자에 대해 20분 동안 불평을 한다면, "내담자와 당신 사이의 문제에 대해 내담자가 어떻게 생각한다고 보나요?"라고 묻는다. 이것은 치료자가 내담자를 공감하고 평가가 진행되면서 협력적으로 작업할 수 있도록 한다.

**내담자가 평가를 준비할 수 있도록 RP에게 도움을 요청하라.** 불행히도 많은 RP들은 내담자에게 평가 의뢰 이유에 대해 조금만 언급한다. 이런 경우 내담자는 첫 회기 때 평가에 대해 환상을 가진다. 예를 들어, "치료자가 나에게 신물이 나서 이제 관계를 그만 두려나 봐요.", "내가 너무 화가 나서 치료자에게 상처를 주었어요." 가

끔은 내담자가 옳은 경우도 있다. 그렇다 하더라도 RP는 내담자와 이 문제를 의논해야 한다. RP가 의뢰할 때 나는 내담자와 평가에 대해 상의했는지를 묻는다. 그렇지 않았다면 내담자에게 평가 의뢰 이유를 묻고, 평가에 대해 설명해 주면 도움이 될 것이라고 말한다. 그리고 나는 RP에게 내담자와 공유할 평가 정보지를 준다. 어떤 RP는 그들이 말할 내용의 틀을 구성하는 것을 도와달라고 한다. 그러면 체계적으로 교육을 해서 근거를 만든다. 예를 들어, "우리 작업이 왜 도움이 되지 않았는지를 알고 싶습니다.", "왜 내가 제시한 행동을 하지 않았는지를 알고 싶습니다."와 같은 질문을 한다. 나는 RP에게 내담자가 나를 만나기 전까지 평가에 대해 의논할 필요가 있다고 말한다. RP와 내가 평가를 몇 번 해 보았다면 이런 내용은 생략가능하다.

평가 의뢰 이유를 밝히는 것을 제외하고, 첫 평가에 앞서 RP가 내담자와 함께 평가 질문을 살펴보는 것도 도움이 된다. RP와 내담자가 얼마나 노력을 하는지는 그들의 관계에 대해 많은 것을 말해준다. 어떤 내담자는 잘 모르는 RP가 한 질문을 첫 회기에 가져온다. 이는 내담자의 혼란과 치료 문제를 보여준다. 따라서 나는 첫 평가 회기 후 이를 RP와 함께 공유한다.

**평가 동안 RP와 연락하라.** 평가를 여러 주에 걸쳐 한다면, RP에게 (종종 자동응답기에 남기는 메시지 형태로) 새로운 내용을 알려준다. 특별히 주목할 만한 회기를 한 후에는 RP와 그 내용을 공유한다. 그리고 내담자가 경험한 평가에 대한 정보를 RP와 나눈다(대다수의 내담자들은 평가 중에 RP와 만난다). 앞서 언급했던 대로 내가 내담자와 함께 노력하고 있다는 것을 안다면, RP와 이 경험을 공유하고 어떻게 어려운 상호작용을 처리할 수 있는 지에 대해 조언을 구한다.

이런 접근은 내가 모든 답을 가진 전문가가 아니라는 생각과 RP와 내가 함께 내담자를 도와줄 수 있다는 생각을 강화시킨다.

**내담자에게 피드백을 줄 계획을 짜고 평가 자료 해석에 RP를 참여시켜라.** 질문에 답하기에 앞서 RP를 만나 발견한 것을 살펴보고 평가에 대해 논의한다. 이것은 많은 도움이 된다. 첫째로는 검사 자료를 해석할 때 도움이 된다. 나는 내담자의 로르샤하 반응, MMPI-2 점수, 그리고 주제통각검사에 대해 이야기할 때 RP에게 도움을 요청한다. 심리학자가 아닌 RP는 이런 정보를 함께 하는 것을 좋아한다. 그러면 RP는 심리평가가 어떻게 실시되는지에 대해 관심을 가진다. 평가 과정을 설명하는 것은 협력을 용이하게 한다. 둘째로 RP는 평가 결과를 내담자에게 알려줄 방법에 관한 통찰이 뛰어나다. 그들과 나는 1, 2, 3 수준의 정보를 확인하기 위해 함께 작업을 하고, 내담자에게 도움이 될 적절한 어휘를 선택한다(예를 들어 우울이라는 용어를 사용해야 할지, 아니면 "고통스런 감정"이라고 표현해야 할지). 그리고 얼마나 많은 이야기를 해야 할지를 결정한다. 평가에서 얻은 정보를 모두 알려줄 수 없다는 것을 고려하면, 꼭 필요한 정보를 가지고 있다는 것은 도움이 된다. "지난 번에 RP와 나는 각자의 역할이 회기를 요약하고/논의하는 데 있다고 했습니다. 특별히 RP에게 당신의 정서반응을 알 수 있도록 하고, 필요하다면 진행을 천천히 할 수 있도록 부탁했습니다. 만약 내가 말하는 내용 때문에 혼란스럽다면 개입해 줄 것을 요청했습니다. 또한 평가를 통해 실생활의 예를 찾아보도록 했습니다." 예를 들면, "John, 제 생각에 Finn 선생님이 MMPI-2에서 말씀하신 내용이 당신과 상사 사이의 일처럼 보이는데 어떻게 생각하세요?"와 같은 것이다.

**RP를 도와 평가의 유용성을 객관화하라.** 어떤 RP는 평가를 통해 무언가가 들춰진다고 느끼고, 스스로 찾아낸 것이 없다고 자신을 비난한다. 사실, 상담에서 RP의 약점이 강조되는 경우도 있다(예를 들어, 어떤 것에 대한 지식이 부족한 경우). 그렇기 때문에 나는 그런 사실을 축소하고 싶지는 않지만, 거기에 과도하게 초점을 두고 싶지도 않다. 그런 반응은 도움이 필요한 정신건강전문가가 겪는 부끄러움을 반영한다. 그렇기 때문에 RP가 평가의 필요성을 개인적인 것으로 받아들이지 않도록 한다. 나는 이렇게 말한다(내가 진정으로 그렇게 믿는 경우에만). "이 내담자는 어려운 사례여서 평가 없이는 이해하기가 어렵고, 어느 누구도 모든 것을 다 알 수 없습니다." 이렇게 하는 이유는 내가 친절해서가 아니라 RP가 자신을 열등한 위치에 있다고 인식하면 협력이 어렵기 때문에 그렇게 한다.

**내담자에 대한 다른 관점을 통합과 발견, 그리고 새로운 이해의 기회로 여겨라.** 내담자에 대한 절대적 "진실"은 없다는 신념에 따라 모든 통찰은 다른 관점을 가지고 있다. RP와 내가 내담자에 대한 경험에 차이가 있다는 것은 흥미롭다. 예를 들어 한 내담자는 여성치료자와 있을 때는 가학적이었다. 그러나 나에게는 부드럽고 친절했다. RP와 내가 내담자와 함께 이 점에 대해 논의했을 때, 그는 여성에 대해 분노가 내재되어 있음을 시인했다. 로르샤하와 TAT는 내담자를 이해하고, 문제를 해결할 기회가 된다. 예를 들어 앞서 말한 나와 RP는 내담자의 여성치료자를 남성치료자로 바꿀 것을 권유했다. 그런 후 우리는 평가 의뢰에서 생긴 치료상의 문제를 해결할 수 있었다.

나는 평가 결과에 대하여 RP와 논쟁하지 않고, 나의 관점이 더 낫거나 옳다고 주장하지 않는다. RP와 나의 인식이 통합되지 않으면, 뒤로 물러서거나 찬성과 반대로 나누어져 있음을 알려주고, 내담자를 다른 관점으로 보도록 한다. Berg(1986)는 평가자와 RP 간의 관계가 내담자에 대해 유용한 정보를 준다고 했다. 그러므로 내가 RP와 논쟁하려 할 때, 이것이 내담자에 관해 무엇을 말하는지를 자문해 본다. RP가 심각하게 왜곡된 관점을 가지고 있고 대안적 개념에 개방적이지 않을지라도 내담자에게 해롭다고 느끼기 전까지는 나의 생각을 강요하지 않는다. 침착하게 다른 관점을 제시하고 RP가 그것을 존중하면, 좀 더 진전된 논의를 하는데 열려있기를 바라면서 내 관점을 유지한다.

**내담자가 요약/논의 회기에 참여하도록 RP에게 요청하라.** 나는 이것을 RP의 사무실에서 한다. 어떤 RP는 회기 비용을 받기도 하지만, 어떤 RP는 받지 않는다. 내담자와 RP가 어려운 상황에 처해있다면, 셋이서 어려움에 대해 이야기하는 것은 함께 이해할 수 있는 기회가 된다. 또한 내담자와 RP가 상호작용을 잘 한다면, 압도되고, 불안한 회기에서 지지를 받을 수 있다. 마지막으로 내담자는 RP와 내가 함께 작업하는 것을 봄으로써, 다양한 방법을 가진 사람들이 있다는 것을 통해 안심한다. 나는 작업을 마친 뒤 RP에게 내담자와 시간을 가지라고 한다. 이는 내가 RP와 내담자로부터 한 발 물러서 있다는 점을 의미한다. 그리고 내담자와 RP에게 평가 결과를 보내줄 것이며, 나와도 상담이 가능하다는 것을 알려준다.

**평가 보고서를 내담자에게 전달하기 전에 RP가 검토하도록 하라.**

내담자에게 보고서나 편지를 쓸 때는 내담자나 다른 동료전문가에게 보내기 전에 RP에게 초안을 검토하고 싶은지를 묻는다. 이렇게 하는 이유는 RP가 함께 한다고 느끼게 하기 위해서가 아니다.

오히려 평가에 있어 RP의 통찰과 보고서에 대한 논평이 더 중요하기 때문이다.

**평가 후에 RP에게 점검을 요청하라.** 나는 요약/논의 회기를 마친 후 RP와 이야기를 하거나 전화 메시지를 주고받는다. 이는 기록을 비교하고 의뢰에 대한 감사를 전하기 위해서이다. 또한 RP에게 요약/논의 회기 전이나 후에 한 피드백을 작성해 달라고 부탁하고, 여러 방법으로 작업에 대한 피드백을 살펴본다. 이 피드백은 여섯 개의 개방형 질문으로 되어 있다.

(1) "심리평가를 의뢰할 때 무엇을 기대했습니까?"
(2) "평가는 기대를 충족하였습니까?"
(3) "평가의 어떤 부분이 도움이 되었습니까?"
(4) "어떤 부분이 도움이 되지 않았습니까?"
(5) "무엇이 평가를 유익하게 했습니까?"
(6) "평가 의뢰를 고려하고 있는 사람에게 어떻게 조언하겠습니까?"

나는 RP에게 이 질문을 보낼 때 내 사무실 주소가 적힌 봉투를 이용한다.

## III 주의점

두 가지 주의점이 있다. 첫째, 어떤 RP는 평가자와 협력관계를 끝내는 것에 관심이 없다. 그 이유는 너무 바빠서 평가 결과의 의논과 요약/논의 회기에 참여하거나, 편지 검토에 시간을 들이는 것이 싫어서일 것이다. 이런 경우 나는 RP에게 그러한 작업 시간에 대한 비용 지불을 의논할 것을 제안한다. 어떤 RP는 협력적 평가 모형이 낯설다. 특히, 처음 작업을 해 봤다면 더욱 그렇다. 그들은 과거의 경험에 따라 내담자를 나에게 보내 평가를 받게 했다. 그리고 내가 그들에게 메일로 자료를 보낼 것이라고 생각한다. 앞서 언급했듯이 이런 경우 나는 심리평가를 어떤 식으로 접근하는지에 대해 교육한다. 그리고 나의 방식이 그들이나 내담자의 요구와 맞는지를 살펴본다. 그러나 어떤 RP는 협력을 거부하는데, 이는 그들이 평가에 관심이 없고 배울 게 없다고 생각하기 때문이다. 그들은 심리평가를 상담으로 보지 않고, 오히려 혈액검사 같은 것으로 여긴다. 이런 태도를 가지는 RP와의 작업 여부는 평가자에게 달려있다.

둘째, 함께 하기로 결정한 RP가 어떤지를 살펴보라(나는 많은 평가자들이 이런 문제에 대해 선택권이 없는 환경에서 일하고 있다는 것을 안다). 이유야 어찌됐건 나와 작업하지 않으려는 RP를 위해 평가를 진행할 필요는 없다. 그리고 치료팀이나 RP의 숨겨진 의도가 느껴지는 평가는 사양한다. 그런 동기가 바뀔 수 있다는 사실을 모를지라도 당신이 제3자의 관점에 있다면, 평가자도 RP와의 상호작용의 영향을 받는다는 사실을 기억하라. 따라서 나는 나에게 흥미가 있거나 무언가를 가르치려고 하는 사람들의 의뢰는 거절한다. 그리고 함께 일할 RP의 수를 제한한다. 나는 시간이 많고 에너지도 많지만, 모든 평가자가 이렇게 자유롭지는 않다.

## 결론

평가 의뢰 협력 모형이 당신에게 어려울 수도 있다. (a) 우리가 심리평가를 절대적 진실을 밝히는 방법으로 보고, (b) 내담자를 과학적 연구 대상으로 삼고, (c) RP를 단순히 정보를 제공하는 소비자로 고려하면 치료적 평가는 어려울 것이다. 또한 어느 누가 완벽한 신탁을 싫어하겠는가? 그러므로 우리는 제3자의 협력 모형을 선택해야 하는 이유를 알아야 한다. 첫째, 나는 이것이 심리평가를 보는 겸손하고 정확한 관점이라는 생각이 든다. 둘째, 협력적 접근은 내담자와 RP에게 도움이 된다. 나는 관련 전문가와 관계의 발전 없이는 복잡한 치료 상황을 해결하는 것이 불가능하다고 생각한다. 셋째, 우리는 심리평가와 자신, 그리고 세상에 대해 더 많은 것을 배울 수 있다. 마지막으로 당신이 신탁의 명성과 정체성 대신 관계를 변화시키는 전문가가 되는 것도 그리 나쁘지는 않다. 우리는 이런 일을 하면서 보람을 느낄 것이다.

10

# "주의력결핍과잉행동장애" 환자의 치료적 평가[1]

이 장은 치료적 평가를 위해 실시된 심리평가의 전체 과정을 사례로 제시하였다. 이 사례가 심리학자들에게 도움이 되길 바란다. 내가 이 사례를 선택한 이유는 치료자-내담자 관계가 답보되었을 때 이용할 수 있는 심리평가 시나리오를 보여주기 위해서이다(9장을 보라). 그리고 이 사례는 공동 심리평가의 장점에 대해 알려줄 것이다.

## 사례 연구

### 의뢰

4년 동안 개인치료를 해 온 Elizabeth S는 동료에게 나의 치료적

1 이 장은 성격평가학회지에 발표한 논문에서 발췌하였다(Finn, 2003b).

평가를 소개받았다. 그녀는 일과 사랑에서 성공하길 바라는 28세의 David와 미술치료를 해왔다. David와 S는 치료가 별 진전이 없다고 느끼고 있었다. S는 치료 주제가 "두서없다."고 했고, David가 주의력결핍과잉행동장애(ADHD) 진단은 받았지만, 양극성장애나 해리장애, 그리고 성학대가 있었는지를 궁금해 했다. 아울러 이 문제를 다루는데 홍수법이 도움이 되는지를 나에게 물었다.

나는 심리평가가 성학대나 양극성장애 여부를 명확히 말해 줄 수는 없지만, 이 문제를 살펴보는데 도움이 될 것이라고 했다. 그리고 심리평가가 새로운 목표를 세우는데 도움이 되었으면 좋겠다고 말했다. 나는 회기를 위해 David에게 연락을 달라고 했고, 전화가 오면 내가 S에게 연락을 하기로 했다. 나는 S에게 치료적 평가 정보지를 보냈고(보기 9-1을 보라), 그 정보지를 David에게 전해달라고 부탁했다. 마지막으로 S에게 David와 평가에 대해 이야기 해봤는지를 물어 보았다. 그녀는 이미 해보았다고 했고, 나는 David와 의뢰에 대해 다시 이야기 해 보겠다고 했다.

일주일 후 S는 David에게 정보지를 주었고, 그는 평가에 관심이 있다고 나에게 연락을 해왔다. 내가 평가 목표에 대해 묻자 David도 S와 비슷한 이야기를 했다. 그는 2년 동안 치료를 받았고 자신이 어떤 사람인가를 아는데 치료가 도움이 되었지만, 여전히 여자 문제로 어려움을 겪고 있다고 했다. 그는 자신의 문제가 과거에 진단받은 ADHD 때문이라고 생각하고 있었다. 그리고 왜 Ritalin과 다른 약물에 잘 반응하지 않는지, 평가가 이 질문에 답하는데 도움이 되는 지를 궁금해 했다. 나는 그럴 수 있을 것이라고 했다. 그리고 평가 비용에 대해 의논했고 평가 약속을 정했다. 나는 David에게 평가에서 다루고 싶은 질문을 생각해보라고 했다. 얼마 뒤 David에게서 연락이 왔고, 나는 그와 상담을 한 후 전화를 하겠다고 S에게 메시지를 남겼다.

## III 첫 회기

처음 David를 만났을 때 그는 대기실 의자에서 벌떡 일어나 나에게 악수를 청했다. 나는 그의 동안의 외모와 넘치는 에너지에 놀랐다. 우리는 사무실로 갔고 David는 털썩 소파에 앉았다. 그는 평가가 기대된다고 했고, 90분 중 처음 15분 동안 수다스럽게 말을 했다. 우리는 상담에서 다룰 질문을 만들었고, 나는 질문과 관련된 배경 정보를 모았다.

(1) 정말 ADHD 증상이 있나? 왜 집중하고 기억하는데 문제가 있나?
(2) 여자친구가 함부로 대할 때 왜 헤어질 수가 없나? 어떤 점이 이것을 어렵게 하나?
(3) 혼자 있는 것이 왜 이렇게 힘든가?

첫 번째 질문에 대해 David는 10살 때 집중을 못하고 숙제를 하지 않아 ADHD 진단을 받았다고 했다. 그리고 검사를 했지만 피드백은 받지 못했다고 했다. David는 직장에서도 비슷한 어려움을 겪어 승진을 하지 못했다. 나는 ADHD 증상의 예를 알려 달라고 했다. 그는 상사가 지시한 것을 기억하지 못했다. 내가 질문을 했을 때도 그는 주의력 문제가 있었던 때를 기억하지 못했다. 더 생각해보라고 했을 때 그는 집중에 문제가 있지만 무엇이 자신을 불안하게 하는지는 모르겠다고 했다. 첫 번째 평가 질문에서 S가 했던 말과 "별 효과가 없었던" ADHD 약물치료에 대한 David의 지각 때문에 ADHD 진단은 명확하지가 않았다. ADHD가 집중력 문제의 원인이 아니라면, 무엇이 원인인지를 그는 몰랐다. 최근에는 약도 복용하지 않았다. 치료자가 Luvox를 처방했지만 복용하는 것을 잊었고, 도움이 되는지도 모르겠다고 했다.

David는 자신을 함부로 대하는 여성을 만나 “사랑에 빠졌고”, “혼자인 것보다는 낫다고” 느껴 관계에 집착했다. 그는 반복적인 패턴에 대해 설명했다. 처음에는 매력적이지 않은 여성을 만났다. “데이트를 대수롭지 않게 여겼고, 괜찮은 사람을 만나면 언제든 떠날 수 있다.”고 생각했다. 그리고 얼마 되지 않아 불안해하고 소유욕을 느끼고 있는 자신을 발견했다. 결국 여자친구가 자신을 함부로 대해도 헤어질 수가 없었다. 최근에 여자친구는 David의 친구와 성관계를 했다. 그는 용서했지만 그녀는 David의 또 다른 친구와 성관계를 가졌다. 그럼에도 불구하고 그는 관계를 유지하려고 했다. 그러나 여자친구는 그가 “너무 매달려” 지쳤다며 관계를 끝내버렸다.

David는 “혼자인 것이 왜 이렇게 힘든가?”에 대한 이유를 알고 있었다. 그는 헤어지자마자 새로운 여성을 만났다. 그는 S의 충고를 듣고 2주 동안 데이트를 하지 않았다. 18살 이후 가장 긴 기간이었다. 하지만 “여자 때문에” 집중을 못했고, “불쾌한” 상황을 참을 수가 없었다. 항상 “공허한 기분”을 느꼈고 혼자되는 것이 싫었다. 그는 S에게 (a) 다른 사람과의 활동 계획하기, (b) TV보기, (c) 새로운 사람을 만나기 위해 새로운 도시로 이사하기 같은 대처양식을 조언 받았다. 사실 최근에 그는 이사에 대해 고민하고 있었다. 나는 David에게 대처양식 대로 하지 않았을 때 기분이 어땠는지를 물었다. 그는 “혼돈, 상실, 암흑, 공항”을 느꼈고, 길 잃은 소년 같았다고 했다. 나는 검사를 하기 전에 평가 질문에 어떻게 답할지에 대해 물었다. 그는 자신의 과거에 관해 이야기했다.

David는 7살 때 부모님이 이혼을 했다. 그는 아버지와 지냈고, 한 달에 한 번씩 어머니를 만났다. 아버지는 우울해 했고, 경제적으로 문제가 있었다. 여러 여성과 데이트를 했고, 마리화나를 피웠다. 그 후 David는 "난잡하게 잠자리를 하는" 어머니와 살게 되었다. 그가 열 살 때, 어머니는 "엄하고", "아이를 싫어하는" 계부와 재혼을 했다. David는 11살 때 마리화나를 피웠고 술을 훔쳐 문제를 일으켰다. 고등학생이 되어서야 "안정이 되었고" 겨우 대학을 졸업할 수 있었다.

S는 David의 과거 경험이 혼자 있는 것을 힘들게 하는 것 같다고 생각했다. 그럴듯한 설명이었지만, 이것이 어떻게 관련되어 있는지는 몰랐다. David는 "부모님의 이혼 때문에 자신이 여자친구와 헤어지게 되는 것인지"를 궁금해 했다. 아울러 David가 성학대가 있었는지에 관한 S의 질문을 함께 논의했다. S는 치료 중에 그린 David의 그림에서 성학대가 시사되었다고 했다. 나는 질문을 분석하기 위해 어릴 적 경험을 고려하기로 했다.

마지막으로 나는 David와 함께 만든 질문을 소리 내어 읽었다. 그는 이 작업이 좋았고 평가가 기대된다고 했다. David는 14살 때 검사했던 평가자 이름을 어머니에게 물어봐야겠다고 했다. 그리고 내가 자신의 문제에 대해 S와 상의하는 것을 허락했다. 몇 주 뒤 우리는 검사를 실시했다.

## III 부가적인 자료 수집

상담에 앞서 나는 David와 치료를 했던 다른 전문가들로부터 정보를 수집했다. 우선 S의 사무실에서 S를 만나기로 했다. 나는 의뢰자를 경쟁자라기보다 협력자로 함께 하는 것이 도움이 된다고 생각하기 때문에 같이 일해본 적이 없는 치료자와 상담을 할 때는 이렇게 한다(9장을 보라). S는 차를 대접했고, David와의 작업을 이야기 하는 것에 대해 고마워했다. S는 그에게 관심이 많았다. 그녀는 David를 잘 도왔는지에 대해 걱정하고 있었다. 그리고 자신이 "무언가를 놓치지 않았는지" 고민했었고 진단을 자신 없어 했다. 나는 세 가지 질문을 했다. (a) David는 양극성장애가 있나? (b) 해리장애가 있나? (c) 과거에 성학대가 있었나? 우선, 첫 번째 질문에 대해서는 David의 최근 치료자였던 K박사가 말한 것이라고 그녀는 말했다. S는 종종 David가 기억에 문제가 있어 해리장애가 있는지가 궁금했다고 했다. 나는 David의 해리증상을 본 적이 있는지, 이인감, 비현실감, 기억상실, 분리된 정체감에 대해 그가 말한 적이 있었는지를 물었다. David는 그런 적이 없었고, S는 이 증상을 본 적이 없었다고 했다. 그녀는 David의 그림을 보여주었고, 그림에서 성폭행에 관한 미술치료의 증거라고 생각했던 부분에 대해 설명을 했다. 나는 그 설명을 자세히 들었고, 성폭행에 대해 또 다른 증거가 있는지를 물었다. 그녀는 David에 대해 어떤 것을 빠뜨렸는지 걱정을 했고, 여자친구가 왜 그를 학대하게 놔두는지에 대해 혼란스러워 했다. 우리는 상담을 마친 후 다시 만나기로 했고 기분 좋게 헤어졌다.

다음날 나는 K박사에게 연락을 했다. 그는 David를 두 번 밖에 보지 않았다고 했다. 그리고 약물치료가 그의 증상에 효과가 있었다고 했다. K박사는 David가 "읽는 것에 문제가 있었고" 그의 증상이 ADHD가 아니라 양극성장애인지가 의심되었다고 했다. K박사는 불안을 감소시키는 것으로 알려진 Luvox를 처방했지만, 효과가 오래 가지는 않았다고 했다. 그는 Luvox의 효과를 확인하기 위해 다음 예약을 잡았으니 평가 결과를 빨리 알려달라고 했다.

첫 상담이 끝난 며칠 뒤 David는 14살 때 검사한 평가 보고서를 어머니가 찾았다며 연락이 왔다. 그는 잠시 사무실에 방문하겠다고 했다. 그 보고서는 언어치료 박사가 평가한 학습 평가 보고서였다. David는 수학과 읽기 영역에서 점수가 높았고, 두 영역 모두 고등학교 고학년 수준이었다. 하지만, 쓰기 수행은 저조했다. 보고서에는 "David가 쓰기 능력이 부족하고, 그의 무책임한 행동은 조직화 능력의 어려움 때문에 생긴 것 같다."라고 적혀 있었다.

## III 표준화 검사 회기

**두 번째 회기.** David가 다음 회기에 왔을 때 그는 차분해 보였다. David는 어머니와 과거 평가에 대해 이야기해서 좋았고, 양육 방식이 자신에게 미친 영향에 대해 어머니가 미안함을 표현했다고 했다. 그는 S와 내가 상담을 통해 자신을 도와주었으면 좋겠다고 말했다. 우리는 함께 보고서를 읽었고 문제를 체계화 했다. 나는 과거에 실시한 평가 때문에 선생님이 자신에게 대하는 태도가 달랐던 적이 있었는지를 물었다. 그는 선생님에게 개인지도를 받은 적은 있었지만, 성적이 나빴던 것은 자신의 "잘못" 때문이었다고 답했다.

일반적으로 치료적 평가에서 평가자는 내담자의 문제에 대해 안면타당도가 높은 도구로 검사를 한다(1장을 보라). 그래서 나는 David에게 성인용 ADHD 척도(the Attention Deficit Scales for Adults; Triolo & Murphy, 1996)를 실시했다. 나는 검사를 끝내고 채점을 한 후 David와 함께 결과를 검토했다. 검사 결과는 그에게 주의집중, 조직화, 그리고 단기기억에 문제가 있는 것으로 나타났다. 나는 이 문제가 David를 우울하게 하고, 학교와 직장에서 부정적인 영향을 주고 있는 것으로 생각되었다. 나는 이 결과가 ADHD와 관련이 있을 수는 있지만, 확증은 할 수 없다고 말했다. 그런 후 나는 주의 집중 문제가 ADHD 외 다른 것이 원인이 될 수 있다는 논문(Forness, Kavale, King, & Kasari, 1994)을 그에게 보여주었다. David는 흥미로워 했다. 이후 나는 그에게 양극성장애 증상이 있는지를 살펴보았고, 약물과 음주력에 대해 물었으며, 해리경험 척도(Bernstein & Putnam, 1986)를 실시했다.

David는 "세상에서 가장 높은 곳"에 있고, "무엇이든" 할 수 있을 것 같이 느끼는 경조증 기분 삽화에 대해 보고했다. 이 기간 동안에는 4~5시간만 잠을 잤고, 충동적으로 물건을 구입했으며, 갑자기 친구들에게 연락을 했다. 하지만, 사회적으로나 경제적으로 심각한 문제는 없었다. 이 삽화는 2, 3일 뒤 "갑자기" 끝났다. David는 분주하게 사람들과 어울리면서 "우울에서 빠져 나왔기" 때문에 오랫동안 우울한 적은 없었다. 가족 중에 양극성장애를 앓은 사람도 없었다. 어머니가 항우울제를 복용한 적은 있었지만, 이것에 대해 그녀와 이야기해 보지는 않았다. 오히려 그는 "들뜬" 상태에 있을 때 주의력이 좋았다고 했다.

David는 일주일에 두 세 잔 정도 맥주를 마셨고, 일 년에 몇 번은 과음을 했다. 직장에서 정기적으로 약물검사를 했기 때문에 마리화나는 피우지 않았다. 그는 해리경험 척도 점수가 낮았고, '가끔 기억에 어려움이 있다.', '어려운 일을 쉽게 한다.' 등의 문항에 체크를 했다. 내가 이 문항에 대해 물었을 때, 그는 세상의 가장 높은 곳에 있다고 느낄 때 여성에게 다가가기 쉬웠다고 했다. 마지막으로 우리가 알게 된 것에 대해 이야기를 나누었다. 그는 오랫동안 주의집중과 조직화에 문제가 있었지만, 그것은 약물이나 음주 및 "점진적 기억상실"(이 단어는 해리를 설명하는데 사용됨) 때문만은 아니었다. 그는 가끔 경조증을 경험했지만, 우울한 적은 없었다. 끝으로 미네소타 다면적 인성검사-2(MMPI-2; Butcher, Dahlstrom, Graham, Tellegen, & Kaemmer, 1989)를 실시했고 다음 약속 시간을 정했다. 회기가 끝난 후 나는 S에게 연락해 약속 회기를 잡았고, 나와 David가 알게 된 것을 메시지로 남겼다.

**세 번째 회기.** David는 MMPI-2 경험에 대해 이야기했다. 그는 센터 여직원이 매력적이었다고 농담을 했고, 쉬는 시간 없이 MMPI-2를 실시했지만 검사에 집중했었다고 했다. 회기를 시작하면서 차분해졌지만 왜 그런지는 모르겠다고 했다. MMPI-2가 채점이 되어 있지는 않았지만, 나는 관계 문제에 관해 다른 검사를 해 보자고 제안했다. 그는 동의했고 우리는 종합체계(Exner, 1995)에 따른 로르샤하를 실시했다.

일반적으로 치료적 평가에서 평가자는 내담자와 관계를 맺고, 표준화 검사를 실시하고, 검사 경험에 대해 함께 논의한다. 나는 로르샤하가 끝난 뒤 카드에서 본 것에 대해 물었다. 우선은 로르샤하를 해석하는 여러 방법이 있다고 설명해 주었다. 나는 David와 다른 사람의 반응을 비교하기 위해 여러 연구를 참조하여 채점을 했다. 그리고 그가 어떻게 경험했는지에 대해 상징이나 은유로 반응을 살펴보았다. 나는 David에게 어떤 반응이 떠오르는지를 알아보기 위해 다시 한 번 카드를 보도록 했다. I 번 카드에 대해 그는 다음과 같은 반응을 했다("날개가 있는 생물이 중앙에 있는 막대기를 잡고 있어요. [질문] 중앙은 여기에요. 각각 옆에 두 생물이 있는데, 다리, 팔, 날개, 머리가 있어요.").

David: 필사적으로 매달려 있는 생물이 보여요. 풀어주면 바람에 날아가 떨어질 것 같아요.
Steve: 이런 상황이 당신과 관련이 있나요?
David: 네. 마치 수렁 속으로 빠지는 것 같아요.
Steve: 수렁 속에 뭐가 있나요?
David: [고심하면서] 모르겠어요...끔찍한 기분이에요.
Steve: 이 생물은 어떻게 되나요? 떨어지나요 아니면 살아남나요?
David: 지금은 붙잡고 있지만 경계를 늦추면 떨어질 것 같아요.
Steve: 당신도 그렇게 느끼나요?
David: [긴 침묵] 잘 모르겠어요. 내가 이러는 것 같아요. 붙잡고 있어야 하는데, 그렇지 않으면 끔찍한 일이 생길 것 같아요.
Steve: 그것이 혼자되는 것이 어려운 이유인가요?
David: 네. 수렁이 가깝게 느껴질 때 그래요. 떨어지고 싶지 않아요.
Steve: 지금은 어떠세요? 비슷한가요?
David: [침묵] 잘 모르겠어요. 두렵지는 않아요.
Steve: 무엇이 두렵지 않나요?
David: 붙잡고 있는 것을 놓는 거요. 이 생물이 긴장을 풀고 끔찍한 일이 일어나지 않는 것 처럼요.
Steve: 지금은 두렵지 않나요?
David: [웃음] 네. 혼자가 아니기 때문에 두렵지 않아요. 당신이 있잖아요.
Steve: 네.

David와 나는 Ⅲ, Ⅶ번 카드의 반응도 살펴보았다.

이것은 유정탑처럼 보여요. 이것은 다른 카드[Ⅲ번 카드]에 있는 것도 연상이 돼요. 어디에서 불이 나 큰 화염이 타 오르고 있어요. [질문] 다른 것도 마찬가지에요. 걸프전 때 쿠웨이트의 모습이 떠올라요. 이것은 유정탑이에요. 하얀 부분은 불이에요. 부서지고 있어요.

이 반응에 대한 David의 연상은 걸프전 TV 뉴스와 관련이 있었다. "이것은 쿠웨이트의 상황을 떠오르게 해요. TV에서 보았어요. 내 친구 중 몇 명은 소방관이에요. 나는 소방관 친구 Red Adair를 좋아해요." 나는 이에 대해 해석을 부탁했다.

David: 가끔 저는 불을 끄기가 어려워요.
Steve: 어떨 때 그렇죠?
David: 불안을 느낄 때 그래요. 제 안에 뜨겁고 어두운 무언가가 있어요. 저는 그것이 무엇인지 모르겠어요. 통제할 수도 없고 그냥 불타고 있어요. 어느 누구도 그것을 어떻게 할지 몰라요.
Steve: Red Adair를 제외하고 말인가요?
David: [웃음] 네. 아마 저는 저를 잘 다룰 수 있는 전문가를 기대하고 있는 것 같아요.

나는 미소로 답했다. David는 내가 그 역할을 할 수 있다고 생각하는 듯 했다.

## 표준화 검사 결과

David의 MMPI-2 프로파일은 보기 10-1에, 내용척도는 보기 10-2에, Harris-Lingoes 소척도는 보기 10-3에 제시하였다. David의 MMPI-2는 솔직하게 보고한 프로파일이었다(L=39T, K=47T). MMPI-2 코드 타입(7"948')은 David가 불안을 경험하고(A=75T, ANX=77T), 사교적이고, 충동적이며, 반항적인 행동(Pd2=61T)과 인지적 혼란(8번 척도=70T, Sc3=78T)이 있다는 것을 보여주었다. 아울러 그가 어울리는 것을 좋아하고, 피상적이지만 지속적으로 관계를 맺을 만큼 민감한 사람임을 나타내었다. 몇몇 점수는 David가 독립적이고 활동적인 것 이면에(Ma4=76T) 겁이 많고, 불안하며, 우울하다는 것(D1=69T, D5=74T)을 시사하였다. 나는 K박사가 말한 양극성 장애를 고려해 9번 척도를 살펴보았다. Daivd의 프로파일에 대한 Caldwell식 해석(Caldwell, 2001)에 따르면 그의 불안과 분주함과 반항은 예측불가능하고, 신뢰할 수 없고, 비판적이었던 양육자에 대한 적응을 의미했다. David는 일에 몰두하고, 걱정함으로써 공허감과 슬픔과 두려움에서 벗어나고자 했다(Caldwell, 2001). Caldwell식으로 보면 7번 척도의 상승은 그의 충격적이고 예측 불가능한 외상의 결과를 반영했다.

**보기 10-1 David의 MMPI-2프로파일**

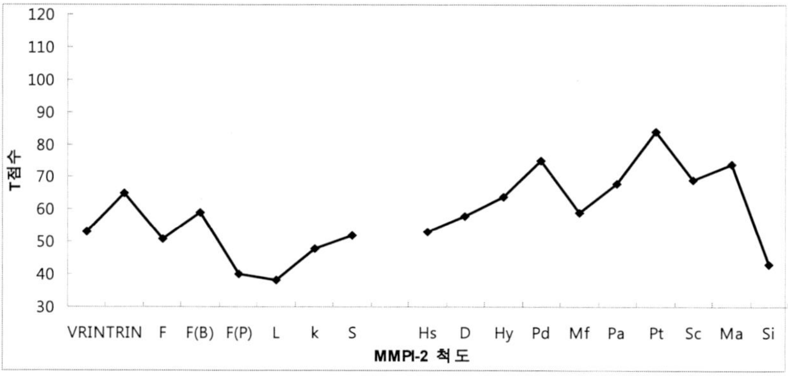


주: VRIN=Variable Response Inconsistency Scale; TRIN=True-Response Inconsistencty Scale; F=Infrequency; Fb=Infrequency Back Page; Fp= Infrequency Psychopathology; S=Superlative Self-Presentation; Hs=Scale 1, Hypochondriasis; D=Scale 2, Depression; Hy=Scale 3, Hysteria, Pd= Scale 4, Psychopathic Deviate; Mf=Scale 5, Masculinity-Femininity; Pa= Scale 6, Paranoia; Pt=Scale 7, Psychasthenia; Sc=Scale 8, Schizophrenia; Ma=Scale 9, Hypomania; Si=Scale 0, Social Intriversion

**보기 10-2** David의 MMPI-2 내용척도 프로파일

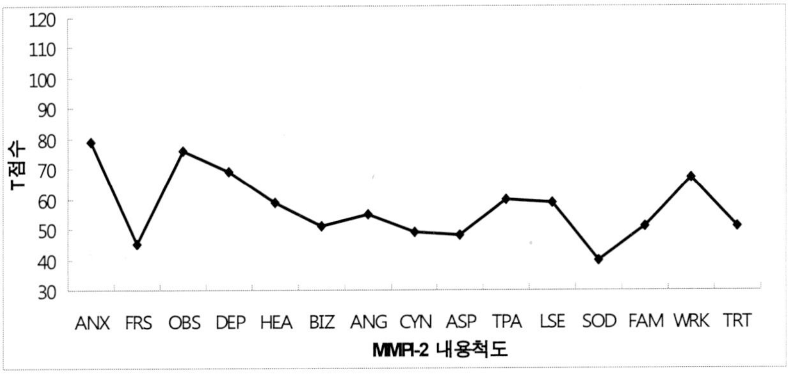


주: VRIN=Variable Response Inconsistency Scale; TRIN=True-Response Inconsistencty Scale; F=Infrequency; Fb=Infrequency Back Page; Fp= Infrequency Psychopathology; S=Superlative Self-Presentation; Hs=Scale 1, Hypochondriasis; D=Scale 2, Depression; Hy=Scale 3, Hysteria, Pd= Scale 4, Psychopathic Deviate; Mf=Scale 5, Masculinity-Femininity; Pa= Scale 6, Paranoia; Pt=Scale 7, Psychasthenia; Sc=Scale 8, Schizophrenia; Ma=Scale 9, Hypomania; Si=Scale 0, Social Intriversion

출처: 이 그림은 MMPI-2TM(Minnesota Multiphasic Personality Inventory-2TM) 실시, 채점과 해석 편람에서 발췌했다. Copyright©2001 미네소타대학출판부. 미네소타 대학교 리젠트가 판권을 소유하고 있고 모든 권한을 보유하고 있음. 미네소타 대학교 출판부 승인 하에 사용됨. "MMPI-2"와 "Minnesota Multiphasic Personality-2"는 미네소타 대학교 리젠트 소유의 등록 상표임.

David의 로르샤하 결과는 보기 10-4와 10-5에 제시했다. MMPI-2와 다르게 구조적 요약에서 David는 우울(DEPI=6, S-CON=9)을 느꼈고(CDI=5), 평가에 저항하고 있었다(Lambda=.13, D=-2). 치료 과정

에서 생긴 실수를 염려하는 치료자에게 평가받은 내담자가 이러한 상황에 빠지는 것을 나는 MMPI-2와 로르샤하 간의 불일치로 설명해왔다(Finn, 1996; 7장을 보라).

ADHD 평가를 위해 만났던 다른 내담자들과 달리 David는 장애(WSum6 = 0)를 보이지 않았다. 하지만, 중재 영역의 점수는 그가 보통 사람들과 다르게 세상을 본다는 것을 반영했다(X+%=.47; X-%=.27; Xu%=.27). 그의 정서적 어려움은 세상을 정확하게 보는 능력에 영향을 준 것 같았다. 나는 David의 반응에서 정서 통제와 인지 개입의 흥미로운 상호작용을 볼 수 있었고, 이 가설은 점수를 통해 드러났다. David는 카드에서 정서 자극을 피했다(Afr=.36). 하지만, Ⅷ번에서 Ⅹ번 카드까지 그의 지각 정확성은 앞선 일곱 장의 카드보다 저조했다(Ⅰ번에서 Ⅶ번 카드까지 X+%=.64; Ⅷ번에서 Ⅹ번 카드까지 X+%=.00). 또한, David의 FQ반응은 S와 함께 나타났다(S-%=.75). 이 모든 것은 그가 비록 영리한 사람(DQ+=8)일지라도 감정적으로 자극되었을 때, 특히 화가 났을 때 정확하게 생각하는 능력이 저하된다는 것을 보여준다. 이를 고려해 보면, 그의 주된 대처기제 중 하나가 감정 회피라는 것은 놀라운 일이 아니었다. 구조적 요약에서 대인관계의 측면은 David의 정서적 어려움을 설명하는데 도움이 되었다. 이는 David가 힘든 감정을 처리하는데 다른 사람을 지지자로 이용하는 것을 배워본 적이 없음을 나타내었다(T=0; COP=1; Isolate/R=.40; PureH =1). 아울러 David는 감정을 회피하고 철수하는 것 외에 다른 방법을 사용해 왔다. 그는 감정을 경험 할 때 인지적으로 구조화하는 방법으로 이를 극복했다(FC:CF+C=1:2). David는 감정을 채워주고 느낄 수 있게 도와줄 누군가가 필요했다.

**보기 10-3** David의 MMPI-2 Harris-Lingoes 하위척도 점수

| 하위 척도 | T점수 |
|---|---|
| **우울** | |
| 주관적 우울감 (D1) | 69 |
| 정신운동 지체 (D2) | 48 |
| 신체적 기능장애 (D3) | 43 |
| 둔감성 (D4) | 58 |
| 깊은 근심 (D5) | 74 |
| **히스테리** | |
| 사회적 불안 부인 (Hy1) | 45 |
| 애정욕구 (Hy2) | 51 |
| 권태-무기력 (Hy3) | 66 |
| 신체증상 호소 (Hy4) | 67 |
| 공격성 억제 (Hy5) | 48 |
| **반사회성** | |
| 가정불화 (Pd1) | 51 |
| 권위불화 (Pd2) | 61 |
| 사회적 침착성 (Pd3) | 52 |
| 사회적 소외 (Pd4) | 65 |
| 내적 소외 (Pd5) | 72 |
| **편집증** | |
| 피해의식 (Pa1) | 52 |
| 예민성 (Pa2) | 69 |
| 순진성 (Pa3) | 60 |
| **정신분열** | |
| 사회적 소외 (Sc1) | 59 |
| 정서적 소외 (Sc2) | 50 |
| 자아통합결여, 인지 (Sc3) | 78 |
| 자이통합결여, 동기 (Sc4) | 61 |
| 자이통합결여, 억제부전 (Sc5) | 51 |
| **경조증** | |
| 비도덕성 (Ma1) | 50 |
| 심신운동 항진 (Ma2) | 58 |
| 냉정함 (Ma3) | 59 |
| 자아팽창 (Ma4) | 76 |

주: MMPI-2=Minnesota Multiphasic Personality Inventory-2

**보기 10-4** David의 로르샤하의 점수

| 카드와 반응번호 | | 위치와 발달질 | 결정인과 형태질 | (2) | 내용 | 평범 | Z | 특수점수 |
|---|---|---|---|---|---|---|---|---|
| I | 1 | W+ | Ma+ | 2 | (H), Hh | | 4.0 | |
| | 2 | WSo | FMao | | Ad | | 3.5 | AG |
| II | 3 | WSo | F- | | Ad | | 4.5 | |
| | 4 | WS+ | ma.CF.C'o | | Sc, Fi, Na | | 4.5 | |
| III | 5 | D+ | Mao | 2 | H, Hh | P | 3.0 | |
| | 6 | DS+ | ma.C'F- | | Sc, Fi, Na | | 4.5 | |
| IV | 7 | Wo | FDo | | (H) | P | 2.0 | |
| V | 8 | Wo | FMao | | A | P | 1.0 | |
| VI | 9 | W+ | FY.FC'o | | Art, Ad | P | 2.5 | |
| | 10 | D+ | ma.C'Fu | | Sc, Fi | | 4.0 | PER, MOR |
| VII | 11 | WS+ | ma- | | Sc, Fi | | 4.0 | |
| VIII | 12 | W+ | Mau | 2 | A, Na, Art | P | 2.5 | COP |
| | 13 | Wo | Fu | | Art, Sc | | 4.5 | |
| IX | 14 | Wv | CFu | | (Ad) | | | AB |
| X | 15 | Wo | FC- | 2 | A | P | 5.5 | |

## 보기 10-5 David의 로르샤하의 구조적 요약

### 반응영역

| | |
|---|---|
| Zf | = 14 |
| ZSum | = 50.5 |
| ZEst | = 45.5 |
| W | = 12 |
| (Wv | = 1) |
| D | = 3 |
| Dd | = 0 |
| S | = 5 |

DQ

| ········· | | FQ(-) |
|---|---|---|
| + | = 8 | (2) |
| o | = 6 | (2) |
| v/+ | = 0 | (0) |
| v | = 1 | (0) |

### 형태질

| | FQx | FQf | MQual | SQx |
|---|---|---|---|---|
| + | = 0 | = 0 | = 0 | = 0 |
| o | = 7 | = 0 | = 2 | = 2 |
| u | = 4 | = 1 | = 1 | = 0 |
| - | = 4 | = 1 | = 0 | = 3 |
| none | = 0 | | = 0 | = 0 |

### 결정인

| 혼합 | 단일 |
|---|---|
| m.CF.C' | M = 3 |
| m.C'F | FM = 2 |
| FY.FC' | m = 1 |
| m.C'F | C = 0 |
| | Cn = 0 |
| | CF = 1 |
| | FC = 1 |
| | C' = 0 |
| | C'F = 0 |
| | FC' = 0 |
| | T = 0 |
| | TF = 0 |
| | FT = 0 |
| | V = 0 |
| | VF = 0 |
| | V = 0 |
| | Y = 0 |
| | YF = 0 |
| | FY = 0 |
| | rF = 0 |
| | Fr = 0 |
| | FD = 1 |
| | F = 2 |
| | (2) = 4 |

### 반응내용

| | |
|---|---|
| H | = 1,0 |
| (H) | = 2,0 |
| Hd | = 0,0 |
| (Hd) | = 0,0 |
| Hx | = 0,0 |
| A | = 3,0 |
| (A) | = 0,0 |
| Ad | = 2,1 |
| (Ad) | = 1,0 |
| An | = 0,0 |
| Art | = 2,1 |
| Ay | = 0,0 |
| Bt | = 0,0 |
| Bl | = 0,0 |
| Cg | = 0,0 |
| Cl | = 0,0 |
| Ex | = 0,0 |
| Fd | = 0,0 |
| Fi | = 0,4 |
| Ge | = 0,0 |
| Hh | = 0,2 |
| Ls | = 0,0 |
| Na | = 0,3 |
| Sc | = 4,1 |
| Sx | = 0,0 |
| Xy | = 0,0 |
| Id | = 0,0 |

### 접근방식

| 카드 | 위치 |
|---|---|
| Ⅰ : | W.WS |
| Ⅱ : | WS.WS |
| Ⅲ : | D.DS |
| Ⅳ : | W |
| Ⅴ : | W |
| Ⅵ : | W.D |
| Ⅶ : | WS. |
| Ⅷ : | W.W |
| Ⅸ : | W |
| Ⅹ : | W |

### 특수점수

| | Lvl-1 | Lvl-2 |
|---|---|---|
| DV | = 0 | 0 |
| INC | = 0 | 0 |
| DR | = 0 | 0 |
| FAB | = 0 | 0 |
| ALOG | = 0 | |
| CON | = 0 | |

Raw Sum6 = 0
Wgtd Sum6 = 0

| | | | |
|---|---|---|---|
| AB | = 1 | CP | = 0 |
| AG | = 1 | MOR | = 1 |
| CFB | = 0 | PER | = 1 |
| COP | = 1 | PSV | = 0 |

비율, 백분율, 산출점수

| | | | | | |
|---|---|---|---|---|---|
| R = 15 | L = 0.15 | | FC:CF+C = 1:2 | COP = 1 | AG = 1 |
| | | | Pure C = 0 | Food = 0 | |
| EB = 3:2.5 | EA = 5.5 | EBPer = · | SumC':WSumC = 4:5.5 | Isolate/R = .40 | |
| eb = 6:5 | es = 11 | D = -2 | Afr = 0.36 | H:(H)+Hd+(Hd) = 1:2 | |
| | Adj es = 8 | Adj D = 0 | S = 5 | (H)+(Hd):(A)+(Ad) = 2:1 | |
| | | | Blends:R = 4:15 | H+A:Hd+Ad = 6:4 | |
| FM = 2 | SumC' = 4 | SumT = 0 | CP = 0 | | |
| m = 4 | SumV = 0 | SumY = 1 | | | |
| | | | P = 6 | Zf =14 | 3r+(2)/R =.27 |
| a:p = 9:0 | | Sum6 = 0 | X+% = .47 | Zd =+5.0 | Fr+rF = 0 |
| Ma:Mp = 3:0 | | Lv2 = 0 | F+% = .00 | W:D:Dd=12:3:0 | FD = 1 |
| 2AB+Art+Ay = 5 | | WSum6 = 0 | X-% = .27 | W:M =12:3 | An+Xy = 0 |
| M- = 0 | | Mnone = 0 | S- = .75 | DQ+ =8 | MOR = 1 |
| | | | Xu% = .27 | DQv =1 | |

| SCZI = 2 | DEPI = 6 | CDI = 5 | S-CON = 9 | HVI = Yes | OBS = No |
|---|---|---|---|---|---|

요약하면 David의 주의력 문제는 ADHD 때문일 수도 있지만, 불안과 우울이 그의 주의와 집중력에 영향을 주었을 가능성도 있었다. David는 우울하다는 것을 알아차리지 못할 만큼, 어릴 적부터 만성적으로 우울했었다. 특히, 감정을 자극하는 상황에 대해 인지적 대처기제를 발달시켜 왔다. 이는 그의 기억하고 집중하는 능력과 관련이 있었다.

혼자되는 것에 대한 두려움과 무심한 여자친구와 함께 하려는 경향은 이러한 정서적 어려움과 연관 있는 것처럼 보였다. 항상 바쁘고, 사람과 함께 있으려는 것은 고통스런 감정을 억제하는 방법이었다. 그는 감정에 압도되지 않으려고 노력했다. 불행히도 그는 자존감이 불안정해지는 행동을 해왔다(3r+(2)/R=.27). 한편, David의 로르샤하는 여자친구가 자신을 함부로 대하는지에 대한 증거를 보여주었다. 그에게 성학대가 있었는지 여부를 정확히 밝히지는 못했어도, David의 MMPI-2 프로파일과 로르샤하는 과거 학대와 관련된 내용을 보여주었다(예, Kamphuis, Kugeares, & Finn, 2000).

마지막으로 양극성장애에 대한 David의 검사 결과는 애매했다. MMPI-2의 9번 척도가 상승하지 않았고, 로르샤하의 구조적 요약은 일부 특징만 조울증 환자의 특징과 일치했다(H. K. Singer & Brabender, 1993). 로르샤하는 조울증의 징후를 보여주지 않았다(예, WSum6=0). 면담과 검사 결과에서 David는 경조증 삽화가 있었고, 정신증은 시사되지 않았다.

## 평가 개입 회기

치료적 평가에서 개입 회기는 내담자의 문제점을 밝히고 자신을 새롭게 이해하는 표준화 검사 후에 실시하는 특별한 검사 회기이다(8장을 보라). 나는 David와 만났을 때 감정적 홍수가 그의 주의력 문제의 원인일 것이라고 생각했다. 또한 그가 어린 시절 경험에서 슬픔을 느끼고 있다고 가설을 세웠다. 그래서 WAIS-Ⅲ의 따라 외우기 소검사(Wechsler, 1997)와 유사한 네 다섯 개의 따라 외우기 과제를 준비했다. 그리고 주제통각검사(TAT; Murray, 1943)를 실시했다.

David는 화난 상태로 상담실에 왔다. 전 여자친구와 싸워 화가 나 있었다. 나는 그의 이야기를 경청했고, 이 상황을 주의력 문제에 대해 이해하는 기회로 삼고 싶다고 했다. 내가 괜찮은지 물었을 때 그는 그렇다 했다. 나는 그에게 얼마나 불안한지를 0에서 10으로 평정해보라고 했다. 0은 전혀 불안하지 않은 것이고 10은 매우 불안한 것이었다. 그는 10으로 평정을 했다. 우리는 따라 외우기를 실시했다. David는 바로 따라 외우기는 네 자리, 거꾸로 따라 외우기는 세 자리 밖에 수행하지 못했다. 그는 불안하면 기억을 잘 못했기 때문에 이것은 별로 놀라운 일이 아니었다. 우리는 그의 불안을 줄일 수 있는 방법을 찾아보았다. 우선, 그는 여자친구와 있었던 상황에 대해 이야기했고, 나는 경청하면서 반영해 주었다. 그러자 불안은 7까지 줄었다. David는 이완과 복식호흡을 한 후 불안을 5로 평정했다. 이후 그는 다른 따라 외우기 과제를 실시했는데, 바로 외우기는 일곱 자리, 거꾸로 외우기는 다섯 자리까지 기억을 해냈다.

Steve: 과제를 통해 무엇을 알 수 있었나요?
David: 내가 잘 기억할 수 있다는 걸요. 어느 정도죠?
Steve: 평균 정도에요.
David: 정말인가요? 다행이네요.
Steve: 우리는 불안이 엄습하면 어떻게 되는지를 알고, 불안을 진정시키는 방법을 배웠어요.
David: 네. 불안할 때는 화가 나고, 불안을 줄이려면 불안에 대해 이야기 하고 진정하면서 호흡하는 게 필요한 것 같아요.
Steve: 이게 도움이 되었나요?
David: 네… [망설이며]. 확신이 들지는 않아도요.
Steve: 당신을 믿어요. 다른 것을 해볼까요.

나는 David에게 TAT의 3BM 카드를 건넸다. 그는 다음과 같이 말했다.

> 한 여자가 쓰려져 정신이 혼란스러워요. 제정신이 아니에요. 비탄에 빠진 것처럼 보여요. 어디 가기 전에 옷을 입고 있었는데, 끔찍한 소식을 들었어요. 바닥에 물건을 떨어뜨리고 멍해졌어요. [Steve: 다음에는요?] 여자는 잠들 때까지 계속 울어요.

이 이야기를 하고 나서 David는 불안을 7로 평정했다. 우리는 다시 따라 외우기 과제를 실시했다. 바로 따라 외우기는 여섯 자리, 거꾸로 따라 외우기는 다섯 자리 밖에 기억하지 못했다. 우리는 이것에 주목했다. "이것은 내가 충격을 받았을 때 일어나는 상황과 비슷해요." 나는 이렇게 느꼈을 때가 언제였는지를 물었다. 그는 부모님이 이혼한 후의 일에 대해 이야기 했다. 아버지와 그가 저녁 식사를 하러 가던 중 David는 화가 나 있었다. 아버지는 David와 식사에 갈 수 없다고 하고는 나가버렸다. 다시 돌아와 David를 데리고 갔지만 이미 그는 상처를 받은 상태였다. 나는 다른 TAT 카드(13B)로 이야기를 꾸며보라고 했다.

> 소년은 다른 아이들보다 머릿속이 복잡해요. 열심히 생각하고 있지만, 감정이 머리 주위를 날아다녀요. 어른 같아 보이지만 아이에요. 부모도 아이처럼 보여요. 어른은 아이처럼 행동하고, 아이는 어른처럼 행동하고 있어요. 그는 혼자 하도록 강요받고 있어요. 이 가족은 어떻게 되어가고 있는지 몰라요. 감정이 소년을 엄습해요. [Steve: 소년에게 필요한 게 뭐죠?] 소년은 어른처럼 행동하는 지혜로운 부모님이 필요해요. 소년을 아이로 대해주고, 그래서 독립적이지 않아도 되는 누군가가 필요해요.

그는 울었다. 자신의 어린 시절이 떠올랐다고 했고, 우리는 차분하게 이에 대해 이야기를 나누었다. David와 S는 어린 시절에 대해 이야기 한 적은 있었지만, 그때는 감정을 느끼지 못했다고 했다. 우리는 그가 어른처럼 행동해야 했던 힘든 시절이 있었음을 알았다. David는 안정되었고, 다른 주제에 대해 이야기 했다.

David: 결국 나는 ADHD가 아니었다고 생각해요.
Steve: 더 말해 볼래요.
David: 이것은 모두 감정에 관한 것이에요. 나는 감정에 휩싸여 있으면 집중할 수가 없었어요. 뇌가 녹아 내리 듯 생각할 수가 없었어요. 그리고 묻어두었던 기억이 악영향을 준 것 같아요. 오랫동안 이것에 붙잡혀 있었어요.
Steve: 그래요. 지난 번에 당신이 말한 것처럼 긴장을 푼다고 죽지는 않을 거예요.
David: 맞아요. 그렇게 생각하니 기분이 좋네요. 이것이 나와 Elizabeth에게 필요했던 거예요. 그녀에게 말해 줄 수 있나요?

나는 David에게 이 상담이 도움이 되었다면 좋겠다고 했고, 다음 상담은 평가 결과를 검토하기 위해 S와 함께 할 것이라고 했다. 그리고 상담 전에 함께 논의했던 것을 S에게 전할 것이라고 말했다.

### Ⅲ S와의 상담

David와의 회기 후에 나는 S를 그녀의 사무실에서 만났다. 나는 결과에 대한 S의 생각을 듣고, David와 이것을 어떻게 할지에 대해 논의했다. 나는 David가 왜 혼란스러워 했는지를 알 수 있었다고 했다. 그리고 매우 복잡해서 그를 치료하는 좋은 방법을 알아내기가 어려웠다고 말했다. S는 안심해 하는 것 같았다. 또 나는 S와 David와의 관계가 잘 형성되어 있어서 이것에 대해 자부심을 느껴도 좋을 것 같다고 말했다. S는 자신을 인정해 준 것을 기뻐했다.

나는 S에게 검사 결과를 보여주면서 어떻게 해석했는지를 설명했다. 그리고 David와의 상호작용과 검사 결과를 함께 검토했다. S는 한 번도 해 본 적이 없는 투사검사에 관심을 보였다. 나는 David의 로르샤하 반응과 연상을 보여주었다. 그리고 S의 질문에 관한 나의 답을 요약했다. David는 해리장애는 없고, 경조증 경향이 있었던 것 같고, 주의력 문제는 ADHD 때문은 아닌 것으로 생각되요. 나는 David가 성학대를 당했을 것이라는 S의 생각에 대해 조심스럽게 이야기를 꺼냈다.

Ms. S: 나의 예상이 완전히 틀렸네요.
Steve: 생각이 바뀐 건가요?
Ms. S: 네. 나는 단지 David와의 치료의 문제점을 설명하기 위해 어떤 것에 고착되어 있었어요. 하지만 당신은 어떻게 되어 가고 있는지를 잘 설명해주셨어요.

나는 동의했고, S와 나는 David의 고통을 보다 부드럽게 접근할 방법에 대해 논의했다. 나는 그가 S를 정서적 지지자로 의지할 수 있도록 가르칠 필요가 있다고 했다. 이것을 가르칠 수 없다면, David는 쉽게 감정에 압도되고, 회피가 계속 될 것이라는 생각이 들었다. S는 나에게 어떻게 하면 그를 도울 수 있을 지를 물었고, 다음 회기 때 이것에 대해 논의하자고 했다.

## III 요약/논의 회기

치료적 평가에서 우리는 평가의 마지막 회기를 '피드백 회기'라고 부르지 않는다. 왜냐하면 이 명칭이 평가자가 내담자에게 정보를 일방적으로 전달하는 것을 함의하기 때문이다. 내가 David를 만나기 위해 S의 사무실에 도착했을 때 그는 이미 와 있었고, 나는 어떻게 "오래된 감정"이 그의 뇌를 "녹아내리게 했는지"에 대한 통찰을 설명했다. 그리고 어떻게 이런 감정이 혼자 있는 것을 힘들게 하고, 관계를 어렵게 하는지에 대해 설명해주었다. David는 "이런 감정을 받아들일" 필요가 있는 것 같다고 말했다. S는 David와의 작업을 위해 내가 어떻게 했는지를 설명해 달라고 했다. 그리고 난 뒤, 우리는 그의 정서와 대인관계 문제에 대해 이야기했다.

Steve: 감정을 담고 있는 작은 컨테이너를 상상해 보세요. 처음에 이것은 골무 정도의 크기에요. 이것이 "가득 차서" 넘치면, 아기는 절망을 느껴 울게 될 거에요. 모든 것이 잘되면, 엄마는 와서 아기라는 "컵" 아래에 있는 "받침대" 처럼 행동하죠. 엄마는 아기를 안아 달래주고 감정이 "넘치는 것을" 받아주죠. 이것이 계속 될 때 컵은 골무 크기에서 1살의 에스프레소 크기의 컵, 2살의 커피 컵 크기로 커지죠. 우리가 좋은 정서적 받침대를 가지고 있다면, 어른이 되어도 불안을 느끼지 않고, 명료하게 생각하고, 자기 파괴적인 방식 없이 우울해하지 않고 많은 감정을 담고 있는 "양동이 크기"의 컨테이너를 가질 수 있죠. 그래도 여전히 정서적인 받침대는 필요하죠. 평생 그럴 거에요. 하지만, 지지자가 없더라도 이런 상황을 다룰 수는 있죠. 검사 결과에 따르면 당신은 신뢰할 수 있는 받침대

없이 성장했고, 다루기 힘든 감정을 경험한 것처럼 보여요. 당신은 Elizabeth를 받침대로 이용했지만, 외로움을 느껴 어렸을 적 느꼈던 감정의 홍수를 재경험 한 거예요.

David: 그럼 다른 누군가를 받침대로 사용하는 것은 어떤가요?

Steve: 그것은 그들과 계속 연결되게 해주고, “당신을 지지해” 줄 거예요. 생각해보면, 당신은 이것을 이미 Elizabeth와 경험했을 거예요.

David: [망설이며] 이미 경험했던 것 같아요.

David는 Luvox가 좋은 약인지도 물었다. 나는 그것이 감정을 관리하는데 도움을 줄 거라고 답했다. 그는 약을 끊은 적은 없지만, 항우울제가 자신의 “터프가이” 열망과 양립될 수는 없었다고 했다. 그는 성장하면서 힘든 감정을 혼자서 다루어야 했다. 이러한 기대는 비합리적이었고, 감정에 대해 도움을 받는 것에 수치심을 느낄 수밖에 없었다. 나는 불안을 줄이기 위해 다른 약물을 복용할 수 있고, K박사가 도움이 될 것이라고 말했다. 그리고 K박사에게 전화하여 David와 S가 방문할 수 있다고 알려주었다.

회기가 끝날 무렵 David는 부모님과 어린 시절 경험에 대해 논의하는 것이 어떨지에 대해 나에게 물어보았다. 나는 천천히 진행하자고 했다. 이러한 상호관계는 강한 감정을 불러일으킬 수 있으니 만일의 상황에 대해 준비했으면 좋겠다고 했다. 나는 이 논의에서 제외하고 싶은 것에 대해 신중히 생각해 볼 것을 제안했다. 그런 후 David와 S가 평가에 대해 논의할 수 있는 시간을 주고는 자리를 떠났다. 그들은 고마워했고 함께 참여한 작업이 도움이 되었다고 했다. 나는 우리가 다시 만날 수 있다고 했고, 한 달 이내에 후속 회기를 갖게 될 가능성에 대해서도 이야기 했다. 그리고 평가가 치료에서 “답보된” 부분을 도울 수 있고, 문제가 심각할 때 내가 자원이 될 수 있다는 보람을 느끼며 자리에서 일어났다.

### Ⅲ 서면 피드백과 후속조사

나는 마지막 회기 2주 후에 David에게 편지를 보냈다(부록을 보라). 편지를 보내기 전에 S에게 초안을 검토해 달라고 했고, 그녀의 제안에 따라 일부는 수정을 했다. 또한 David에게는 평가 후 피드백을 위해 두 가지 질문지를 작성해 달라고 했다. 이것은 개방형 질문지와 평가 질문지-2(AQ-2; Finn, Schroeder, & Tonsager, 1994)였는데, 평가에 대한 내담자의 만족도를 측정하는 척도였다.

David는 AQ-2에서 평가를 매우 만족스러웠다고 평정했다(전체 만족도=60T). 그의 AQ-2 점수의 높은 만족도는 (a) 자신에 대해 새롭게 안 것, (b) 평가 후에 자신이 누구인지에 대해 안정감을 느낀 것, (c) 나에게 호감을 느끼고 나에게 애정을 받은 것, 그리고 (d) 평가 동안 가졌던 부정적 정서가 꽤 동일한 근거를 가지고 있음을 안 것을 반영했다. 개방형 피드백 질문지에는 소감을 적도록 했다(반응은 이탤릭체로 썼다).

평가가 만족스러웠나?

*매우 좋았다. Elizabeth가 도움이 될 것이라고 말했기 때문에 평가를 받았다. 이렇게 도움이 될지 몰랐다.*

평가 중 어떤 부분이 좋았나?

*모든 게 좋았다. 특히 이야기 중에 울었던 것이 좋았다. 나는 과거를 회피해왔는데 이것이 나의 기억과 사고에 준 영향을 알 수 있었다.*

평가 방법을 개선하기 위해 제안 할 수 있는 것은 무엇인가?

*어떤 것도 생각하지 못하겠다.*

평가를 받고 싶어 하는 사람들에게 어떻게 말하겠는가?
*평가를 받아 보라! Finn 박사는 좋은 분이고, 자신에 대해 많은 것을 알 수 있을 것이다.*
다른 하고 싶은 말을 적어 달라.
*정말 감사한다. 당신은 나의 말을 잘 경청해 주었고 이것이 나에게 큰 도움이 되었다.*

흥미롭게도 S 또한 서면 피드백에 비슷한 내용을 적었다.

평가가 만족스러웠나?
*아주 좋았다. 당신의 작업이 좋다고 들었지만 이렇게 도움이 될지 몰랐다.*
평가 중 어떤 부분이 좋았나?
*검사를 통해 나의 생각 중 몇 가지가 입증된 것이 좋았다. 지금은 치료에서 안정감을 느낀다.*
평가 방법을 개선하기 위해 제안 할 수 있는 것은 무엇인가?
*없다. 당신의 작업을 더 많이 알려라.*
다른 하고 싶은 말을 적어 달라.
*평가 동안 보여준 존중에 감사한다. "전문가"가 나를 평가하는 것이 걱정되었지만, 한 번도 불편한 기분이 들지 않았다.*

## III 시간이 지난 후의 후속조사

평가 후 6개월이 지났고, S는 David에 대해 다시 상담을 할 수 있는지 문의해 왔다. 나는 좋다고 했지만 S의 목소리에는 걱정이 느껴졌다. 우리가 만났을 때, S는 평가 후에 David와 새로운 목표를 세울 수 있었다고 했다. 그리고 과거 경험과 현재의 대인관계가 어떤 연관이 있는지에 대해 나누었다고 했다. David는 슬픔과 분노를 경험했고, S는 David를 지지해 주었다. David는 치료 회기를 일주일에 두 번으로 늘렸고, K박사가 처방했던 Luvox에 대해 의논하였다. 하지만 S가 나에게 전화하기 4주전 쯤, 그녀가 휴가를 떠나면서 감정적인 회기가 있었다. S는 휴가를 갔고 David는 자신을 남겨둔 것을 탓하면서 화를 냈고, "끔찍했던" 어린 시절 경험과 함께 어머니를 비난했다. S가 돌아왔을 때 David는 우울했고, 과음을 했으며, 자신을 떠난 S에게 화를 냈다. 그는 치료를 그만두고 이 도시를 떠나 자살할 것이라고 위협했다. 그리고 자살 금지 서약을 거부했고, 힘든 두 회기를 보냈다. 결국, S는 어떻게 할지 몰라 나에게 상담을 요청해 왔다.

나는 S가 David에게 자살에 대한 이야기를 들었을 때 얼마나 두려웠을지를 공감했고, David가 어머니에게 경솔한 행동을 한 것에 대해 동정을 느꼈다. S에게는 휴가를 간 것에 죄책감을 느꼈는지를 물었더니 그녀는 그랬다고 했다. 돌이켜보면, 그녀는 지난 회기 때 휴가를 가기 전에 작업을 천천히 할 수 있을 것이라고 David에게 상기시켜 주었다. 우리는 그것이 좋은 방법이었던 것 같다고 생각했다. 그리고 나는 David가 "정신없이 뛰어드는 것"이 그녀가 휴가를 가는 것에 대해 그의 감정을 행동화한 것이라는 생각이 들었다. 마지막으로 나는 David가 자해하거나 회피하는 것에 대해 S가 좋은 받침대가 될 것이라고 느꼈는지를 물었다. 그녀는 깜짝 놀랐고, 자신이 David의 행동에 대해 방어만 하고, 절박함과 분노와 아픔에 대한 두려움을 반영해 주지 못했다는 것을 깨달았다고 했다. 당시 그녀는 David의 감정이 두려웠다고 했다. 나는 로르샤하를 고려해봤을 때 그가 왜 그런지를 알 수 있었다. 나는 S가 David를 잡아주려고 할 때 정작 자신을 잡아주는 충분한 받침대가 있었냐고 물었다. 그녀는 웃었고 앞으로는 모든 것을 혼자 하지 않겠다고 답했다. 나는 도움이 필요하면 언제든 연락을 달라고 했다. 2주 후, S는 나에게 전화를 했고, David가 투쟁을 멈추고 돌아왔다고 했다. 사실 그는 위기를 통해 돌파구를 발견하게 되었다. David가 S를 얼마나 많이 필요로 하는지, 그리고 버림받는 것을 얼마나 두려워하는지 알게 되었다. 또 그는 어머니에게 전화를 해 용서를 구했고, 치료자와 함께 공동 회기를 가졌다. S와 David는 앞으로 어떻게 할지에 대해 계획을 세웠다.

이 사건은 6년 전에 있었던 일이다. 당시 S와 나는 이 일에 대해 간단하게만 의논을 했었다. 나는 이 글을 준비하면서 이후에 David에게 어떤 일이 있었는지가 궁금했다. 그래서 S에게 전화를 해 근황을 물었다. 그녀와 David는 평가 후 5년 동안 일주일에 두 번씩 치료 회기를 가졌다고 했다. 그는 심한 우울을 경험했지만 잘 극복했고, 감정을 처리하기 위해 치료를 함께 했다. 위기 후 David는 S가 아프거나 멀리 갈 때는 다른 지지를 얻기 위해 주간 치료 모임에 참가했다. 그는 안정되었고 연애관계도 좋아졌다. David는 1년 전에 사랑스러운 여성과 결혼했고 아내의 직장 문제 때문에 이사를 가게 되었다. S와 David는 계속 연락을 주고받았다. David는 슬픈 기분을 인정했고, 치료가 그에게 얼마나 중요했는지를 수용하면서 종결을 했다. 최근 S는 David와 아내가 첫 아이를 기다리고 있으며, 여자 아이를 낳으면 "Elizabeth"라고 이름을 짓고 싶다는 카드를 받았다고 했다. S와 나는 함께 웃었고 "아이"에 대해 이야기를 나누었다.

## 요약과 결론

치료적 평가의 모든 사례가 여기 제시한 사례처럼 긍정적인 결과만 있는 것은 아니다. 내가 이 사례를 선택한 이유는 치료적 평가의 효과를 증명할 수 있고 중요한 시사점이 있기 때문이었다.

### III 내담자의 인생을 변화시키는 데 도움을 주는 공동평가

어떻게 치료적 평가와 같은 단기간에 이루어지는 개입이 내담자에게 도움이 되나? 심리학자들은 사람들이 쉽게 변하지 않는다는 것을 알고 있다. David와 함께한 나의 작업처럼 공동평가는 강력한 기법이다. 왜냐하면 여러 방법으로도 문제가 해결되지 않을 때, 공동평가는 내담자가 자신의 이야기(일반적으로 심리학자들이 정체감이라고 부르는 것)를 "재구성" 할 수 있도록 돕기 때문이다. David에 대한 나의 목표는 새로운 가능성을 찾고(Finn & Tonsager, 1997), 자기개념을 수정하는데 도움이 되도록 심리검사를 이용해 그의 이야기를 밝혀내는 것이었다. 이 경우 David의 오래된 이야기("나는 ADHD가 있다.")는 새로운 이야기("압도적인 생각들로 인해 힘든 감정을 경험하고 있다.")로 바뀌었고, 세상에 대한 경험을 변화시켜 새로운 행동을 이끌었다. 또한 David의 인생에 새로운 이야기를 통합하고, 현재와 미래에 새로운 관점과 방법으로 지지해 준 사람(S)이 있었다는 것은 그에게는 큰 행운이었다.

치료적 평가는 내담자의 자기도식과 대인관계 도식에 대한 정보를 빠르게 얻을 수 있는 장점이 있다. 아울러 내담자는 평가 목적을 분명히 하고, 부가적인 정보를 모으고, 검사 결과를 해석하는데 도움을 주는 적극적인 참여자가 된다. 나는 내담자와 결과를 공유하지 않는 평가는 내담자의 삶을 변화시키기 어렵다고 생각한다. 왜냐하면 우리의 정체감은 수많은 인생 경험에 기초하여 구성된 소중한 예술 작품과도 같기 때문이다.

평가 동안 중요한 경험을 나누고, 평가자로서 새로운 방식을 재구성하는 것은 내담자가 새로운 정체감을 형성하는 데 도움이 된다. 이런 공동 작업은 우리의 가설과 통찰을 발전시켜 내담자를 돕는다. 심리학자는 아마 부모보다 산파 같은 역할이 덜 중요하다고 생각할지도 모른다. 하지만, 이 과정 속에서 평가자는 거창한 자존심은 잃어버려도 내담자는 도움을 받을 수 있을 거라고 나는 믿는다.

## Ⅲ 공동 심리평가는 동료들과 상담하는 강력하지만 위압적이지 않은 방법이다

이 사례는 전문가를 대상으로 하는 상담에서 심리평가의 유용성을 보여준다. 심리평가는 진단의 불확실성을 명확히 해준다는 점에서 유용하다(예, Allen, 1981). 하지만, 몇몇 사람들만이 진단 참조 질문이 내담자와 치료자 관계에 기초한 치료의 어려움을 반영하는지에 주목했다(Fischer, 1985, 1994). 나에게 있어 경험 있는 치료자는 바로 S와 같은 치료자들이다. 이 사실이 고맙게 여겨질 때 비로소 치료적 평가의 다른 관점이 보인다. 이것은 내담자, 치료자, 그리고 그들의 관계에 영향을 준다(9장을 보라). 따라서 평가자는 치료자와 내담자 사이에 분열이 생기거나 삼각관계가 형성되지 않도록 주의해야 한다.

치료적 평가는 치료자를 협력자로 여김으로써 이러한 위험을 피할 수 있다. 알고 있듯이 내담자는 함께 하는 참여자로서 평가 과정을 주시한다. 이 사례는 어떻게 다른 전문가와 합의를 이룰 수 있는가를 설명해 주고 있다. 나는 S를 평가의 각 단계에 참여시켰다. (a) David에게 평가 목적을 설명하고, (b) 평가 동안 있었던 일을 지지해주고, (c) 반응을 해석하고, (d) 평가 결과에 대해 논의하고, (e) 마지막으로 편지를 썼다. 각 단계에서 S의 취약한 부분을 고려해 앞서거나 뒤쳐지지 않고, David 같은 내담자와 친밀해 지는 것이 어렵다는 것을 이해하면서 함께 하기 위해 노력했다. 이것은 S와 David가 치료관계의 위기를 맞았을 때도 다시 나와 상담을 하도록 했다. 나는 평가자들이 다른 전문가와 협력적 태도로 접근하는 방법에 관심을 가지기를 바란다. 내담자-치료자 관계가 어려우면, 치료적 평가에 대한 요구는 점차 많아질 것이다.

## 부록 David에게 보내는 피드백 편지

David에게

2013년 6월 27일 피드백 회기에서 Elizabeth와 함께 검토했던 정보를 요약합니다. 당신과 Elizabeth는 편지를 통해 치료 과정을 담은 문서를 가지게 되었습니다.

이 편지는 평가를 위해 했던 질문을 다루고 있습니다. 먼저 성실히 검사에 임해 주어 감사합니다. 심리검사는 어렵고, 검사 결과로 다른 사람을 판단하는 것은 쉬운 일이 아닙니다. 힘이 들더라도 당신이 누구인지 알기 위해 노력했다는 것을 저는 잘 압니다. 아울러 회기를 녹화해서 다른 심리학자의 훈련에 사용하도록 허락해주어 다시 한 번 감사를 드립니다.

이것은 당신이 한 질문입니다.

- 여자친구가 함부로 대하는데 왜 나는 헤어질 수 없을까요?
- 어떤 점이 이것을 어렵게 할까요?
- 혼자 있는 것이 왜 이렇게 힘들까요?

성격평가 결과는 당신이 오랫동안 느꼈던 압도적인 감정을 다루려 하고 있다는 것을 보여줍니다. 당신은 에너지 넘치고 긍정적인 모습 이면에 좌절과 슬픔, 분노(특히 권위자에 대해), 무가치감, 무력감으로 몸부림치고 있었습니다. 당신은 여러 대처법을 가진 똑똑한 사람이었지만, 불안과 우울을 겪으면서 이 고통을 다루는 게 힘이 들었습니다. 당신이 말했던 것처럼 방어를 풀면, 깊은 수렁에 빠질 것 같은 느낌이 들었던 것입니다. 이런 상황일 때 당신은 과거에도 그랬던 것처럼 자신에게 집중하지 못했고, 새롭고 신나는 친구들과 어울렸습니다. 또 내면의 고통에서 잠시라도 안정을 얻기 위해 애정관계에 푹 빠졌습니다.

이것은 혼자 있는 것을 힘들게 하고 부적절한 관계에서 벗어나지 못하게 하는 내면의 고통이었습니다. 당신이 우울과 분노를 해결할 수 있을 때까지 (a) 연애를 위한 좋은 대상을 선택하고, (b) 여자친구에게 학대를 받지 않도록 하고, (c) 다른 사람이 당신에게 진실을 말하는 것에 대해 안정을 느끼며, (d) 정서적으로 버려진 곳에서 관계를 시작하지 않기를 바랍니다.

지난 회기 때 말했듯이 당신이 다른 사람과 관계를 맺고 싶은 욕구는 좋은 신호이고, 이것은 당신이 다른 사람을 포기하지 않았다는 것을 보여줍니다. 하지만 더 많은 문제를 해결할 때까지는 연애를 하지 않고, 치료를 받으면서, 사회적이고 감정적인 지지를 위한 연애감정이 없는 친구를 만나는 것이 지혜로운 행동으로 생각됩니다.

- 정말 ADHD 증상이 있는 건가요? 왜 집중하고 기억하는 게 어렵죠?

지난 회기에서 논의했듯이 이것은 명확하게 답하기 어려운 질문입니다. 당신은 기분이 불안정하고, 활동적이며, 주의력결핍과잉행동 증상이 있습니다. 하지만, 당신의 주의력 문제는 불안과 우울이 원인일 수도 있습니다. 그래서 부정적 기분에서 벗어나려고 "들뜬" 상태에 있는지도 모릅니다.

나는 검사와 당신이 얘기했던 것을 통해 과거 사건이 좋지 않은 영향을 주었다는 것을 알았습니다. 부모님의 이혼 때문에 생긴 분노와 슬픔은 당신을 혼란스러운 감정에 압도되게 했을 것입니다. 당신이 카드를 보고 했던 이야기는 당시의 경험을 잘 표현하고 있습니다.

> 소년은 다른 아이들보다 머릿속이 복잡해요. 열심히 생각하고 있지만, 감정이 머리 주위를 날아다녀요. 어른 같아 보이지만 아이에요. 부모도 아이처럼 보여요. 어른은 아이처럼 행동하고, 아이는 어른처럼 행동하고 있어요. 그는 혼자 하도록 강요받고 있어요. 이 가족은 어떻게 되어가고 있는지 몰라요. 감정이 소년을 엄습해요. [Steve: 소년에게 필요한 게 뭐죠?] 소년은 어른처럼 행동하는 지혜로운 부모님이 필요해요. 소년을 아이로 대해주고, 그래서 독립적이지 않아도 되는 누군가가 필요해요(TAT 13B).

이 이야기가 당신의 어린 시절을 잘 표현하고 있다면, 현재 문제를 이해하는데 도움이 될 것입니다. 당신에게 고통스런 감정을 잘 받아주고 처리하는 충분한 "받침대"가 없었기 때문에, 이혼과 별거는 외상으로 남았을 것입니다. 그래서 당신은 감정적인 부분을 "잘라내고" 처리할 수밖에 없었습니다. 이런 방어적인 감정이 여전히 있고 "깊은 곳에 내재되어 있지만", 오히려 피하려고만 하기 때문에 더 커지고 있습니다.

우선, 당신의 불안과 우울, 분노에 대한 치료법을 찾아 이것이 주의력 문제에 영향을 주고 있는지 살펴보기를 권합니다. 만약 이 문제를 이해하고 기분을 변화시킬 수 있다면, 후속검사는 주의력 문제의 신경학적 원인을 확인하는 데 도움이 될 것입니다.

이것은 우리가 지난 회기에 논의했던 내용입니다.

(1) 이사 가는 것에 대해 진지하게 생각해 보십시오. 이것은 예전부터 당신이 불안과 우울을 다루어 왔던 방식입니다. 현재 직장에 불만이 있다는 것을 알지만, 이사는 내면의 고통을 일시적으로 지연시킬 뿐입니다. 정서 문제를 해결하기 위해서는 치료를 받는 것이 좋을 것 같습니다.

(2) 연애를 하려는 충동을 참고 Elizabeth와 친구들을 믿으십시오. 다른 사람들이 당신을 도왔던 경험이 많지 않기 때문에 어떻게 해야 할지 잘 모를 것입니다. Elizabeth에게 그녀를 "받침대"로 이용하는 것에 대해 어떻게 생각하는지 물어보십시오.

(3) Elizabeth와 개인 상담을 늘리거나 다른 지지자(치료 모임과 같은)를 만나는 것도 좋을 수 있습니다. 다른 사람의 도움을 받고 이것이 당신을 압도시키지 않도록 내면의 고통에 조금씩 접근하십시오. Elizabeth(또는 다른 사람들)가 당신의 감정을 다룰 수 있을지에 대해 불신하는 자신을 발견할 수도 있습니다. 그렇다면, 그런 감정도 나누어 보십시오. 당신의 불신과 내면의 고통을 탐색하면, 덜 불안하고 덜 우울하며 외로움을 잘 견디는 자신을 발견할 것입니다.

(4) 부모님과 어린 시절에 대해 이야기 하는 것도 좋습니다. 하지만 먼저 목적을 분명히 하고 기분을 어떻게 다룰지에 대해 Elizabeth와 의논하십시오.

(5) 적절한 항우울제를 찾기 위해 K박사와 상의하십시오. Luvox는 당신에게 도움이 될 수도 있고 아닐 수도 있습니다. 또한 당신의 과잉 활동과 불안을 치료하기 위해 기분안정제(Depakote와 같은) 복용을 의논할 수 있습니다.

David, 당신을 알 수 있어 기쁩니다. 나는 당신의 강인함을 존경하고 힘든 감정을 잘 다루어 온 것에 대해 깊은 인상을 받았습니다. 궁금하고 묻고 싶은 것이 있거나 후속 일정을 잡고 싶으면 언제든 연락을 주십시오.

마지막 요청: 당신이 이 평가에 대해 느낀 점을 저에게 보내주시겠습니까? 피드백은 당신과 비슷한 어려움에 있는 사람들과의 작업에 도움이 될 것입니다.

행복을 빌며

Steve Finn

11

# 로르샤하의 협력적 계열분석[1]

이 장은 로르샤하 반응을 여러 사람이 해석하면서 내담자와의 관련성을 밝히는 방법의 유용성에 대해 설명하였다. 로르샤하의 협력적 계열분석은 치료적 평가의 한 기법이다(1장을 보라).

## 사례 연구

### 배경 정보

중년 남성인 Jeff는 몇 년 전 부부평가를 위해 아내 Ann과 함께 방문하여 3년 넘게 치료를 받아 왔다. Ann은 우울증이 심했고, Jeff는 그녀가 치료되지 않는 것에 불만이 많았다. Ann은 여러 번 입

1 이 장은 XVIII차 국제 로르샤하 투사법학회에서 발표한 논문을 기초로 했다.

원을 했지만, 퇴원 후에도 관리를 제대로 못했다(복약이나 운동 등). 부부는 최근 별거를 했고, Jeff는 Ann의 우울을 공감하지 못했으며, 그녀가 종일 잠만 자고, 요리나 청소, 양육에 신경 쓰지 않는 것이 불만스러웠다. 부부는 슬럼프에 빠졌고 심리평가가 도움이 되기를 바랐다.

**보기 11-1** **치료적 부부평가의 흐름도**

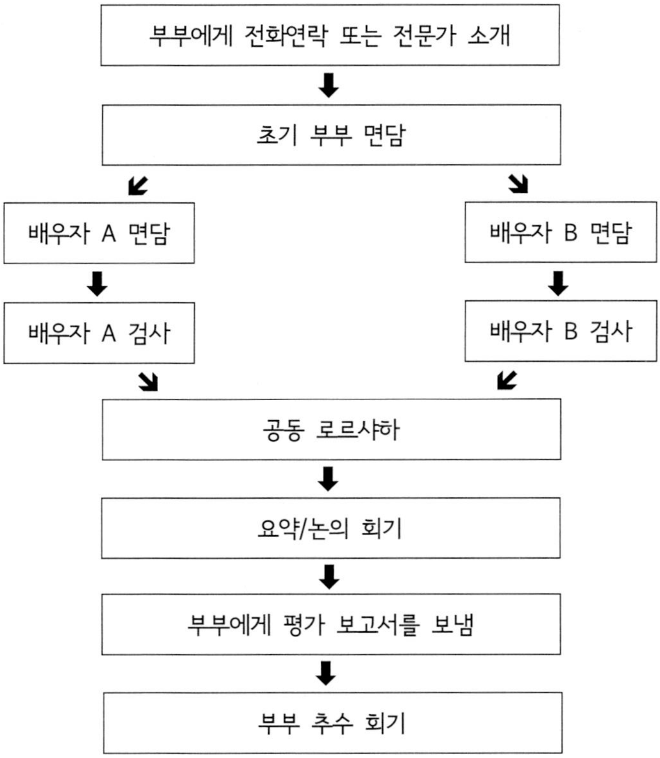

## Ⅲ 절차

보기 11-1은 치료적 부부평가의 흐름도이다. 우선 부부 면담을 먼저 하고, 이후 평가를 실시한다(로르샤하와 다른 검사). 보통은 4~5시간 정도 공동 로르샤하를 실시하는데, 피드백을 하고 부부 문제에 대해 나눈다.

**보기 11-2 Ann과 Jeff가 한 평가 질문**

▸ 부부 공동의 질문

슬럼프에 빠졌어요. 대화도 없고 한 지붕 아래 그냥 살아요. 왜 치료가 도움이 되지 않을까요? 어떻게 하면 예전으로 돌아갈 수 있을까요?

▸ Ann의 질문

어떻게 하면 결혼 초처럼 건강해 질 수 있을까요?
우울에서 벗어나기 위해 무엇을 해야 할까요?

▸ Jeff의 질문

Ann이 하루 종일 잤다고 할 때 끓어오르는 감정을 어떻게 할까요?
그녀를 도울 수 있는 방법이 있을까요?

## Ⅲ 평가 질문

보기 11-2는 Ann과 Jeff가 평가 초반에 했던 질문이다. Ann은 우울에 빠져 있었고, Jeff는 좌절을 극복하려 했다. 둘은 노력하고 있었다. 나는 "상대는 왜 X라는 행동을 할까요?"라는 질문을 하지 못하게 했다. 이것은 다른 사람에 관해 하는 질문이었다. 대신, 자신에 관해 말하게 했다. 예를 들어 "상대가 X라는 행동을 할 때, 나는 왜 Y라는 기분이 들까요?" 나는 두 사람이 서로를 투사하지 않도록 했다. 그리고 그것이 변화를 가져올 것이라고 믿었다.

**보기 11-3 Jeff의 로르샤하 반응과 채점**

| 카드 | 반응 | 채점 |
|---|---|---|
| II | 짝짜꿍 놀이를 하고 있는 두 광대<br>박살난 벌레<br>한 쪽에 나무가 있는 개울 위를 맴도는 나비 | W+ Ma.FCo 2 H, Cg 4.5 COP<br>Wo FC.V- A, Bl 4.5 MOR<br>WS+ FMp. CFu A, Bt 4.5 |
| III | 찢어진 턱시도<br>두 명의 원시인 여자가 빨래를 하고 있는 내셔널지오그래픽 사진 | DdS99+ FC'.FCu Cg 5.5 MOR<br>W+ Mp.mpo 2 Art, H, Cg P 5.5 |
| IV | 발을 이용해 거꾸로 매달려 있는 박쥐<br>거울에 기대 "버티고 서 있는" 남자의 1960년대 사진 | Wo FMp.FC'o A 2.0<br>W+ Mp.Fru (H), Art 2.5 PER |

## III 표준화 검사

Jeff의 MMPI-2 임상척도는 유의하게 상승하지 않아 정서 문제가 없는 프로파일과 유사했다. 반면, 9번 척도(경조증)가 낮았는데, 이는 지치고 힘이 없다는 것을 의미했다. 로르샤하 반응도 살펴보았다. 주지화(AB, Art, Ay, Sc)와 분열적 철수(Bt, Ls, Na), 자아도취적 방어(Fr)와 우울반응이 있었다. 보기 11-3은 Jeff의 Ⅱ, Ⅲ, Ⅳ번 카드의 반응과 채점 결과이다. 표를 단순하게 하기 위해 질문 단계는 생략했다.

Jeff가 Ⅱ번 카드에서 본 것은 (a) 짝짜꿍 놀이를 하고 있는 두 광대(조증반응), (b) 박살난 벌레(MOR과 V를 포함한 우울반응), (c) 한 쪽에 나무가 있는 개울 위를 맴도는 나비(식물 내용과 연관된 분열반응). Ⅲ번 카드에서 본 것은 (a) 찢겨진 턱시도(무채색을 강조한 우울반응), (b) 두 명의 원시인 여자가 빨래를 하고 있는 내셔널지오그래픽 사진(주지화 반응). Ⅳ번 카드의 반응은 (a) 발을 이용해 거꾸로 매달려 있는 박쥐(드문 수동반응), (b) 거울에 기대 "버티고 서 있는" 남자의 1960년대 사진(비유적 내용을 담은 주지화 반응). 나는 이를 통해 Ann만 우울한 것이 아니라 Jeff도 우울하다는 가설을 세웠다. 보기 11-4에서처럼 처음에는 몰랐지만 그가 우울하다는 인상을 받았고, 이를 구조적 요약에서 확인할 수 있었다.

그런데 나는 Jeff가 언급했던 Robert Crumb의 "버텨라."는 포스터를 본 적이 없었다. 그래서 인터넷으로 찾아보니 Ⅳ번 카드 반응이 잉크반점 윤곽과 잘 들어맞았다. 그러나 흔치 않아서 드문 형태질로 채점을 했다.

## 보기 11-4 Jeff 로르샤하의 구조적 요약

### 비율, 백분율, 산출점수

| | | | | | |
|---|---|---|---|---|---|
| R = 32 | L = .14 | | FC:CF+C = 3:3 | COP = 2 | AG = 1 |
| | | | Pure C = 0 | GHR:PHR = 4:4 | |
| EB = 10:4.5 | EA = 14.5 | EBPer = 2.2 | SumC':WSumC = 4:4.5 | a:p = 11:12 | |
| eb = 13:13 | es = 26 | D = -4 | Afr = 0.6 | Food = 0 | |
| | Adj es = 18 | Adj D = -1 | S = 6 | SumT = 2 | |
| | | | Blends:R = 13:32 | Human Cont = 12 | |
| FM = 8 | SumC'= 4 | SumT = 2 | CP = 0 | PureH = 6 | |
| m = 5 | SumV = 2 | SumY = 5 | | PER = 6 | |
| | | | | Isol Indx = 0.25 | |

| | | | | |
|---|---|---|---|---|
| a:p = 11:12 | Sum6 = 1 | XA% = 0.87 | Zf = 25 | 3r+(2)/R = .50 |
| Ma:Mp = 6:4 | Lv2 = 0 | WDA% = 0.94 | W:D:Dd=26:3:3 | Fr+rF = 2 |
| 2AB+Art+Ay = 19 | WSum6 = 2 | X-% = 0.13 | W:M = 26:10 | SumV = 2 |
| MOR = 4 | M- = 0 | S- = 0 | Zd = +1.0 | FD = 5 |
| | Mnone = 0 | P = 8 | PSV = 0 | An+Xy = 0 |
| | | X+% = 0.56 | DQ+ = 17 | MOR = 4 |
| | | Xu% = 0.31 | DQv = 2 | H:(H)+Hd+(Hd)=6:6 |

| | | | | | |
|---|---|---|---|---|---|
| PTI = 0 | DEPI = 5 | CDI = 1 | S-Con = 7 | HVI = No | OBS = No |

## Ⅲ 확장된 질문

다음 목표는 Jeff에 대한 나의 예상을 설명하는 것이었다. 나는 검사가 어땠고, 반응에서 특이한 점을 발견했는지를 물었다. 그는 발견하지 못했다고 했다. 나는 반응을 읽어주었고, 느낌을 말해달라고 했다. 그리고 우울로 채점된 반응을 읽고는 어떻게 생각하는지를 물었다. 그는 "화가 나고 우울한" 느낌이 든다고 했다. 나는 그 말에 동의했고, 그 반응을 어떻게 우울로 채점했는지를 설명해 주었다. 그는 놀라지 않았고, 이러면 우울할 수 있겠다고 말했다.

나는 Jeff에게 어떻게 하면 우울하지 않을지를 물었다. “나는 그냥 매일 회사에 갔을 뿐이에요.” Ⅳ번 카드를 보여주며 “이것이 당신이 이 카드에 반응한 거예요.”라고 하자, Jeff는 나에게 이것을 설명해달라고 했다. “첫 번째 반응은-발을 이용해 거꾸로 매달려있는 박쥐- 우울로 채점되었어요.” 그는 그렇게 보았다. “다음 반응도 기억나나요?”, “버티고 서 있는 남자”라고 했어요. “그것이 내가 한 거예요! 우울한데 그냥 참았죠. 나는 Ann이 견딜 수 없는 이유를 이해하지 못했어요.” 우리는 사람마다 대처 능력이 다르고, Ann도 자신처럼 우울을 밀쳐둘 수 없었다는 것에 대해 이야기를 나누었다. 가족들이 Ann의 감정을 부정했던 것과는 반대로 Jeff는 자신이 예민한 것을 인정했다. 나는 Jeff가 우울하지 않으려고 노력했다는 것을 알았는지를 물었다. 부담이 되고 싶지 않아 그는 어떤 말도 하지 않았다고 했다. “Ann의 우울이 부담 되었나요?”라고 묻자 Jeff는 미소로 답하였다.

Jeff는 자신의 우울과 Ann이 겪고 있는 좌절감을 알고, 우울에 대해 이야기하지 않았던 자신에게 잘못이 있었다고 생각했다. 로르샤하를 통해 마음의 중요한 실마리를 찾았을 때, Jeff는 안도했다. 우리는 작별인사를 했고, Jeff가 돌아갔을 때 나는 부부의 변화에 살짝 흥분이 되었다.

### III 부부에게 미친 영향

부부는 변화했다. 다음 회기 때 Jeff는 자신이 우울했다는 것을 Ann에게 말했다. 그녀는 사실인지를 물었다. 나는 Jeff의 로르샤하를 채점했기 때문에 그 사실을 알 수 있었다. Jeff는 Ⅳ번 카드의 반응을 Ann에게 보여주자고 했다. 나는 반응을 검토하고 Ⅱ, Ⅲ번 카드의 반응을 그녀에게 보여주었다(Ann은 이미 로르샤하를 실시했었다). Ann은 Jeff의 반응을 보았고 이것에 동의를 했다. 그녀는 Jeff가 우울했다는 것을 몰랐고, 집안일을 도와주지 못해 마음이 아팠다고 했다. Jeff는 Ann이 자기처럼 참을성이 없다는 것을 몰랐다고 했다. 그리고 미안해했다. 평가가 끝난 후 서로에 대한 이해는 깊어졌다. Ann과 Jeff는 마지막 평가 요약/논의 회기를 위해 부부치료자에게로 돌아갔다.

## III 추수 회기

평가가 끝나고 한 달 후 다시 내가 부부를 만났을 때, 그들은 놀랍게 변화해 있었다. Ann은 덜 우울했고 집안일도 할 수 있었다. Jeff도 억제를 덜 했고, Ann에게 도움을 청했다. 무슨 일이 일어났는지는 몰랐지만, Ann은 Jeff의 우울을 안 후 우울에서 벗어났고 자신을 돌보게 되었다. Ann이 Jeff에게 관심을 가지기 시작하자 그는 좌절하지 않고 공감할 수 있었다. Ann은 두 사람 모두의 우울을 "붙들고" 있었다. Jeff가 자신의 우울을 알았기 때문에, Ann은 더 이상 Jeff에게 우울을 느낄 수 없었다. 18개월이 지나 한 번 더 부부를 만났을 때 그들은 잘 지내고 있었다. Ann은 일을 했고 더 이상 병원신세를 지지 않았다. Jeff는 그가 "아내를 되돌려 놓았다." 고 했다.

## 결론

이 부부를 평가하는 동안 인상 깊었던 것 중 하나는 로르샤하의 협력적 계열분석이다. 특히, 질문을 확장시켜 검사에 대해 논의한 것은 내담자의 행동패턴을 찾는데 도움이 되었다. 우리는 한 배우자의 검사를 통해 다른 배우자의 변화의 딜레마를 공감할 수 있었고, 체계적으로 변화시킬 수 있었다.

다음 장에서는 부부를 대상으로 한 치료적 평가의 힘에 대해 다룰 것이다.

12

# 부부 개입을 위해 공동 로르샤하 사용하기[1]

11장에서 언급한 바와 같이 나와 동료들은 부부와 가족평가에 공동 로르샤하를 사용한다. 즉, 카드를 보고 공동의 반응을 살펴본다. 이것은 부부와 가족의 행동패턴을 분석하고, 가족 내 역할이나 권력 갈등, 불합리한 행동 등이 가족의 감정과 갈등(의식적, 무의식적으로)에 어떤 영향을 주는지를 살펴보는데 유용하다. 또한, 임상가는 가족문제에 개입해서 가족체계와 구성원의 유연성을 평가한다. 이 과정이 성공적으로 이루어지면 부부나 가족은 배운 것을 검사실 밖에서 일반화 할 수 있다. 이처럼 공동 로르샤하는 부부치료나 가족치료에 사용된다.

공동 로르샤하는 집단의 상호작용 평가 기술로서 오랜 역사를 가지고 있다. Aranow, Reznikoff와 Moreland(1994), Handler(1997), Banchard(1959, 1968), Roman, Bauman(1960), Singer와 Wynne (1963),

1 이 장은 성격평가학회에서 발표한 논문에 기초했다(Finn, 1996c). 초안을 검토해 준 Carl V. Middelbert에게 감사드린다.

Loveland(1967), Klopfer(1969), Dorr(1981), Nakamura와 Nakamura (1987)는 부부, 가족, 어린이, 문제 청소년, 동료 집단을 대상으로 공동 로르샤하 효과를 연구했다. 최근 들어 Aranow(1994), Handler (1997), Noy-Sharav(2006)는 새로운 기법과 사례를 제시하기도 하였다.

부부 개입을 위한 공동 로르샤하는 요약/논의 회기에서 평가 결과를 이해하는데 사용된다. 많은 부부들은 검사의 3단계 정보를 어려워하는데, 부부가 함께 한다는 점에서 이는 상호 주관적이고 체계적이다(H. G. Lerner, 1985, p.56). 대부분의 사람들은 주관적 경험을 바탕으로 세계와 자신의 이야기를 만들기 때문에 상호작용을 이해하기가 어렵다. 예를 들어 (a) 파트너와 성에 대해 이야기하는 것에 어려움이 있다. (b) 하지만 이전 파트너와 문제는 없었다. (c) 그러면 당연히 현재 파트너가 성에 관해 컴플렉스가 있다고 결론을 내린다. 이전 파트너가 성에 관한 문제를 제기하기 전까지는 문제를 알 수가 없다. 이 장에 서술한 공동 로르샤하는 이런 현상을 잘 보여주고 부부가 서로를 비난하지 않도록 한다.

11장의(보기 11-1을 보라) 부부평가 흐름도를 보면, 검사와 평가 중재 회기를 마친 다음, 요약/논의 회기 전에 공동 로르샤하를 실시했다.[2] 8장에서 보았듯 이는 전형적인 순서이다. 당신 또한 이런 식의 로르샤하를 받아본 적이 있겠지만, 모든 사례에 적용할 수는 없고 늘 필요한 것도 아니다. 예를 들면, 비용을 줄이기 위해 첫 회기 때 평가 질문을 하고 개인에게 MMPI-2를 준 다음 공동 로르샤하를 할 수도 있다. 그리고 난 뒤 요약/논의 회기를 진행하기도 한다. 더불어, 내담자의 요구와 훈련을 위해 이 방법을 적용할 수

2 나는 어려움에 처한 부부치료를 의뢰받을 때 독립적인 평가 기법으로 공동 로르샤하를 사용한다. 그것은 내담자의 맥락을 이해하는데 유용하다.

있다.

이제 평가 개입으로서 공동 로르샤하의 실시 방법을 살펴보고 사례를 제시하고자 한다.

## 절차

### ▮▮▮ 준비

부부치료 회기를 하기 전에 평가 질문과 검사 결과를 살펴본다. "어떻게 부부가 오게 되었는지" 가설을 세운다. 가설은 개인의 노력이 어떻게 상호작용에 영향을 주는지와 관련이 있다. 부부는 "커플 댄스"를 알고 있나? 한 사람은 쫓아다니고 다른 사람은 도망가지 않나? 혹시 한 사람은 책임을 과하게 지고, 다른 사람은 회피하지 않나? 이런 패턴이 공동 로르샤하에 어떻게 반영되나? 그리고 요약/논의 회기 중 말하기 힘든 내용이 무엇인지를 생각해 본다.

평가 개입을 위한 도구로 하나 이상의 부부평가 질문을 준비한다. 부부가 왔을 때 중요한 점을 놓치지 않기 위해 미리 점검하는 것이 좋다(오는 길에 싸웠을지도 모른다). 그리고 평가 질문이 부부 문제를 진단하고 관계를 개선하기 위한 것임을 설명한다.

### ▮▮▮ 좌석배치

평가자는 부부의 맞은편에 앉는다. 부부가 동시에 카드를 볼 수 있도록 나란히 앉는다. 가능하면 평가 초반에 촬영을 한다. 평가자가 직접 촬영할 필요는 없다.

# 1부

## 1단계

"로르샤하"를 실시할 것이라고 한다(해본 적이 있다면, 다른 방법으로 할 것이라고 말한다). 공동 로르샤하의 지시사항을 알려준다.

> 여기 잉크반점으로 된 몇 장의 카드가 있습니다. 보이는 것에 대해 말해 주시면 됩니다. 서로 동의하는지를 확인하고 동의하면, 제게 말해주시면 됩니다. 그러면 반응을 기록하고 몇 가지 질문을 할 겁니다. 궁금한 게 있나요?

질문(예, 교대로 하나요? 이전에 본 것을 말해도 되나요? 한 카드에 하나 이상의 반응을 해도 되나요?)에 대해서는 통상적으로 답하면 된다. "편하게 하세요." 서로 다른 반응을 하면 "두 사람이 동의하는 것을 이야기해 보세요."라고 한다.

**Ⅰ, Ⅱ, Ⅳ, Ⅶ, Ⅹ번 카드 순서로 하라.** 이 순서는 Nakamura와 Nakamura(1987)가 연구했고 가족에게 사용할 때 도움이 된다. 10개 카드 모두를 써도 좋다. 그러나 반응을 제한하지 않으면 회기가 길어질 수 있다. 평가 개입에서는 몇 장의 카드만 사용하는 것이 좋다.[3]

---

3 모든 카드를 사용하는 것은 평가자가 프로토콜을 채점할 수 있고 각 배우자의 개별 로르샤하 점수를 비교할 수 있다는 이점이 있다.
Noy-Sharav(2006)는 공동 로르샤하를 채점하는 획기적인 방법에 관해 썼다.

### Ⅲ 2단계

부부의 상호작용을 관찰하고 기록한다. 한 쪽이 동의하지 않을 때는 지시사항을 상기시킨다. “두 사람 모두 동의하나요?”, “두 분 모두 이 반응에 동의하세요?”

반응과 위치, 결정인 등을 기록한 후 질문을 한다. 상대에게 동의할 때는 다른 위치나 결정인을 사용했는지를 살펴보고 필요하면 질문을 한다. 예를 들어 “상대와 같은 잉크반점을 봤나요?”, “Mary, John과 같은 방식으로 봤나요?” 등의 질문을 한다.

### Ⅲ 3단계

Ⅹ번 카드가 끝난 후 잠시 쉰다(15~20분 정도). 휴식 시간 동안 로르샤하에 관한 이야기는 하지 않도록 한다. 그리고 쉬는 동안 기록을 살핀다. 특정 패턴이나 주목할 것이 있나? 이런 태도가 부부 문제나 평가 목표와 어떤 관련이 있나? 문제를 회피하는지도 살펴본다. 부부가 어떻게 상호작용 하나? 이런 패턴과 특징 중 나누고 싶은 것을 선택하고 영상을 활용하는 것도 좋다. 그리고 평가 질문과 관련 있는 장면을 보여 준다.

## 2부

### Ⅲ 4단계

부부가 돌아오면 공동 로르샤하의 경험에 대해 질문하면서 4단계를 시작한다. 상담자는 관찰한 것을 내담자와 공유할 때 신중을 기한다. 부부의 감정, 생각, 의견 등을 묻는다. 미리 정한 가설에 맞추거나 모순된 것처럼 보이는 점을 경청한다. 상담자는 의견을 내세우기보다 내담자의 의견에 주의를 기울인다.

### Ⅲ 5단계 (녹화를 하지 않았다면 이 단계는 생략한다)

녹화 부분을 보여준다. 영상을 보면서 관찰했던 것에 대해 의견을 묻는다. "무엇에 주목했나요?"와 같은 개방형 질문을 한다.

### Ⅲ 6단계

서로의 생각을 공유한 후 로르샤하 반응과 일상을 연결짓고 생각을 공유한다(예, "이것이 가정 문제와 관련 있나요?", "당신이 말한 소통의 문제가 무엇인지 이해했습니다.", "John, 이것이 Ⅴ번 카드에서 말한 Mary의 우유부단함인가요?"). 부부가 상호작용을 이해할 때까지 계속 진행한다. 관찰한 내용을 공유하기 위해 영상을 멈추거나 천천히 돌려본다. 상호작용은 체계적으로 강조하는 것이 좋다. 예를 들어 "검사에서 어떤 것을 보았나요?", "John, Mary가 X라고 했을 때, 어떤 점을 알게 되었나요?", "Mary, 무엇이 옳은지 알았나요?"

### Ⅲ 7단계

문제를 변화시킬 다른 방법을 생각해 본다. 상담자는 부부가 제안한 해결책을 선택하고, 대안을 제시한다. 그리고 새로운 방법을 -Ⅲ, Ⅴ, Ⅵ, Ⅷ, Ⅸ번 카드(처음에 사용하지 않은 카드)- 사용하여 관찰한다. 문제행동을 수정하고, 성취감을 느낄 때까지 상호작용을 한다.

### Ⅲ 8단계

새로운 방법이 성공하면, 문제 상황과 유사한 것을 찾아본다. 예를 들면, "싸우고 있을 때도 이것을 할 수 있겠어요?", "Mary, 화를 표현하기 위해 무엇이 필요한가요?" 다음 회기가 있다면 그동안 해본 것을 나눈다.

## 대안 절차

갈등이 심한 부부가 공동 로르샤하 작업 동안 잘 협력하는 경우가 있다. 그런 경우 특별히 좋았던 녹화 장면을 틀어 무엇이 그런 상호작용을 가능하게 했는지, 그리고 무엇을 검사실 밖에서 적용하면 좋을지를 나눈다. 어떤 것이 부부관계를 좋게 했는지를 찾아보는 것도 좋다.

내가 사용하는 방법은 Ⅹ번 카드를 주면서 개입하는 것이다. 다음과 같이 한다. "최악의 상황을 생각해 보세요." 어려웠던 상황을 동의할 때까지 기다린다. "이 카드로 어려운 상황에 있는 것처럼 해 보세요. 이번에는 로르샤하를 같은 방식으로 느껴보세요." 이렇게 할 때 부부는 문제를 재현할 수 있다. 그런 후 Ⅹ번 카드 전과 후의 경험의 차이를 살펴본다.

## 사례

### Ⅲ 사례 1 - Kathy와 John

**배경 정보.** Kathy와 John은 40대 중반으로 부부치료자가 나에게 평가를 의뢰했을 때, 결혼 7년차의 재혼 부부였다. 그들의 주 호소는 "이 끔찍한 상황을 어떻게 피할 수 있을까요?"였다. 문제는 Kathy가 술에 취하면 비이성적인 행동을 해서 싸우게 되는 것이었다. 평가 초반 Kathy는 John보다 문제가 많았다. 부부치료자는 Kathy가 경계성 성격장애가 의심된다고 했다. Kathy는 수치심으로 힘들어했었다. 나는 그들이 이렇게 행동한 이유를 이해하고 싶었다. 그녀의 평가 질문 중 하나는 "예전에는 이런 적이 없었는데, 왜 미친 사람처럼 행동할까요?"였다. John은 관계가 악화되면 매정해졌지만, Kathy가 "미친 사람"이라는 생각을 즐거워하는 것처럼 보였다.

**개별 검사 결과.** MMPI-2 결과는 Kathy가 John보다 문제가 많은 것으로 나타났다. 그녀는 2(79T), 3(70T), 4(81T), 6(74T), 7(77T), 8(72T) 척도가 유의하게 상승했다. MMPI-2 결과, Kathy는 불안과 우울, 소외감을 느꼈고, 정서 조절에 문제가 있었다. 부부치료자는 무관심한 원가족이 Kathy를 양육했다는 것을 알려주었고, MMPI-2 결과는 Kathy의 배경 정보와도 일치했다. 하지만 Kathy의 직장과 대인관계는 안정적이었고, 성실하였으며, 직장 동료들도 그녀를 좋아했다. 나는 당황했다. 사실 그런 특성이 MMPI-2 결과에는 나타나지 않았기 때문이었다.

한편, John의 MMPI-2는 약간 방어적이었고, “좋은 인상을 주려고 했다.”(K=68T, F=42T, S=70T) 예상대로 임상척도는 상승하지 않았다. 하지만 9번 척도의 점수(38T)가 낮았는데, 이 결과를 보면서 나는 John의 내면에 있는 우울이 궁금해졌다.

나는 John과 Kathy의 로르샤하를 보고 놀랐다. 구조적 요약에서 Kathy는 고통스러운 욕구(T=3)와 정서 통제에 문제가 있었다(Afr=.78; FC:CF+C=2:5; PureC=2). 또한, 중재 영역의 정서 자극 상황(Ⅷ, Ⅸ, Ⅹ번 카드에서 거의 모두 FQ- 반응이었다)에서 의미 있는 관계 형성의 어려움이 시사되었다(XA%=.68, M-=3). MMPI-2에서 불안과 정서 스트레스가 높게 나왔지만, 로르샤하에서는 우울이 낮았다. 그녀는 MMPI-2를 왜곡하거나 과장할 이유가 없었다. 나는 다만 어떤 이유로 실제보다 더 장애가 있는 것처럼 보고했는지가 궁금했다.

John의 결과는 7장에서 기술한 “좋은 MMPI, 나쁜 로르샤하” 패턴과 일치했다. 구조적 요약은 우울, 낮은 자존감, 정서적 고통(DEPI=6; 3r+(2)/R=.26, V=4; D=-3)을 시사했고, 정서적 위축(FC:CF+C=2:0; Afr=.32; SumC':SumC=6:1), 주지화(2AB+Art+Ay=8)가 나타났다. 그리고 그의 중재와 관념 영역의 점수는 부부 중 누군가 이상이 있다면 그것은 그가 될 것이라는 것을 시사했다(XA%=.35, WSum6=.34).

나는 MMPI-2와 로르샤하를 통해 부부가 처한 끔찍한 상황이 투사적 동일시일 것이라는 가설을 세웠다. John의 억압은 고통과 분열로 전이되어 있었다. 나는 John이 자신을 위해 Kathy가 그렇게 행동하도록 한 것은 아닐까 생각되었다. 그녀는 예민성과 정서 통제 문제, 그리고 수용 욕구 때문에 상처를 받았다. 투사적 동일시 때문에 Kathy는 수치심을 느꼈고, John은 그녀에게 수치심과 “광기”를 전달해서 우월감을 느꼈다. Kathy는 관심을 받고 싶었고, 무의식적으로 안정적이고 강해보이는 John의 도움을 받을 수 있었다.

Kathy는 혼란스러운 가정에서 성장했기 때문에 그녀를 보호할 누군가가 필요했다. 그리고 결혼생활에서 "미친 사람" 역할을 해서 자신보다 John을 정상적으로 보이게 했고, 그렇게 함으로써 안전함을 느꼈다. 가설이 맞다면 나는 공동 로르샤하가 도움이 되기를 바랐다.

**공동 로르샤하, 1부.** Kathy와 John은 내가 들어왔을 때 긴장했고 말을 하지 않았다. 나는 문제 탐색을 위해 "공동 로르샤하"를 실시할 것이라고 했다. John은 한숨을 쉬었다. 그는 로르샤하를 싫어했고, 우리는 이에 대해 이야기를 나누었다. 나는 비디오 녹화 허락을 받았고, 지시사항을 알려 주었다. 그리고 I 번 카드를 건넸다. 다음은 첫 번째 녹취록이다(부부는 I 번 카드를 받고 서로를 쳐다보았다).

John: 뭘 봤지?
Kathy: 나비를 봤어요.
John: 다른 건?
Kathy: 날개를 펼친 박쥐를 봤어요.
John: 다른 건?
Kathy: 여자... 중간에 여기. 여자는 양쪽 죄수에게 잡혔어요. 그리핀 같은... 잘 모르겠어요. 여자는 도망가기 위해 발버둥치지만 꽉 잡혀 있어요.
John: 그리핀?(삐딱하게)
Kathy: 네!(방어적으로) 반은 독수리고 반은 사자인 신화에 나오는 생물이에요. 들어본 적 없어요? 여기 날개가 있고, 다리에 사자의 꼬리와 털이 있죠.
John: 이상하네(나를 보더니 다시 눈을 돌린다). 나는 다른 게 보이는데.

Kathy: (기분 상한 듯)좋아요. 보이지 않으면 그것으로 해요.

이 상호작용에서 부부가 어떻게 심리 내적으로 기능하는지에 대한 나의 가설은 입증되었다. 예상대로 MMPI-2에서 John은 Kathy의 평범반응에 애매하게 반응했다. 그는 동의를 구하거나 아니면 다른 의견을 내서 수용받고 싶어하는 Kathy의 욕구에 따라 행동했다. 그러나 결정적인 순간 거부했고, 이에 대해 Kathy는 화를 냈고 수치감과 우울감을 느꼈다. Kathy는 John의 패턴을 받아들였고, 그는 그녀를 안정되게 해주는 이상적 파트너가 되었다. 이런 패턴은 Ⅱ, Ⅳ, Ⅶ번 카드에서도 나타났다. Kathy는 상담 동안 의기소침했지만, 패턴을 바꿀 다른 방법을 찾지 못했다.

Ⅹ번 카드에서 그 점이 잘 나타났다. Kathy는 John에게 먼저 하라고 했다. John은 문제를 능청스럽게 비켜갔다.

Kathy: 먼저 해 보세요. 뭐가 보여요?

John: 잘 모르겠는데. 나는 이 색깔이 싫어. 잘 모르겠네. 다 잊어버렸어(귀엽게 웃었고, 그의 말장난에 모두 웃었다). 여보. 나는 이런 게 익숙하지 않아. 당신은 뭐가 보여?

Kathy: 이것은 벌레들의 파티 같아요. 여기 개미 두 마리, 파티 선물을 흔드는 딱정벌레 부부. 그리고 게 두 마리.

John: 게는 벌레가 아니잖아.

Kathy: 알아요. 하지만 파티에 왔어요.

John: 당신이 그렇게 말한다면.

Kathy: 도대체 뭐예요(화내며)!

John: 아무것도 아니야(천진난만하게)! 당신이 본 것을 보려고 노력 중이야. 그런데 이해가 안돼.

Kathy: 그렇지 않아요. 당신은 나를 무시하고 있어요.
John: 예민하게 굴지 마. 보세요(나를 보며). 늘 이래요.
Steve: 알겠어요. Kathy. 지금 기분이 어떠세요?
Kathy: 카드를 집어던지고 싶어요.
Steve: 왜 그런지 말할 수 있나요?
Kathy: 아니요. 지금은 도움이 되지 않을 것 같아요.
Steve: 잠시 쉬는 게 좋겠군요. 저는 무슨 일이 일어났는지 비디오테이프를 한 번 볼게요.

**공동 로르샤하, 2부.** Kathy와 John은 잠시 휴식을 가진 뒤 검사실로 왔다. Kathy는 화를 낸 것을 사과했고 John은 의기양양했다. 나는 예전에도 비슷한 일이 있었는지를 물었다.

Kathy: 나는 예민하고 감정적이에요. 무엇이 엄습해 오는지 모르겠지만, 언제나 이성을 잃고 화를 내게 돼요. John은 나 때문에 화를 내죠. 우리는 언제나 문제 상황이 돼요.
John: 당신이 제대로 이해하고 있는 것 같아. 이런 상황은 늘 일어나. 그리고 술을 마시면 심하게 다투고 눈덩이처럼 문제가 커져.

나는 술을 마시는 것이 상황을 악화시키는 것 같다고 하였다. 그리고 오히려 Kathy가 화를 내는 것이 더 나을 거라고 생각했다. 그래서 이렇게 물었다. "비디오테이프를 보면 알 수 있을까요?" Kathy는 그렇다고 했다. John도 동의했다. 나는 I 번 카드에 대한 상호작용을 보여주고 잠시 멈추고는 물어 보았다. "무엇을 보았나요?"

두 사람은 혼란스러워 했다. Kathy는 John이 자신에게 미루는 것 같다고 했다. 그녀는 "예술, 정서, 관계"에 대해 이야기했다. John은 Kathy가 본 것 중 두 가지는 볼 수 있었지만, 세 번째 것은 볼 수 없었다고 했다. 그리고 그리핀을 모른다고 했다. John이 그녀의 세 번째 반응을 거절했을 때, 어떻게 느꼈는지 나는 Kathy에게 물었다. 그녀는 "거절, 이것이 내가 제일 좋아하는 거예요."라고 했다. 그리고 John이 먼저 반응한 적이 없다는 것을 알아차렸는지를 물었다(그들은 알아차리지 못했다). 내 의도를 설명하기 위해 이번에는 Ⅱ번 카드를 보여주었다. Kathy는 흥분했고 우리는 서로의 생각을 나누었다.

Kathy: 이제 어떻게 된 건지 알 것 같아요. John은 직접 거부하거나 거절하지 않고 나를 유인한 후 비난해요. 그래서 자신은 위험에 빠지지 않죠.

John: 잘 모르겠어. 당신은 나보다 이런 걸 더 잘 하잖아. 항상 그래 왔어.

Steve: Kathy, 이 말을 받아들일 수 있나요?

Kathy: 아뇨. 절대 아니에요.

Steve: John, 나는 당신이 일부로 그랬다고 생각지는 않아요. 그런데 다른 게 영향을 주고 있다는 생각이 들어요. 로르샤하 검사를 할 때 당신은 불쾌한 것을 보았죠. 그 경험은 유쾌하지 않았을 거예요. 전에 당신은 무엇이 좋은 반응인지 몰라서 미칠 것 같고, 그래서 미쳤다고 생각할까봐 걱정된다고 했었죠. 기억나나요?

John: 네.

Steve: 그래서 이런 패턴에 상처받지 않으려고 스스로를 무의식적으로 보호하는 것 같아요. Kathy, 당신은 왜 그렇게 행동했는지 알고 있나요?

Kathy: 네. 내가 본 것을 남편도 봐주기를 원했어요.

Steve: 맞아요! 당신이 평정심을 잃은 John을 견딜 수 있을지 궁금하네요. 왜냐하면 그런 변화가 두려움을 줄 수도 있기 때문이에요. 괜찮다면 지금 여기서 일어나는 상황이 집에서의 상황과도 비슷한지를 살펴볼까요.

그들은 동의했고 최근의 부부 싸움을 살펴보고 배운 것을 적용해 보기로 했다. 나는 다른 방법으로 로르샤하를 해보자고 했다.

Kathy: 남편이 먼저 했으면 좋겠어요.
Steve: 좋은 생각이에요. 아니면 교대로 하는 것도 좋아요.
John: 기억나지 않으면 어떡하죠?
Steve: 그냥 편하게 보시면 되요. 아니면 반응을 알려 줄게요.
John: 좋아요(Ⅲ번 카드를 건넸다). 기억나요. 서로 상처를 주는 두 사람을 봤어요. 사랑하지만, 고통스러워하네요. 빨강은 부서진 마음을 상징해요.
Kathy: 그것이 당신이 우리에 대해 느끼는 거야.
John: 그런 식으로 생각해 본 적은 없어.
Steve: Kathy, 당신은 John이 보았던 것을 볼 수 있나요?
Kathy: 네. 연민이 느껴져요
Steve: John, 어떻게 생각하나요?
John: 불편합니다. 그런 감정을 좋아하지도 않고, 다른 사람이 나에게 그런 느낌을 가지는 것도 싫어요.
Steve: John, Kathy의 말이 마음에 와 닿으세요?
John: 그런 것 같아요.
Steve: 지금 느낌은 어때요?
John: 나가고 싶어요. 두 사람이 나를 이상하게 보는 것 같아요.

John과 나는 가족들이 그를 남자답지 못하다고 보았던 것에 대해 이야기했다. 그런 후 Middelberg(2001)의 지침을 기초로 Kathy

와 John의 커플 댄스에 대해 해석했다. 나는 그의 수치심을 다루어 보고 싶었다.

Steve: John. 나는 당신이 일부러 Kathy가 먼저 답하게 하고, 그녀의 반응을 거부했다고 생각하진 않아요. 당신의 행동은 의도적이지 않았어요. 다음 주에 검사 결과에 대해 이야기 하겠지만, 당신의 내면에 감당하기 힘든 수치심과 거부감 같은 감정이 있을 거라고 생각해요. 그리고 다른 선택을 할 때까지 Kathy가 당신을 대신해 그런 감정을 받아들였던 것 같아요. Kathy, 당신은 그동안 너무 당연히 John을 대신해 그렇게 해 왔기 때문에 힘든 감정과 싸우지 않았던 거예요. 이해되나요?

그들은 동의했고, 나는 요약/논의 회기를 준비했다. 부부는 평가 개입을 통해 그들의 상호작용을 볼 수 있었다. 또한 표준화 검사와 사례를 통해 가설을 검증할 수 있었다.

### Ⅲ 사례 2 - Tom과 Kirk

**배경 정보.** Tom과 Kirk는 동성애 커플에 관한 나의 책(Driggs & Finn, 1990)을 읽고 상담을 받으러 온 30대 후반의 동성애 커플이었다. 그들은 2년 전에 알코올 중독자 모임에서 만났고, 9개월 동안 동거를 하고 있었다. 그들은 느낌을 잘 표현하지 못했다. 그래서 평가를 제안했고, 그들은 받아들였다. 그리고 공동 로르샤하 전에 MMPI-2를 실시했다.

그들의 문제는 싸울 때마다 반복되는 추적자-회피자 관계 갈등이었다(Middelberg, 2001). 그들은 항상 싸웠다. Kirk는 “문제를 말하라."고 몰아붙였고 Tom은 침묵했다. 결국 Tom은 화장실에 들어가 문을 잠갔고, Kirk는 30분 넘게 문을 두드리며 나오라고 소리쳤다.

나는 각자의 배경 정보를 알고 있었다. Tom은 4년, Kirk는 2년 동안 마약과 알코올 문제가 있었다. 두 사람은 심리적 외상의 과거력이 있었다. Kirk는 어릴 때 삼촌에게 성폭행을 당했고, Tom은 12살 때까지 버려진 차에서 엄마와 살았다.

두 남자는 과거에 대해 말하기를 꺼려했다. 개인치료나 부부치료를 받은 적은 없었지만, 12단계 회복 프로그램에는 열심히 참여했다. 서로를 향한 배려와 보살핌은 인상적이었다.

**개별검사 결과.** Tom의 MMPI-2의 프로파일은 보기 12-1에 Kirk의 프로파일은 보기 12-2에 제시하였다. 두 사람의 프로파일은 유사했다.

**보기 12-1 Tom의 MMPI-2 프로파일**

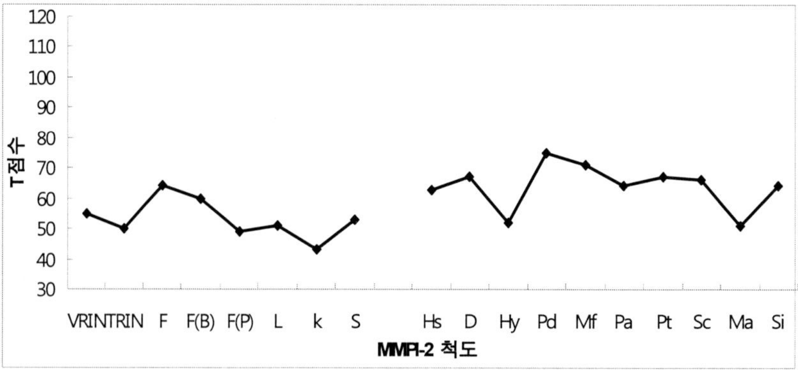


주: VRIN=Variable Response Inconsistency Scale; TRIN=True-Response Inconsistency Scale; F=Infrequency; Fb=Infrequency Back Page; Fp= Infrequency Psychopathology; S=Superlative Self-Presentation; Hs=Scale 1, Hypochondriasis; D=Scale 2, Depression; Hy=Scale 3, Hysteria, Pd=Scale 4, Psychopathic Deviate; Mf=Scale 5, Masculinity-Femininity; Pa=Scale 6, Paranoia; Pt=Scale 7, Psychasthenia; Sc=Scale 8, Schizophrenia; Ma=Scale 9, Hypomania; Si=Scale 0, Social Introversion

출처: 이 그림은 MMPI-2TM(Minnesota Multiphasic Personality Inventory-2TM) 실시, 채점과 해석 편람에서 발췌했다. Copyright©2001 미네소타대학출판부. 미네소타 대학교 리젠트가 판권을 소유하고 있고 모든 권한을 보유하고 있음. 미네소타 대학교 출판부 승인 하에 사용됨. "MMPI-2"와 "Minnesota Multiphasic Personality-2"는 미네소타 대학교 리젠트 소유의 등록 상표임.

## 보기 12-2 Kirk의 MMPI-2 프로파일

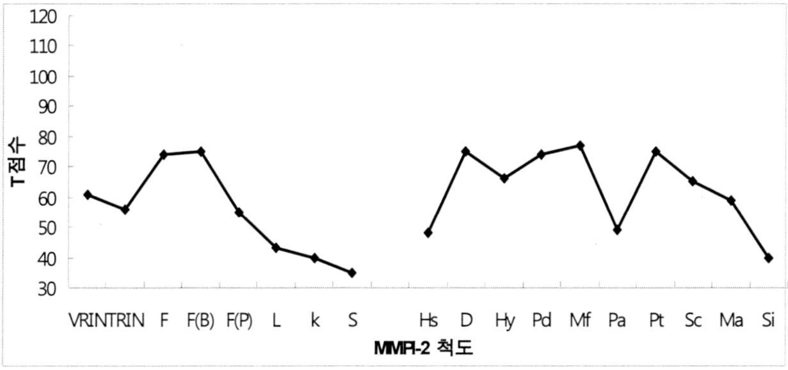


주: VRIN=Variable Response Inconsistency Scale; TRIN=True-Response Inconsistency Scale; F=Infrequency; Fb=Infrequency Back Page; Fp= Infrequency Psychopathology; S=Superlative Self-Presentation; Hs=Scale 1, Hypochondriasis; D=Scale 2, Depression; Hy=Scale 3, Hysteria, Pd=Scale 4, Psychopathic Deviate; Mf=Scale 5, Masculinity-Femininity; Pa=Scale 6, Paranoia; Pt=Scale 7, Psychasthenia; Sc=Scale 8, Schizophrenia; Ma=Scale 9, Hypomania; Si=Scale 0, Social Introversion

출처: 이 그림은 MMPI-2TM(Minnesota Multiphasic Personality Inventory-2TM) 실시, 채점과 해석 편람에서 발췌했다. Copyright©2001 미네소타대학출판부. 미네소타 대학교 리젠트가 판권을 소유하고 있고 모든 권한을 보유하고 있음. 미네소타 대학교 출판부 승인 하에 사용됨. "MMPI-2"와 "Minnesota Multiphasic Personality-2"는 미네소타 대학교 리젠트 소유의 등록 상표임.

둘 모두 2-4-7-8 상승 프로파일이었다. 이는 심리적 외상과 방임의 배경과도 일치했다. Kirk는 3번 척도(66T)가 상승하고 0번(42T)척도가 하강하여, Tom보다는 정서 표현을 잘하고 사교적인 것으로 나타났다. 반면, Tom은 신중하고(6번 척도=64T) 내성적인 경향(0번 척도=64T)을 보였다. 이 점을 제외하면 두 프로파일은 가벼운 정도로 우울하고 불안하며, 충동을 조절하기 위해 애쓰고 있다는 것을 나타냈다. 나는 두 사람이 정서적으로 압도될 수 있다는 가설을 세웠다. 그런 상황에서 Kirk는 앞을 향해 나아가는 반면, Tom은 회피했다. 두 사람은 해결책을 찾기 위해 한 치의 양보도 하지 않았다.

**공동 로르샤하, 1부.** 로르샤하를 위해 만난 날, Tom과 Kirk는 공상과학소설 독서 토론 모임을 하고 왔다. 나는 다른 검사를 할 것이라고 말했다. 두 사람은 로르샤하를 해본 적이 없었다. 나는 로르샤하에 대해 들어본 적이 있냐고 물었다. 그들은 들어본 적이 있다고 했고, 로르샤하에 대한 기대로 들떠 있었다. 우선 비디오 촬영 동의를 얻었고, 공동 로르샤하의 주의사항을 설명한 후 I 번 카드를 건넸다. Kirk는 주저 않고 반응했다.

Kirk: 오, 멋진데! 나는 고문당하는 사람이 보여. 여기 탁자에 끈으로 묶여 있어. 옆에 있는 이것은 고문하는 사람이야. 제복을 입고 지켜보고 있어.

Tom: 근사해! 그들은 머리를 잘랐어. 뒤집어 보자. 그러면 볼 수 없을 거야. 이것이 그들이 고문하는 방식이야. 그는 울고 의식을 잃었어. 어떻게 생각해?

Kirk: 그는 의식을 잃었어. 너무 겁을 먹어 지하 감옥에서 두려워하고 있어.

Tom: 못 봤는데. 좋은데.

Kirk: (멈추며) 또 어떤 게 보여?
Tom: 상처 입은 박쥐가 보여. 총을 맞아 날개에 구멍이 났어. 떨어진 조각 보여?
Kirk: 응. 그거 좋다. 그리고 검정색이라서 더 박쥐같아(둘 다 웃는다). 우리 모두 동의하는 것을 말하는 건 어때?
Tom: 좋아. 네가 먼저 할래? 아니면 내가 할까?
Kirk: 네가 하나를 말하고 내가 다른 것을 말하자.

나는 Ⅱ, Ⅳ, Ⅶ번 카드에서도 그들이 비슷하게 반응하는 것을 보고 놀랐다. 둘의 상호작용은 훌륭했다. 그들은 교대로 반응했고, 상대방이 본 것을 개방성과 호기심을 가지고 협력했다. 그러나 반응은 병적이었고, 공격적이었으며, 충격적이었다. FQ－로 채점되는 것이 많았으나 두 사람 모두 같은 것을 볼 수 있었고, 서로의 지각을 공유하며 기뻐했다.

마지막으로 Ⅹ번 카드의 지시를 수정했을 때 나는 약간 죄책감을 느꼈다.

Steve: 잘했어요. 이제는 다르게 해 볼 거예요. 지금처럼 하되, 이번에는 두 사람이 최악의 장소에 있는 것처럼 생각하며 해 보세요. 최근에 겪은 나쁜 상황을 생각해 보세요. 할 수 있나요?
Kirk: 최근에 싸웠던 거요? Tom이 화장실에서 문을 잠궜을 때 같은?
Steve: 네. 그것도 좋아요. Tom, 기억나세요?(Tom은 고개를 끄덕였다) 싸운 그 날의 느낌으로 이 카드를 함께 해 보세요. 괜찮겠어요?(둘 다 고개를 끄덕였다. 나는 Ⅹ번 카드를 건넸다)
Tom: (두려운 듯) 거미 두 마리가 보여요. 이곳과 이곳에서.

Kirk: (화난 소리로) 바보 같은 소리 마! 더 좋은 게 보이지 않아? 멍청아?

그 순간 Tom은 입을 다물었다. 나는 잠시 멈추고 기분이 어떤지를 물었다. Tom은 말을 못했다. Kirk는 걱정했고, Tom의 무릎위에 손을 얹고는 "연기"였을 뿐이라고 말했다. 나는 Tom을 일으켜 세워 조금 걷게 한 뒤 물을 건넸다. 그는 서서히 혈색을 되찾았고, 나는 잠시 휴식을 갖자고 했다. 두 남자는 동의했고 가까이 있는 공원을 산책했다. 나는 물을 마시며 어떻게 할지를 고민했다.

**공동 로르샤하, 2부.** Tom과 Kirk가 돌아왔을 때 그들은 괜찮아 보였다. Tom은 마지막 작업에 대해 고마웠다고 했다. 또한 공동 로르샤하가 도움이 되었다고 했다. 나는 무슨 일이 일어났는지를 알 수 없었다. 그리고 이 상황을 설명해 달라고 했다. 그는 "얼어버리는 듯한 충격"이라고 했고, "정서가 범람하는"것 같은 충격이었다고 말했다. Tom은 이해가 간다고 했다. 나는 감정에 압도되었을 때 Tom과 같은 기분을 느낀 적이 있었는지를 Kirk에게 물었다. 가끔 그렇다고 했지만, 보통은 성질에 못 이겨 싸운다고 했다. Tom이 평소 "얼어버리는 듯한 충격" 상태일 때 Kirk와 싸웠는지를 나는 물었다. Kirk는 Tom이 자신을 무시하는 것처럼 느껴져 그랬다고 했다. Tom은 Kirk를 무시한 것이 아니었다. 나는 그들에게 내 생각을 말하였다.

Steve: 이건 누구의 잘못도 아니에요. 우리가 본 것은 관계의 다른 면이라고 생각해요. 로르샤하에서 본 것을 상대방이 어떻게 볼 수 있는지 알았나요?(그들은 그랬었다) 그것이 특별한 거예요. 주목할 것은 각자가 다른 것을 보았다는 것이에요. 반응은 폭력적이고 고통스러운 내용이었어요. 이것에 동의하나요?(그들은 그렇다고 했다) 이것은 성폭행이나 차안에서 사는 것처럼 힘든 일을 겪은 사람들에게서 볼 수 있는 거예요(그들은 이해했다). 관계의 힘은 고통에 대해 서로 말할 수 있는 것과 관련 있다고 생각해요. 이는 다른 사람이 이해하지 못하는 것을 이해하고, 다른 사람이 갈 수 없는 장소에 함께 가는 것이에요. 제 생각에 동의하세요? 어떤 면에서는 서로 화합할 수 있다는 것을 의미하지요(그들은 동의했다). 그러나 두 사람의 고통스러웠던 어린 시절은 상대방을 자극하는 요인이 되었어요. 심리적 외상이 있을 때 우리는 세 가지 중 하나의 증상으로 초조해져요. 그 세 가지는 싸움, 도망, 굳어짐이에요. 불행히도 Tom이 얼어있을 때 Kirk는 공격했고, 반대로 Kirk가 싸우려고 할 때 Tom은 얼어붙었죠. 두 사람 모두 상대를 잘 알고 돌봄에도 긴장 상황에서는 이 패턴을 멈출 수가 없었어요. 이것은 심리적 외상을 일으키지 않는 방법을 찾아야 해결될 거예요.

두 사람은 서로 묻고 답하였다. 그들은 내 말을 이해했고 설명과 해석에도 동의했다. 만약 내가 심리치료 중 이 사실을 알았더라면 악순환을 중단하기 위해 다른 방법을 시도하기보다는 회기를 중단했을 것이다. 나는 문제(추적자-회피자)를 해결하기에 시간이 충분하다고 생각했다. 하지만, 너무 지쳤고 그들 역시 그런 것 같았다.

이 사례는 공동 로르샤하가 심리치료에서 어떻게 사용되고, 커플 중 한 쪽이 로르샤하를 하지 않더라도 도움이 된다는 것을 보여주었다. 그리고 앞서 언급했던 로르샤하의 수정된 지시사항의 예도 잘 나타내었다.

## 결론

부부평가에서는 개입을 위해 사용되는 여러 가지 방법이 있다. 가족 조각, 투사적 그림, 역할 시연 등, 이 장은 공동 로르샤하에 대해 기술하였고, 두 사례를 들어 그 유용성을 설명하였다.

공동 로르샤하에서는 문제가 있는 부부의 "커플 댄스"의 역할을 평가자와 함께 관찰할 수 있다. 그리고 문제 상황에서 다른 반응을 연습해볼 수 있다. 만약 평가자의 지지로 부부가 상호작용 패턴을 바꿀 수 있다면, 그것은 희망이 되고 일상에서 그런 패턴을 수정할 수 있을 것이다.

다른 평가 개입처럼 평가자들은 공동 로르샤하를 두려워한다. 초보자는 공동 로르샤하의 복잡하고 다양한 상호작용을 어려워 할 수 있다. 이 기법을 배우고 있는 중이라면 당신은 어떤 점이 유용한 지 의심할 수도 있을 것이다. 그래서 나는 공동 로르샤하를 부부(그리고 가족)에게 실시하고 상호작용을 살펴보는 것부터 하기를 권한다. 결국, 시간이 지나면 로르샤하에 접근하는 방법을 알게 되고, 상호작용의 의미를 이해할 수 있을 것이다.

13

# "그저 도우려 했을 뿐이에요!": 치료적 평가의 실패[1]

Finn과 Tonsager(1997)는 내담자가 "평가 후에 유능감은 커녕 의기소침해지고, 심지어 학대받았다."고 느낄 때 평가는 실패한 것이라고 말했다(p.380). 나는 심리평가가 내담자에게 도움이 되는 방법을 연구해 왔다. 몇 년 전 부부 중 한 쪽이 평가 때문에 큰 충격을 받은 후 나는 많은 것을 평가에 반영하게 되었다. 이 장에서는 내가 경험한 것을 공유하려고 한다.

## 평가의 요약

치료적 부부평가의 흐름도는 이전 장에 제시하였다(보기 11-1을 보라).

1 이 장은 성격평가학회에 투고한 논문(Finn, 2004)에서 발췌했다. 초안에 도움을 준 Gregory J. Meyer에게 감사드린다.

**소개.** 내 오랜 친구이자 가족치료사인 Sara와 Nancy의 개인치료자인 Louis가 Ted와 Nancy 부부를 의뢰했을 때 그들은 결혼 13년차였다. 두 치료자는 상담이 정체되었다고 느끼고 있었다. 특히, 내 친구 Sara가 그랬다. Sara는 Nancy와 Ted가 12살인 폭력적인 아들 Sam에게 제제를 가하지 않는 것에 화가 났다(보기 13-1을 보라). Sara에 의하면, Ted는 Sam에게 엄격한 반면, Nancy는 엄격하지 않았다. Sara는 Nancy가 Sam을 폭력적으로 만들었다고 했다. 즉, Nancy가 Sam을 화나게 해서 자신이 "피해자" 역할을 하는 거라고 생각했다. Sara는 Ted의 수동적인 태도에 실망했다. 그리고 Nancy가 미묘하게 가족을 통제하는 것에 좌절했다. Sara는 부부 문제가 Sam과 관련이 있다고 믿었다. Nancy는 Ted를 –Sara가 생각하는 이미지와는 달리– 가혹하고, 무관심한 사람으로 묘사했다. 사실, Sara는 Nancy가 Ted에게 "비열하게" 행동한다고 생각했다. Sara는 부부 문제를 살펴보고, Nancy가 Ted에 대해 "왜곡"하고 있는 점을 바로잡는데 평가가 도움이 되기를 원했다. Louis는 Sara와 만났고 "달걀 위를 걷는 것 같다."며 힘들어했다. Louis가 반영을 잘 해주지 않으면, Nancy는 방어를 했고 상처를 받았다. Louis는 Nancy가 원가족 문제를 해결하지 못했다고 생각했다. 하지만 Nancy는 "다 해결되었다."고 믿고 있어서 직면시킬 수가 없었다. Louis는 평가를 통해 Nancy가 해결하지 못한 문제를 알고, Sam과 Ted와의 갈등에서 자신의 문제를 이해할 수 있었으면 좋겠다고 했다.

**보기 13-1** **평가 초기관계의 소시오그램**

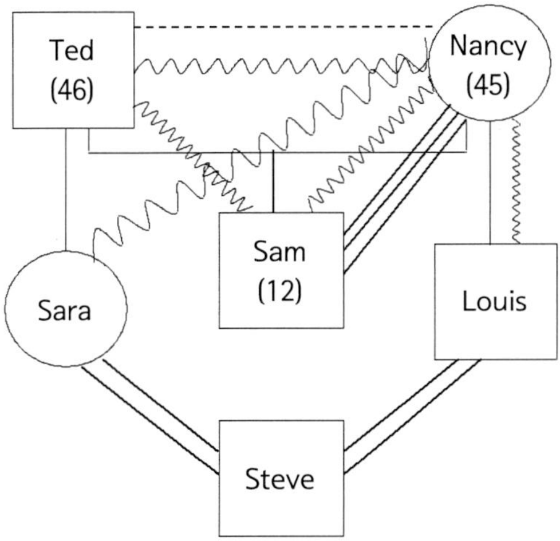


**첫 만남.** Nancy는 평가를 받고 싶다고 연락했지만, 나의 스케줄 때문에 그녀를 4개월 동안 만나지 못했다. 첫 만남 때 Nancy는 감사를 표했고 기대가 된다고 했다. 그러나 Ted는 그렇지 않았다. 그는 보내준 자료를 읽지도 않았고, 평가가 값어치를 못할 거라고 의심을 했다. Nancy 또한 보험회사에서 특약 지원서를 보낼 것이라고 말하여 나를 놀라게 했다. 지원서를 작성하면 모든 것을 보험회사가 결정할 수 있었다. 내가 50장이나 되는 지원서를 작성하고 싶지 않다고 하자, Nancy는 이것에 동의하지 않았냐고 되물었다. Ted는 화를 냈고 모든 것을 재고하겠다고 했다. 나는 좋은 생각이라고 답했다. 어떻게 해야 할 지를 의논했고 결심이 서면 다시 연락을 달라고 했다. 놀랍게도 한 달 뒤 Ted에게 다시 연락이 왔고, 우리는 부부평가를 위한 약속을 잡았다.

**첫 평가 회기.** 첫 평가 면담은 잘 진행되었다. 정신건강전문가 훈련을 받은 적이 있는 Nancy는 부부관계에 관해 질문을 하며 적극적으로 참여했다(보기 13-2를 보라).

나는 "자신의 역할을 다하려는" Nancy의 의지가 인상적이었다. 그녀는 가족관계가 자신에게 어떤 영향을 주었는지에 관한 설명이 적힌 가계도와 중요한 시기에 대한 자료를 가져왔다. 컴퓨터 디자이너인 Ted는 힘들어했고, 여러 문제에 대해 말했다. 그는 정서적 언어를 불편해 했고, 아들 문제에 대한 Sara의 생각에 회의적이었다. 그는 Nancy가 왜 불행한지 그리고 어떻게 하면 관계를 개선시킬 수 있는지를 혼란스러워했다. 하지만, 직장에서 느끼는 유능함과 편안함을 이야기 할 때는 활기를 띠었다. 나는 계속 하려는 Nancy의 의지를 칭찬했다.

첫 회기는 잘 진행되었다. Nancy는 적극적으로 참여했다. MMPI-2를 끝냈고, 초기 기억(Bruhn, 1992)에 대해 적었으며, 로르샤하에서는 31개 반응을 했다. 또한 힘들었던 결혼생활과 Ted와의 관계에서 느꼈던 외로움에 대해 말할 때는 눈물을 흘렸다. 그리고 어릴 때 받았던 상처는 해결되었다며 부끄러워했다. 나 또한 이전 치료에서 해결하지 못한 감정을 발견하면 부끄럽다고 이야기 했고, 자신의 감정을 받아들일 수 있을 것이라고 말했다.

Ted는 검사를 열심히 했지만 검사 결과를 나눌 때는 소극적이었다. 지배적인 어머니를 공경하는 것과 Nancy에 대한 입장 사이에 유사점이 있었지만, 초기 기억에 대해서는 거의 보고하지 않았다. 그는 10살 이전의 일을 기억하지 못했다. 로르샤하는 Nancy의 반응보다 적었다(R=22). 하지만 색채반응이 많았고 Lambda값이 낮았다(그의 Lambda값은 .16이었고 그녀는 1.38이었다). 이 점에서 나는 평가를 긍정적으로 보았다. 두 치료자는 부부가 이 과정에 관심이 있다고 생각했다. 그래서 검사 결과를 분석하고 평가 계획을 세운 뒤 일주일 후에 피드백을 하기로 했다.

### 보기 13-2 Ted와 Nancy의 평가 질문

▸ Nancy의 질문

1. 왜 Ted는 나를 보살펴주지 않죠? 왜 그는 내 욕구를 채워주지 않는 거죠?
2. 나는 Ted의 우울이 궁금해요. 그는 무관심하거든요, 이 상황을 어쩌죠?
3. 스스로 우울을 조절하려면 어떻게 해야 하죠?
4. 나는 Ted가 굉장히 화난 것처럼 보여요. 그는 자신을 그렇게 보지 않아요. 내가 어떻게 하면 좋죠?
5. 나의 맹점이 뭐죠? 또 나의 부정적인 면은 뭔가요? 왜 나는 자신을 보지 못하는 거죠?
6. 이 관계에서 어떻게 투사적 동일시에 빠지게 되나요?
7. Ted가 성장하거나 변화하지 않는다면 어떻게 해야 할까요?
8. 내 눈물이 의미 하는 게 뭘까요? 나는 애도의 과정이 필요하다고 해요. 그런데 뭘 얼마나 더 해야 하나요?

▸ Ted의 질문

1. 의견이 다를 때 왜 우리는 함께 원만히 해결하지 못하고 오직 이기고 지는 지에만 몰두하죠?
2. 왜 Nancy는 나보다 불행하죠? 그녀가 행복해 질 수 있게 내가 어떻게 도울 수 있나요?
3. 내 감정을 잘 알아차리기 위해 필요한 게 뭐죠?

▸ 두 사람의 공통된 질문

1. 무엇이 우리를 이 지경으로 만들었나요?

2. 서로에 대한 사랑을 표현하는 데 어떤 장애물이 있나요?
3. 왜 부부치료가 우리에게 더 이상 도움이 되지 못했나요? 다른 치료자를 찾아 봐야 하나요?

---

**표준화 검사 다시보기.** 돌이켜 보니 문제는 이 무렵에 있었던 것 같다. 센터 동료들과 나는 복잡한 평가를 할 때 사례회의를 거쳐 내담자를 이해한 다음 계획을 세운다. 불행히도 우리 중 몇 명이 Nancy와 상담을 했기 때문에, Ted와 Nancy를 평가할 수가 없었다. 다른 동료들도 Nancy를 알고 있었다. 그래서 이번에는 혼자 해보기로 했다.

나는 동료의 도움을 받지 못한 것이 후회되었다. 그 이유는 검사결과에서 Nancy가 느끼는 어려움이 Ted보다 많아 보였기 때문이었다. 그녀의 MMPI-2는 방어적이었지만(L=62T, K=78T, S=75T), 4번 척도가 71T로 상승해 있었다. 이 척도의 상승은 힘들었던 시절 살아남기 위한 Nancy의 투쟁을 반영한다고 생각했다(Caldwell, 2001). 하지만 그것은 가해자로 행동하는 Nancy의 특성과도 일치했다. 그녀의 로르샤하는 외현화와 강박적 성격 특성의 증거를 지지했다. 하지만, DEPI=5, S=5, Fd=1, 외상지수 .16(Armstrong & Lowenstein, 1990)에서 보듯, 그녀는 해소되지 못한 고통과 화를 감추고 있었다. Nancy의 자기 개념은-자신의 문제를 극복했다는- 명확하지 않았다. 그리고 해결되지 않은 문제를 다른 사람에게 투사하려는 경향이 있었다.

Ted의 MMPI-2는 방어적이었고(K=60T, S=70T), 0번 척도(60T)가 약간 상승해 있었다. 이 점수는 그의 보류하는 특성을 반영했다. MMPI-2의 과잉 통제된 적개심 척도는 62T였는데, 별로 놀랍지 않았다. 왜냐하면 그는 Nancy에 대한 분노로 가득 차 있었기 때문이었다. 하지만 나는 로르샤하에서 유채색 반응이 많은 것에 놀랐다. 그의 WSumC는 4.5였다(M이 9이어서 예상보다는 내향적이었다). 그리고 FC:CF+C 비율은 3:3이었다. 이는 정서적으로 반응한다는 것을 의미했다. 또한 두 개의 재질반응이 있었고, Vista와 음영반응이 많았다. 하지만 EA가 큰 것은 고통을 겪지 않는다는 그의 보고와 일치했고, D는 0, 조정 D도 0이었다. 로르샤하에서는 Ted가 방어기제로 철수와 자기-관여에 의존하고 있음이 시사되었다. 그는 두 개의 반사반응이 있었고, 소외지표는 .27이었다.

나는 Ted의 철수와 자기애적인 자기-관여가 어떻게 Nancy에게 상처를 주었는지를 살펴보았다. 심지어 그는 수동-공격을 보이기도 했다. 하지만 검사나 나와의 상호작용 속에서만 이것이 시사되었고, 우울하고, 화를 내거나 다른 사람에게 감정을 표현할 수 없을 것이라는 증거는 찾을 수 없었다. 사실 Nancy는-치료를 받는 몇 년 동안 자신의 문제를 해결했다고 믿고 있는-자신의 특성 일부를 Ted에게 투사하는 것처럼 보였다. 이에 자신감이 부족하고, 투사를 직면하는데 익숙하지 않은 Ted는 철수하였고 분노를 과잉 통제하였다.

이것을 생각해 보았을 때 나는 불안했다. 그때 나는 Nancy가 그러한 가설을 받아들일 준비가 되어 있지 않았다는 것을 알았고, Ted도 그럴 것이라고 생각했다. 내가 말하고 싶은 것은 정보 수준 3(아니면 수준 7) 같은 것이었다. 그래도 나는 이 문제를 다룰 수 있을 것이라고 믿었다.

**공동 로르샤하.** 12장에서 기술했듯이 나는 부부평가에서 공동 로르샤하의 수정된 형식을 이용하였다. 이 검사를 통해 Ted와

Nancy의 의사소통 문제에 대한 생생한 예를 볼 수 있을 것이라고 기대했다. 그래서 우리는 그것을 보고, 의논하며, 이해하고, 협력했다. Ted와 Nancy는 5개의 카드로 로르샤하를 실시했다. 반응을 하고, 합의한 사항을 말하는데 긴장하지는 않았다. 중간에 15분간 휴식했고, 그동안 분석할 비디오테이프를 준비했다(12장을 보라). 나는 발췌한 것을 보여주고 맥락에 대해 물었다. 집에서 한 것과 비교해 협력 과제를 쉽게 할 수 있도록 하기 위해서였다. 휴식 뒤 과제를 하기 전까지는 그 과제에 대해 말하지 않도록 했다.

하지만 대기실로 갔을 때 Nancy는 울고 있었고, Ted는 눈을 감고 있었다. 내가 무슨 일이 있었냐고 묻자, 잡지를 읽으며 쉬고 있을 때(공동 로르샤하에 대해 말하지 말라던 주의를 잊어버리고) "우리 삶의 절망적인 고통에 대해 이야기해보는 건 어때?"라고 Ted는 빈정거렸다고 했다. Nancy는 상처를 받았다. Ted는 그냥 농담이었다고 했다. 하지만 Nancy는 받아들이지 못했고, 이것이 언제나 Ted가 하는 "가학적"인 말이라고 했다. 그리고 불행한 관계에 대해 자신에게 수치심을 주려는 의도가 있다고 생각했다. Ted는 자신의 기분을 헤아려 주지 않는다고 방어했다. 내가 대기실에 왔을 때 그는 철수되어 있었다.

무슨 일이 일어났는지 알 것 같았다. 나는 Ted에게 Nancy와 이야기를 하려고 할 때 자신의 감정이 불안정했는지를 물었다. 그는 그랬다고 했다. Ted는 무엇을 말해야 할 지 몰라 어색함을 피하려고 "장난"을 쳤다고 했다. 나는 Nancy에게 Ted가 마음을 상하게 할 의도가 없었다는 것을 믿느냐고 물었다. 그녀는 믿지 않는다고 했고, "상처를 주려는" 의도가 분명했다고 했다. 나는 "Nancy의 아픔을 이해할 수 있겠느냐?"고 Ted에게 물었다. 그는 그렇다고 했다. 나는 Ted에게 이전에 Nancy가 장난을 받아들이지 못해 빈정거

렸던 적이 있었느냐고 물어 보았다. Ted는 이를 기억했어야 했는데, 그녀에게 상처를 줄 의도는 없었다고 했다. 나는 공동 로르샤하를 하는 동안 부부가 잘 지내는 것을 두려워했는지가 궁금했다. 부부는 모두 잘 되어가는 것에 대해 놀랐다고 했다. 이때 Nancy는 울음을 그쳤다. 가끔 부부가 잘 해 나갈 때도, 이미 서로에게 실망했던 부부는 좋은 시기를 즐기지 못하고 무의식적으로 거리를 둔다. 그래서 희망은 사라지고 다시 상처를 주게 된다.

Ted는 이 상황이 어떻게 일어났는지를 알았고, 자신의 발언은 "예전의 가족으로 돌아가려는" 시도였던 것 같다고 했다. Nancy는 심지어 이러한 일들이 일어나 끔찍할 때조차도 그렇게 했다. 그리고 Ted와 단절되는 것도 두려워하지 않았다. 그것은 그녀가 원하는 것이기도 했다. 나는 Ted가 악의가 없었다는 것을 알았다면, 어떤 일이 벌어질 것 같으냐고 Nancy에게 물었다. 그녀는 Ted가 느끼는 것을 알기 위해 그를 믿지 않을 것이고, 사람들과 함께 하는 것을 잘해야 한다는 자신의 개념도 바뀔 것이라고 말했다.

그때 나는 좌절했고, Ted를 옹호하는 듯한 기분을 느꼈다. 내 의도는 Nancy에게 그녀의 모습과 Ted의 어려움을 보여주려는 것이었다. 그런데 나는 "한 쪽에만 유리하게" 말하고 있었고, Nancy에게는 잔소리를 하고 있었다. 나는 그들이 통제적이고 비판적인 부모님을 둔 것 같다고 했는데, 두 명의 반응은 달랐다. Nancy는 환경을 조심스럽게 살폈고, 사람에 대해 고민이 많았다. 반면, Ted는 철수되어 있었고, 두꺼운 방어벽을 쳤다. 결론적으로 "물불 가리지 않는 난폭자"(둔한 사람)와 "공주와 완두콩"(민감한 사람)이 결혼을 한 것이었다. 어울리지 않는 한 쌍이었던 것이다.

**요약/논의 회기.** 나는 그 시점에 Nancy를 "잃었다."고 생각된다. Nancy와 Ted가 떠날 무렵, 나는 그녀가 혼란스러워했던 것을 기억한다. 그들은 몇 주 후에 요약/논의 회기에 왔다(Sara와 Louis는 참석하지 못했다). 나는 관계 문제의 균형을 잡고 체계적인 그림을 보여주려 했다. Nancy는 피드백 내내 울었다. 그녀가 울 때, 나는 정보가 그녀를 완전히 압도하고 있는지에 대해 의구심이 들었다. 그녀에게 내 예감-초반에 알았던 것보다 어린 시절에 훨씬 태만했고, "미해결된" 감정이 있었던 것-에 대해 어떤 생각이 드는지를 물어보았다. 그녀는 그것이 사실이라고 했다. 내가 Ted의 검사 결과를 검토하고 반응에 대해 질문했을 때, 그녀는 그것이 자신을 흔들었던 것 같다고 답했다.

**평가 후 피드백.** 요약 편지를 보낸 후에도 평가가 Nancy에게 얼마나 충격적이었는지 나는 몰랐다. Nancy의 개인치료자인 Louis를 통해 그녀가 편지를 받고 일주일간 몸져누웠다는 말을 들었다. 내가 Ted보다 자신에게 더 야박했고, 부부 문제와 Sam과의 문제에서도 자신을 비난했다고 Louis에게 불만을 표시했다. 나는 이 모든 것이 사실이 아니라고 했고, Louis와 Sara도 이를 확인해 주었다. 그리고 동료와 함께 보고서에서 균형 잡히지 않은 부분을 검토해 보았다.

이즈음 Nancy는 텍사스 심리위원회에 고소를 고려하고 있다고 Louis에게 말했다. 고소를 하지는 않았지만-Louis에 따르면-내가 그녀에 대해 쓴 글을 반론하기 위해 몇 달 동안 개인치료를 받았다고 했다. 처음에 Ted는 평가에 긍정적이었지만, 나중에는 이 평가가 제 값을 못한다며 절망에 빠진 Nancy편을 들었다고 했다. 부부는 Sara와 헤어졌고 새로운 부부치료자를 찾았다. 심지어 Ted는 치료자를 소개받으려고 여러 번 나와 만났다. 나는 Louis에게 Nancy

나 부부를 만나 -무료로- 평가 경험을 나누고 싶다고 했지만 그들은 거부했다. 최근 나는 Ted가 직장을 옮겨 가족 모두가 이사를 가게 된 것을 알게 되었다. 아마 다시는 Nancy와 만날 수 없을 것 같다.

## 교훈

이 평가를 시작하고 몇 달 동안 나는 Louis와 Sara, Paul Lerner 박사가 했던 것을 반복하고 있었다. 내가 그동안 알게 된 것을 소개하고자 한다.

### ▮▮▮ "신탁" 같은 전이를 조심해라

Shafer(1954)의 책은 평가 중에 생기는 전이에 대해 잘 기술하고 있다. Shafer는 치료자를 "현인"으로 보는 내담자를 주의하라고 했다. 나는 Nancy가 평가에서 받은 상처는 나를 이상화해서(부분적으로 Louis와 Sara가 만든) 생긴 것이라고 생각한다. Nancy는 Ted의 "나쁜 행동의 증거를 찾아" 내가 야단치기를 바랐던 것이다. 그래서 Nancy는 나를 이상화해서 추락할 여지를 만들었다.

다시 생각해보면, 나와 평가에 대한 Nancy(Sara와 Louis 또한)의 이상화를 떨쳐버리는데 나는 최선을 다하지 못했다. 평가가 도움이 될 수 있지만, 그렇지 않을 수도 있다고 말할 수 있었다. 그리고 요약/논의 회기에서 검사 점수가 "사실"이 아닐 수 있다고 이야기할 수도 있었을 것이다. 아마 그랬다면 Nancy는 들어서 좋을 것이 없었던 말을 쉽게 거부할 수 있었을 것이다.

## III Karpman의 삼각관계는 피하기 어렵다

당신 중 몇몇은 피해자와 박해자, 그리고 구조자 상호 간의 역할을 설명하는 Karpman의 "삼각관계"에 대해 들어 본 적이 있을 것이다(보기 13-3을 보라). Karpman은 내면화된 관계에 관한 "각본"의 힘에 대해 썼고, 그것이 활성화됨에 따라 이런 역할을 피하는 것이 얼마나 어려운 것인가에 대해 설명하였다. 돌이켜 보면, Nancy와 Ted는 자신을 피해자로 보았다. 그리고 Sara와 Louis 모두는 박해자로서 어려움을 겪었다는 것을 인정했다. Sara와 Louis도 그러했다. 나는 이상화된 구조자로서 상담에 초대되었다. 그리고 거리를 유지할 수 있을 거라 생각하면서 기꺼이 그 역할을 했다. 하지만 Karpman이 예언한 것처럼 평가에서 우리의 역할은 불안정했고, Nancy가 그것에 대한 –돌이켜 보면 Ted, Sara, Nancy 그리고 심지어 Louis의 숨겨진 주제였다– 자신의 역할을 바로 잡으려는 시도 때문에 나는 미묘하게 박해자 역할에 빠져 들었다. 나의 책임을 부정하고 싶지는 않다. 내가 박해자 역할을 한 것에는 이유가 있었다. 하지만 박해자로 행동한 시점에 Nancy의 희생자 역할이 확고해졌고, 그녀와 Ted는 서로를 끌어당겼다. 그리고 그녀가 나에게 보고하는 것을 두려워했을 때, Nancy와 나는 희생자 느낌을 받았다. "난 그저 도우려 했을 뿐이에요!"(Karpman의 구조자가 박해자로 변하고, 박해자는 피해자로 변하는 설명을 인용)라고 항변하는 나를 발견했다. 그제서야 내가 삼각관계 안에 있음을 깨달았고, 한 걸음 물러나 어떤 일이 일어났는지를 알 수 있었다.

**보기 13-3** Karpman(1986)의 "삼각관계"

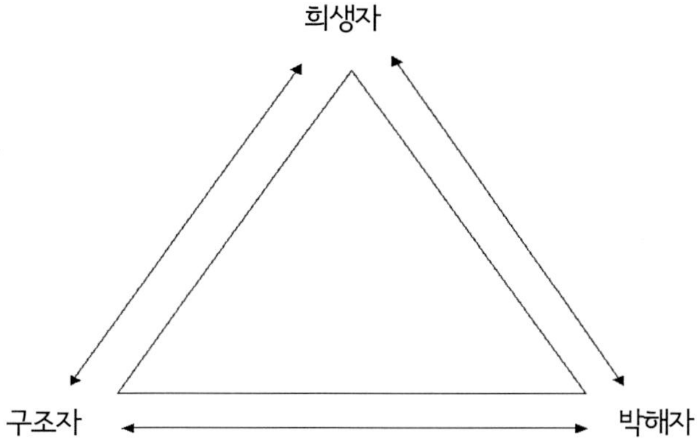


## III 마조히즘의 청산

이 평가 전에 나는 심리적 외상을 받은 내담자를 대상으로 한 연구에서 피해자 역할로 인해 표현될 수 있는 가학의 종류를 알고 있었다. 내가 피학-다른 사람에게 지배받는-의 다른 면을 이해하지 못했다는 것을 깨닫게 해 준 사람은 Paul Lerner였다. 이 사례를 Lerner와 의논했을 때, 그는 Nancy에 대한 여러 질문이-예를 들어 "내 약점은 무엇인가요?", "어떻게 해서 투사적 동일시에 빠지게 되나요?"-복잡했지만, 평가를 통해 답을 찾는 것을 도와달라는 질문은 아니었던 것 같다고 했다. Lerner가 설명했던 것처럼, 사실 그녀는 숙고할 준비가 되어 있지 않았고 "그녀를 두들겨 패라고" 나를 부른 것이다. 당신은 Nancy가 무의식적으로 (a) 대상관계 이론을 사실로 상정하는 것처럼 내가 정신적 충격을 주는 그녀의 초청을 받아들이기를 원한다고 믿을 수 있다. 혹은 (b) 통제-숙련 이론이 제안한 것처럼(Weiss, 1993) 내가 그녀의 초청을 거절함으로써 그 검사를 통과하기를 비밀스럽게 원한다고 생각할 수도 있다. 둘 다의 경우 내가 그녀를 해치려고 한다는 Nancy의 확고한 믿음에 빠져들었다면, 그녀는 자신의 "이야기"가 -그녀 스스로 찾은- 맞아 들어가는 것 같다는 것을 아는 달콤 쌉쌀한 안도감을 가졌을 것이다.

### Ⅲ 평가 질문에 숨겨진 동기

생각해보면 다른 결말이 날 수도 있다. 치료적 평가에서는 내담자에게 문제를 말해달라고 할 때, 그들이 문제의 답을 모두 받아들일 것이라는 가정을 해서는 안 된다. 내담자의 자기개념에 대한 피드백을 조심스럽게 할 때처럼, 나는 이것을 알았어야 했다. 하지만 더 큰 체계가 그것을 요구할 때, 특정 생각을 "담기가" 치료자에게 얼마나 어려운 지를 평가 전에 이해하기는 쉽지 않다. 이후로 나는 -평가 초기에- 평가 질문에 "최고의 답변"과 "최악의 가능성"에 대해 새롭게 질문하였다. 만약 이것을 Nancy에게 했었더라면 평가에서 생길 수 있는 외상에 좀 더 대비할 수 있었을 것이다(물론, 그녀가 이 질문에 솔직하게 답했다는 가정 하에).

### Ⅲ 의뢰한 치료자의 의견을 들을 때 신중하라

처음 말했던 것처럼 의뢰한 치료자들은 -Sara와 Louis- 다루기 힘든 정보를 마주하기를 바랐다. 나는 의뢰한 전문가의 숨겨진 의도를 아는 것이 복잡하다는 것을 알고 있었다(9장을 보라). 그러나 Sara와 Louis는 믿을만한 친구였기 때문에 그들의 좌절을 떠맡았다. 그리고 친구들을 도와주고 싶었기 때문에 더 걱정이 되었다. 앞으로는 내 친구인 전문가의 내담자를 평가할 때는 더 신중하게 할 것이다.

### Ⅲ 치료적 평가는 혼자 하기가 어렵다

마지막으로 내가 그동안 해온 것을 돌이켜 보면 겸허해질 수밖에 없다. 치료자와 내담자는 짧은 시간 강렬하게 연결되기 때문에 치료적 평가는 전문 지식을 가진 동료의 지원과 협력 없이는 쉽지 않다(Finn, 2002a). 치료적 평가에서 형성된 전이와 역전이, 그리고 애착은 강렬하다. 이는 치료적 평가가 효과적이라는 사실을 입증하는 것이기도 하다. 하지만 같은 이유로 문제가 될 수도 있다. 그래서 다른 사람의 지원과 도움이 필요하다. 만약 내가 다른 사람의 도움을 받았더라면 -Lerner 박사나 다른 사람- 실패하지 않고, Ted와 Nancy가 새로운 관점을 가질 수 있었을 것이다. 나는 여러분도 도움이 필요한지 알고 싶다. 이 경험은 자만심의 대가를 떠올리게 한다.

14

# 가족 개입을 위한 협력적 아동평가[1]

학교와 병원에서 부모나 가족 개입을 최소화해서 아동을 평가하는 것은 흔한 일이다. 외래에서는 부모가 관여하기 쉽기 때문에 부모와 협력하는 것은 필수적이다(예, 부모가 승낙하고 아이를 데려오고 비용을 지불하는 것). 그러므로 대부분의 평가자는 외래 평가에 부모를 참여시킨다. 예를 들면, (a) 시작 단계에서 부모와 면담하고, (b) 부모가 아동행동평가척도(Achenbach, 1991)나 양육스트레스척도(Abidin, 1995)를 작성하고, (c) 마지막으로 부모에게 피드백을 준다.

부모나 다른 보호자(예, 양부모, 조부모)가 참여하는 것은 아동평가에 도움이 된다. 이런 개입에는 여러 가지 방법이 있다. 기본 원칙은 아이 문제를 이해하기 위해 부모를 함께 작업하는 참여자-관찰자로 대하는 것이다. 최선의 방법은 부모와 보호자가 아이 문제를 공감하고, 도움이 되는 "이야기"를 하는 것이다. 부모가 적극적인

1 이 장은 성격평가학회에서 발표한 논문에 기초했다(Finn, 1997a).

협력자로 참여할 때, 평가자는 더 많은 영향을 줄 수 있다. 또한, 아이의 또래관계와 문제에 영향을 주는 가족역동을 알 수 있다. 이를 통해 평가자는 아이나 가족 문제를 체계적으로 개입할 수 있다. 이러한 접근은 아동심리평가가 강력한 가족체계 개입이라는 생각과도 일치한다(Fulmer, Cohen, & Monaco, 1985; Ziffer, 1985).

이제 부모-평가자 협력 작업에 대한 열 가지 방법과 체계적인 개입의 유용성을 살펴보자(보기 14-1을 보라).

## 1. 심리평가의 목표를 세우기 위해 부모와 작업하라

1장에서 설명했듯이 우선은 심리평가에서 다루고 싶은 문제가 무엇인지를 물으면서 평가를 시작한다. 첫 만남 때는 부모만 만난다. 이때 목표를 세운다.[2] 부모의 걱정을 주의 깊고 연민어린 마음으로 듣고, 현 문제에 대해 체계적으로 정보를 수집한다. 그리고 평가의 한계를 알려주고, 아이에게 영향을 줄 수 있는 가족의 대표로서 부모를 지지한다. 학교, 치료자 혹은 다른 전문가가 평가를 의뢰했을 때도 부모가 아이에게 가장 중요한 사람이라는 생각을 강조한다. 첫 만남 때는 아이를 집에 두고 오라고 한다. 첫 만남 때 6살짜리 아들과 남편이 함께 하는 게 좋겠다고 했던 엄마가 기억이 난다.[3] "우리는 아이와 모든 것을 얘기해요.", "아이는 이미 모든 걸 알고 있을 거예요." 하지만, 나는 아이와 따로 만나자고 했

2 나는 "부모"라는 단어를 썼지만, 조부모, 이모, 삼촌, 이전 부모나 다른 보호자가 아이들을 양육하기도 한다는 것을 안다.

3 이것이 나는 가족의 문제나 아이 보호의 문제가 아니고, 아이가 독립적으로 자라기 위해 필요한 것이라는 생각이 들었다.

고, 엄마는 아이를 집에 두고 와서 편하게 이야기 할 수 있어 좋았다고 했다.

### 보기 14-1 협력적 아동평가를 위한 열 가지 방법

1. 심리평가의 목표를 세우기 위해 부모와 작업하라.
2. 사춘기 아이에게 개인적인 질문을 하기 위해 부모와 의논하라.
3. 첫 만남을 위해 부모에게 아이를 준비시킬 것을 요청하라.
4. 부모에게 아이의 검사 회기를 관찰할 것을 요구하고, 그 후에 평가자와 관찰한 것을 논의하라.
5. 부모가 스스로 하거나 다른 가족의 도움을 받아 문제행동 자료를 체계적으로 수집하라.
6. 아이평가의 일부로 부모도 검사를 받을 지를 물어보라.
7. 아이평가의 일부로 한 번 이상 가족이나 부모-아이 회기를 실시하라.
8. 요약/논의 회기에서 평가 결과를 부모가 확인하고 수정할 것을 요청하라.
9. 학교나 치료자 혹은 의뢰인을 위한 보고서를 부모가 검토하고 현재 평가 결과를 다루는 데 도움을 요청하라.
10. 아이에게 평가 결과에 대해 구두나 서면으로 피드백 할 때 부모를 참여시켜라.

첫 만남에 오는 사람은 가족체계에 영향을 줄 수 있다. 아빠가 "일을 해서" 엄마가 약속을 잡는 경우, "남편이 꼭 참석해야 하는지"에 대해 질문하기도 한다. 나는 심리평가에 참여할 부모를 만나기 위해 가능한 모든 일을 한다. 예를 들면, 정서적으로 거리가 있는 부모가 아이 문제를 다루는 방법에 대해 동의하지 않는다는 것을 발견하는 것만으로도 많은 도움을 줄 수 있다. 이혼한 부모의 경우는 함께 만날 수 있을지를 묻는다. 그리고 부모의 협조와 동의 없이는 평가를 하지 않는다. 이런 태도는 아이를 이해하는 데 부모 모두가 중요하고, 이혼 후에도 아이의 정신건강과 관련된 일에 협력할 수 있도록 관계를 유지하는 것이 아이를 위해 좋을 것이라는 메시지를 전달해 줄 수 있다.

부모의 질문은 그 자체로 가족체계에 대한 좋은 정보가 된다.

다음 두 질문을 보라.

(a) "왜 Johnny는 거짓말을 하고 무책임한 거죠?", (b) "어떻게 하면 Aaron에게 도움이 될 수 있을까요?", "혹시 우리가 Aaron 문제의 원인이 되는 건 아닌가요?" 이런 질문은 아이뿐 아니라 부모에 대한 정보도 준다. 그리고 아이 문제와 관련 있을지 모를 가족 역동에 대한 정보도 준다. 첫 번째 질문에 대해 조부모는 Johnny가 "꼭 애 아버지(그들의 아들)가 했던 것처럼 문제가 있어요."라고 했다.

나는 그들이 개인적인 문제나 결혼생활의 문제, 그리고 부모로서 부족한 점을 회피하기 위해 Johnny에게 문제를 전가하고 있지는 않은지 의문이 들었다.

두 번째 사례에서는 Aaron의 부모가 과잉보호하는 것은 아닌지가 의심스러웠다. 나는 아이를 응석받이 행동이 덜 한 아이로 키우는 것을 목표로 평가를 했다. 부모 질문의 내용과 질문을 만드는 과정은 정보를 제공한다. 부모가 평가 질문지에 동의하지 않아 개별 문항 하나하나를 제시한 사례도 있었다. 부모가 "이해하지" 못하는 것도 아이 문제의 일부였다. 그래서 나는 부모 각자가 수용할 수 있도록 아이와 같은 수준에서 돕는 것을 목표로 정했다. 또한 부모의 한 쪽은 질문을 많이 하고 주도적이지만, 다른 한 쪽은 수동적으로 앉아있기만 하는 것도 흥미로웠다. 다시 말해 아이의 문제가 한 쪽은 과하고, 다른 한 쪽은 모자라는 부모의 행동과 관련된 것은 아닌지가 궁금했다.

부모에게 평가 질문을 하는 과정은 호기심을 불러일으키고, 걱정을 덜어주고, 아이에 대한 투사를 멈출 수 있게 한다. 이는 부모가 걱정을 표현하고 고민을 살펴보게 하고, 이것이 다뤄질 거라는 것을 아는 것만으로도 아이를 긍정적으로 보게 한다.

## 2. 사춘기 아이에게 개인적인 질문을 하기 위해 부모와 의논하라

아이의 나이가 많으면(예, 13살 이상), 부모가 스스로 평가 질문을 할 것인지를 부모에게 묻고, 아이가 답한 내용을 피드백 후에 공유한다. 원치 않는 경우는 비밀로 한다. 나는 평가에 협조하게 할 방법으로 이렇게 했는데, 이것은 그 자체로 가족 개입이 되었다. 분명 이런 접근은 차이와 분리를 촉진시킨다. 아이가 비밀을 가지는 데 반대했던 한 부모가 있었다. 나는 청소년기에 자율성을 갖고자 하는 10대의 욕구에 대해 부모에게 이야기했다. 결국 부모는 나의 계획에 동의했다. 흥미롭게도 아이는 협조적이었고 덜 반항했다. 가족들은 이것만으로도 감명을 받았다.[4]

4 청소년 평가에서 나는 첫 회기에 부모와 아이 모두를 참여시킨다. 그 다음에는 청소년과 부모와 따로 만난다. 일반적으로 부모의 평가 질문을 청소년과 함께 하지만, 반대로는 하지 않는다. 이것은 청소년이 보다 취약하기 때문인데, 특히 부모가 검사를 받지 않을 때 하는 방식이다.

## 3. 첫 만남을 위해 부모에게 아이를 준비시킬 것을 요청하라

두 번째 회기 때는 부모와 아이가 함께 한다. 만나기 전, 부모가 평가 목적을 아이에게 설명하도록 한다. 부모는 아이에게 무엇을 하게 될지를 설명하고, 상담을 받고 싶은지를 묻는다. 적절하다면 자녀와 함께 의논하는 방법을 부모에게 교육한다.

이는 가족과 잠재적 개입 대상에 대한 정보를 준다. 자녀가 기분상하는 것이 두려워 평가의 진짜 목적에 대해 자녀에게 말하지 않았던 가족이 있었다. 그리고 그들은 아이가 심리학자를 만나는 것을 부끄러워하지 않게 내가 집에 와서 가족 중 누군가의 친구인 것처럼 해 달라고 요청했다(예상할 수 있듯이, 부모는 자녀 때문에 수치심을 느끼고 있었다). 그리고 비정상적인 삼각관계가 심했던 가족의 사례도 있었다. 아빠는 아들에게 다음과 같이 말했다. "엄마는 네가 학습장애가 있다고 생각해. 물론 아빠는 그렇게 생각하지 않아. 어찌됐든 너는 검사를 받게 될 거야." 다른 사례에서는 별 문제가 없어 상담을 받을 필요가 없었음에도 딸이 마약이나 꺼내기조차 무서운 일을 할까봐 두려워 평가를 받으러 온 부모가 있었다. 그들은 평범한 청소년기의 행동을 오해했고, 일부는 부모가 십대 때 마약을 했기 때문이라는 것을 알게 되었다. 대화를 하자 신뢰는 회복되었다.

부모에게 아이와 평가 결과에 대해 의논해서 "크게 문제가 될 것은 없다."라는 메시지를 보낼 수도 있다. 그리고 "설명도 없이 평가에 오면 아이가 무서워하거나 혼란스러울 수 있습니다. 아이는 왜 검사를 받으러 왔는지에 대해 들을 권리가 있어요."라고 말하면서 아이를 존중하고 공감한다. 마지막으로 부모에게 교육할 때는 검사 목적에 대해 아이에게 자세히 알려 주라고 한다. 예를 들어, "우리는 네가 왜 우울한지를 알고 싶어." 보다는 "우리는 네가 왜 우울한지, 그리고 가족들이 너를 어떻게 도울 수 있을지를 알고 싶단다."라고 말한다. 일방적인 대화는 가족을 변화시킬 수 없다. 하지만, 가족들은 대화를 통해 소통할 수 있다.

## 4. 부모에게 아이의 검사 회기를 관찰할 것을 요구하고, 그 후에 평가자와 관찰한 것을 논의하라

이것은 내가 Fischer에게서 빌려온 방법이다(1985/1994). 늘 가능하지는 않아도(예, 청소년이나 과도하게 개입하는 부모와 함께 할 때), 이는 부모관찰 평가 회기에 도움이 된다. 일방거울이나 폐쇄회로 카메라 또는 따로 떨어져 아이를 관찰하는 것도 좋다. 부모가 나가면 지켜보고 있다는 것을 아이에게 알린다. 그런 다음 부모와 나는 기록한 것을 비교하고, 관찰한 것을 묻는다. 아이가 혼자 있지 못할 만큼 어리다면, 회기가 끝난 후 전화를 걸어 부모와 이야기를 나눈다.[5]

부모가 검사 회기를 관찰하는 것은 자율권을 주고, 심리평가 과정을 이해하게 해줄 뿐만 아니라 자녀에 대한 질문에 답할 기회를 제공한다(협력평가에서 생각해보지 않았던 것을 직접 해석하는 것보다 내담자와 함께 통찰하는 것이 도움이 된다는 것을 기억하라). 부모가 평가 회기를 관

5 아이들이 부모가 자신을 관찰하고 있다는 것을 아는 것이 그들을 억제하게 만들어 평가가 방해받을 것이라는 점은 괜한 걱정이 아니다. 만약 내가 이런 일들이 특정 사례에서만 일어난다고 믿었다면, 부모의 관찰행동을 중단시켰을 것이다. 그러나 내가 어린 아동과 경험한 바로는, 그들은 부모의 관찰로 인해 행동이 특별히 달라지는 것 같지는 않았고, 관찰을 부모가 들어주었으면 하는 자신의 '메시지'를 보내는 기회로 이용하였다. 그래서 나는 부모를 더욱 확실하게 이해시킬 수 있었다.

찰할 때, 이것은 자녀에게 투사하고 있는 부모의 "지각 수준"에 개입할 기회가 된다. 우울한 12살 아들에게 Bender Gestalt Test를 실시하는 것을 지켜봤던 어머니 사례가 기억이 난다. 소년은 자신을 비난했고 과제를 못하겠다고 했다. 어머니와 나는 다음과 같은 대화를 나누었다.

어머니: 얼마나 교활한지 보셨죠? 쟤는 늘 이런 식이에요.
Steve: 잘 모르겠는데요. 어떤 게 교활하다는 거죠?
어머니: 어째서 도형을 그릴 수 없다고 하는 걸까요. 너무 게을러요! 집안일을 하라고 할 때 하기 싫어하는 것과 비슷하죠. 쟤는 떠받들어 주기만을 바래요.
Steve: 그런가요? 제 생각은 다른데. 아이는 실패할까봐 두려워하는 것 같아요. 그래서 뭔가를 피하려는 거죠. 자신의 능력을 확신하지 못하는 것처럼 보이는데요.
어머니: 정말요? 저는 한 번도 그렇게 생각해본 적이 없어요.
Steve: 글쎄요. 저도 확신할 수는 없지만 아이가 우울하다는 생각이 드네요. 슬프고 피곤해 보이지 않나요?
어머니: 잘 모르겠는데요. 그냥 평범한데요.

이런 상호작용을 할 때는 자기가 옳다고 주장하지 않도록 주의한다. 그 이유는 평가자가 틀릴 수도 있기 때문이다. 그러나 사건에 대해 다른 해석을 해 보는 것만으로도 자녀를 따뜻하게 보는데 도움이 된다.

또 놀라운 것은 아이와 부모가 직면한 문제로 고민하고 있는 것을 보면, 부모는 자신이 무능하다고 느낀다. 몇 해 전에 한 어머니가 5살짜리 딸이 자신이 원하는 것을 못하게 되어 분노 발작을 일으켰을 때, 어떻게 다루는지를 나는 지켜봤다. 어머니는 "나만 그러는 게 아니다."라는 것을 알고 안심을 했다. 어머니와 나는 아이가 이런 상태에 있을 때 무엇을 하고, 무엇을 하지 말아야 하는지에 대해 적어 보았다. 한참 뒤 어머니는 평가가 "돈을 지불할 만한 가치가 있네요."라고 말했다. 왜냐하면 친척들과 선생님은 아이의 짜증이 전적으로 어머니의 잘못이라고 말해왔기 때문이었다. 결국 어머니는 한계를 정하고, 짜증을 낼 때 무시함으로써 아이의 마음을 진정시킬 방법을 찾았다. 다행히도 어머니는 집에서도 이 방법을 적용할 수 있었다.

마지막으로 부모가 평가 회기를 관찰하면, 전후사정을 생각하게 되어 아이에 대한 편견을 바꿀 수 있게 된다. 예를 들어, 나와 있을 때는 얌전하고, 집에서는 반항적인 아이와 상담을 하게 되었다. 그런데 부모는 "당신과 있을 때는 얌전하다는 것이 믿기지가 않아요. 학교에서는 천사 소리를 듣는데 도대체 믿을 수가 없어요. 우리가 뭔가 잘못하고 있는 건가요?"라고 나에게 물었다. 나는 부모에게 치료 시간과 학교에서의 차이가 무엇인지를 생각해 보게 했다. 그리고 그 중 어떤 것을 집에서 적용할 수 있을지에 대해 의견을 나누어 보았다.

## 5. 부모가 스스로 하거나 다른 가족의 도움을 받아 문제행동 자료를 체계적으로 수집하라

가족 내에서는 발생하고 평가 회기에는 보이지 않는 문제행동이 있을 때, 부모와 다른 가족은 객관적인 관찰자가 되어 유용한 정보를 줄 수 있다. 예를 들어, 문제가 있기 전에 어떤 일이 있었고, 부모가 어떻게 반응했으며, 이후에는 어떤 일이 일어났는지를 살펴볼 수 있다. 그런 후 평가 질문에 대해 다른 정보를 줄 수 있는 사람과 연락을 해 본다. 이렇게 "공동 조사관"으로서 자료 수집을 요청받을 때, 부모는 아이에게 더 관심을 가지고, 덜 예민해지고, 고민을 손쉽게 다룰 수 있는 통찰력이 생긴다.

이는 가족이 변할 준비가 되었음을 평가하는 간접적인 방법이 된다. 예를 들어 아이의 발달력을 얻기 위해 소아과의사에게 연락할 것을 부모에게 요청했지만, 부모는 계속 이것을 잊어버렸다. 부모는 이 간단한 일조차 힘이 들었고, 여러 책임에 압도당하고 있었다. 그제서야 우리는 변화를 위한 에너지가 얼마나 부족한지에 대해 이야기할 수 있었다. 우리는 이러한 현실을 고려해야 한다. 어떤 가족은 무슨 일이 일어나고 있는지를 알기 위해 "아무 일도" 하지 않았다. 그들은 단지 아이를 "데려다 주고" 내가 아이 문제를 해결해 주기를 원했다. 이러한 태도가 의아했지만, 그들이 보모가 양육하는 부유한 가정에서 자랐다는 것을 알게 되었을 때 비로소 이 행동이 이해되었다. 그들은 자신의 아들과 친밀해지고 싶었지만 자신의 부모를 닮은 태도를 버리지 못했던 것이다.

부모에게 정보를 요구하면 때로 가족의 친밀감이 변할 수 있다. 몇 해 전 나는 야뇨증이 있는 10살짜리 소녀를 평가했다. 나는 저녁 식사 후 물 섭취량과 야뇨증 빈도를 기록할 것을 부모에게 부탁했다. 그러기 위해 부모는 저녁에 아이에게 관심을 가져야 했다. 놀랍게도 야뇨증은 감소했다. 아이는 하루 종일 일하고 돌아온 부모의 무관심한 행동에 소외감을 느꼈던 것이다. 즉, 야뇨증은 부모의 관심을 끄는 방법이었다.

다른 예로 심한 분노 발작이 있는 6살짜리 아이와 어머니를 만난 적이 있었다. 소년은 어머니의 약물 문제로 태어나자마자 4년 동안 외할머니가 양육을 했다. 그동안 아이와 어머니는 외할머니를 만나지 않았었다. 나는 어머니에게 아이의 초기 발육에 대한 정보를 얻기 위해 외할머니에게 연락을 해 볼 수 있냐고 물었다. 전화는 가족 모두를 친밀하게 했고(긴밀하게 연락할 수 있었고), 결국 어머니와 아이는 도움을 받았다. 내가 조부모에게 전화를 했다면 이런 일은 일어나지 않았을 것이다.

## 6. 아이평가의 일부로 부모도 검사를 받을 지를 물어라

어떤 평가자는 부모가 협조적이면 그들도 검사를 받게 한다. 나는 부모 검사를 항상 하지는 않지만, 검사를 위협적으로 느끼는지를 알아본다. 이것을 아는 방법은 검사에 대한 부모의 질문을 살펴보는 것이다. 질문이 아이에게 초점이 맞춰져있다 해서 부모의 성격이 아이 문제에 영향을 준다고 하기에는 비약이 있다. 하지만, 어떤 부모는 “우리가 Amy를 위해 할 수 있는 게 무엇일까요?”라고 묻기도 한다. 이런 질문은 아이 문제에 대해 부모가 개방적이라는 것을 보여준다. 또한, 이것은 부모의 성격, 영향력과 노력을 평가하는 데 도움이 된다. 따라서 나는 부모에게 평가 질문을 생각하게 하고, 쉬운 말로 논리적 근거를 알려 준다. “당신이 할 수 있는 것에 대해 생각해 보는 것은 당신의 성격과 아이의 성격이 얼마나 상호작용 하는지를 아는 데 도움이 될 거예요.”, “저는 아이 문제가 당신에게 어떤 영향을 미치는지 알고 싶어요.” 또한 부모검사가 아동검사의 일부라고 말하고, 내 요청을 덜 개인적인 것으로 받아들이도록 한다.

부모가 검사 요청에 어떻게 반응하느냐는 아이 문제에 대한 설명을 받아들일 준비가 되었는지에 대한 정보를 준다. 만약 부모가

"내 MMPI-2 결과가 Johnny의 두통에 대해 뭘 알려준다는 말이죠?"라고 물으면, 차분하게 설명해 준다. 그렇지 않으면 부모가 아이의 두통에 대해 체계적으로 접근할 수 없다고 생각한다. 짐작하듯 요약/논의 회기 전에 이것을 하면 좋다.

부모가 검사에 참여하면 평가는 아이가 어느 정도 안정감을 찾는 단계를 지나게 된다(따로 아이가 편안한 마음을 가질 수 있도록 해 줄 필요는 없다). "엄마 아빠도 검사를 받고 있다."는 것을 알고 난 후 증상이 감소하는 아이도 있다. 확실히 부모검사 결과는 아이에 대한 부모의 투사나 투사적 동일시, 그리고 소통의 문제를 생각해 보게 한다. 몇 년 전에 나는 온화한 아버지와 말썽쟁이 8살짜리 아들을 평가했었다. 로르샤하에서 아버지는 폭발하고 있는 물체를 보았는데, 나는 아버지가 아들에게 분노를 표현하고 있다고 생각했다. 다른 사례에서는 엄마가 성취 수준이 낮은 아들이 의기소침한 것을 걱정하고 있었다. 반면, 검사 결과는 그렇지 않았다. MMPI-2 결과는 오히려 엄마가 심한 우울을 겪고 있다는 것을 나타내었다. MMPI-2 프로파일을 엄마에게 보여주었을 때, 그녀는 자신이 도움이 필요하다는 것을 깨달았다. 결국, 엄마가 심리치료자를 만난 후 아들은 잘 지내게 되었다.

## 7. 아이평가의 일부로 한 번 이상 가족이나 부모-아이 회기를 실시하라

아이에게 문제의 원인이 있는 경우를 제외하고, 나는 거의 모든 아동평가에서 부모-아이 회기를 실시한다. 가족 회기는 검사 초반에 하는 공동 회기만이 전부가 아니다. 그래서 나는 형제자매, 조부모, 그리고 다른 친척과 집에 사는 모든 가족을 회기에 참여시킨다. 공동 로르샤하(12장을 보라), 휴가나 예술 프로젝트 같이 함께 하는 과제를 가족에게 주기도 한다. 또는 함께 놀거나 현재 문제에 대해 이야기 해보게 한다. 나는 가족들이 함께 있을 때 "어떤 일이 일어나는지"를 보고 싶었다.

가족 회기는 가족의 역동을 관찰할 수 있는 좋은 기회가 된다. 예를 들어 악몽을 자주 꾸고, 로르샤하에서 외상내용지표(Armstrong & Lowenstein, 1990; Kamphuis et al, 2000)가 높았던 한 아이가 있었다. 결과에서 아이는 외상 사건을 경험했을 가능성이 시사되었다. 부모는 무슨 일이 일어났는지를 몰랐다. 그러나 부모가 없을 때 형이 동생을 괴롭힌다는 사실이 밝혀진 것은 대기실에서 상호작용이 잘 되지 않는 것을 관찰하고 몇 가지 질문을 하고 난 후였다. 아무도 이렇게 충격적인 일이 있었는지를 몰랐다.

가족 회기는 가족 내에서 아이의 문제를 확인하고, 분석하며, 가족의 영향을 살펴볼 기회가 된다. 하루 종일 졸립다고 불평하는 아들을 둔 한 부모와의 평가가 생각난다. 의사는 아이에게 의학적 문제는 없다고 했다. 선생님은 아이가 학교에서는 멀쩡하다고 했다. 검사 회기에도 집중을 잘했다. 하지만 가족 회기에서는 졸았다. 아이는 부모와의 관계에서 불안이 있었다. 즉, 아이는 가족과의 상호작용을 의식하지 않으려고 무의식적으로 졸았던 것이다.

마지막으로 가족 회기는 가족의 문제를 분석하여 아동검사의 마지막 단계에 이용할 수 있다. 한 가지 유용한 방법은 집에서 문제가 되는 장면을 재연해보고, 역할 연기를 해보는 것이다. 이때 아이의 관점을 공감할 수 있도록 부모에게 아이 역할을 해보게 한다. 그리고 문제행동에 대한 해결책을 고민해보게 한다. 다른 개입에서처럼 내담자가 성공할 때까지 평가자와 가족은 새로운 방법을 수정해간다.

기억에 남는 사례가 있었다. 10살인 James는 심하게 화를 냈고, 가족이 아끼는 물건을 부숴버렸다(예, 가보 시계). 아버지는 이런 상황이 되면, 어머니가 혼자 처리하도록 내버려둔 채 침실로 갔다. 나는 가족에게 그 장면을 역할극으로 해보게 했고, 아버지와 아들에게 역할을 바꿔 보도록 했다. 아이가(그의 아버지를 연기하고 있는) 침실에 있을 때, 나는 “무슨 생각을 하고 있어요?”라고 물었다. 아이는 대답했다. “James가 태어나지 않았으면 좋았을 텐데. 그럼 결혼은 하지 않았을 거예요. 나는 내 삶이 싫어요!” 나는 이것이 아버지의 진심이라는 것을 알았다. 그러나 아이가 그 말을 했을 때 모두가 놀라 할 말을 잃었다. 나는 아버지에게(James를 연기하고 있는) “아버지한테서 필요한 것이 무엇이니?”라고 물었다. 그는 바로 대답했다. “아버지가 나를 진심으로 사랑하는 거요.” James와 아버지는 울었고 서로를 껴안았다. 이것은 가족에게 긍정적인 변화를 가져왔다.

## 8. 요약/논의 회기에서 평가 결과를 부모가 확인하고 수정할 것을 요청하라

나는 부모와 아이 모두에게 검사 피드백을 한다. 보통 부모와 먼저 만난 다음에 아이와 부모를 함께 만난다. 청소년과 함께 할 때는 예외이다. 청소년과는 따로 결과를 이야기하고 질문에 답한다. 그런 후 부모와 만나고, 아이에게는 회기 참여의 선택권을 준다. 치료적 평가의 모든 요약/논의 회기에서 그렇듯(1장을 보라), 내 생각을 가설로 보고 자녀의 이야기에 부모가 동의하느냐에 따라 가설을 정리한다. 그리고 부모에게 내가 말한 것을 입증하고 수정하거나 거부하라고 한다. 그런 다음 부모와 나는 평가 동안 부모가 관찰한 것과 새로운 사건을 다시 다룬다.

이 사례는 화를 내고 물건을 부셨던 James와 그의 부모가 함께 한 요약/논의 회기의 일부이다.

Steve: [로르샤하 결과를 보며] James의 결과는 자신을 우울하고 끔찍하다고 생각한다는 것을 보여줘요. 잉크반점에서 모두 죽거나 다친 것으로 보았다는 것을 기억할거예요.

아버지: 그렇다면 아이의 화를 어떻게 해야 하죠?

Steve: 몇 주 전에 제가 화로 우울을 표현하는 아이에 대한 글을 줬던 걸 기억하나요?

아버지: 네. 아이가 전혀 우울해보이지 않았어요. 아이는 화가 난 것 같았어요.

Steve: 네.

어머니: James는 아마 마음이 아팠을 거예요. 우리는 처음에 아이를 원하지 않았어요. 나는 계속 낙태를 했지만 결혼하기로 했어요.

아버지: 전 James가 모든 것을 알고 있다고 생각지는 않아요. 그렇죠?

Steve: 아이가 유산에 대해 모를 수도 있죠. 하지만 역할극에서 당신이 아이를 갖지 않았으면 좋았을 거라고 생각했다는 것을 James가 알았고, 그것이 아이를 사랑하지 않는다고 생각하게 했다는 걸 보여줬어요.

아버지: 제가 좋은 모습을 보여주지 못했네요.

어머니: 그래도 이번 주에는 많이 노력했잖아요.

Steve: 얼마나 효과가 있던가요?

어머니: James와 함께 했던 몇 달 중 최고였어요.

Steve: 아버지의 불행에 대해 James가 자신을 탓한 것은 어떻게 되었는지가 궁금하네요.

Fisher가 썼던 것처럼(1985/1994), 평가 피드백은 필수적이다. 가설은 충분히 고려되어야 하고 사례와 관련되어야 한다. 모든 참가자는 자신의 관점에서 아이를 이해하고 정보를 제공할 수 있어야 한다. 부모가 "아이를 잘 이해하고" 문제에 관해 일관성 있게 다가갈 때 비로소 다음 단계로 진행할 수 있다.

이러한 접근에서는 부모와 평가자, 그리고 그들의 문화적 차이를 인정해야 한다. 평가자가 듣고, 질문하고, 다른 관점을 제안하는 동안 부모는 가족과 아이에 대해 다른 의견을 제시할 수 있다. 반대 성에 흥미가 있었던 한 소년이 있었다. 백인 어머니는 여자아이 옷을 입고 학교에서 놀림 받는 소년을 걱정했다. 북미 원주민 출신 아버지는 소년의 행동을 크게 고민하지 않았다. 원주민 부족에서는 여성적인 것에 흥미가 있는 남자는 영적 세계에 가까운 것으로 생각되었기 때문에 "특별하게" 여겼다. 논의 후 부모는 오히려 아이가 학교에서 괴롭힘을 당하는 것이 핵심 문제라는 것에 동의했다. 우리는 담임선생님과 교장선생님과 함께 개입을 준비했고 부모와 작업을 했다.

## 9. 학교나 치료자 혹은 의뢰인을 위한 보고서를 부모가 검토하고 현재 평가 결과를 다루는 데 도움을 요청하라

공동 평가에서 이것은 치료적 효과가 있다. 나는 학교, 치료자 또는 다른 의뢰인을 위해 쓴 보고서를 부모가 검토한 후 의견을 달라고 한다. 보통은 부모와 내가 수용할 때까지 보고서를 함께 수정한다. 학교에 제출할 평가 보고서를 쓸 때도 함께 작업한다.

이 방법은 자녀에게 지지가 될 수 있다. 예를 들어, 다음과 같이 물을 수 있다. “선생님이 권고사항을 받아들일 것 같으세요?”, “이것이 치료에 좋은 목표가 될 수 있다고 했는데, 목표를 달성하려면 아이를 이해하는 방법을 생각해야 하지 않을까요?”

공동 작업은 부모와 아이의 연결망에 있는 구성원 간의 관계를 촉진시킨다. 한 예로 부모, 선생님과 함께 평가 결과를 나눈 후 교장선생님은 이렇게 말했다. “저는 이제껏 보고서가 마음에 든 적이 없었는데, 오늘은 참 좋았어요.” 아울러 부모는 내가 교사, 치료자와 상호작용 하는 것을 배울 수 있게 된다.

## 10. 평가 결과에 대해 아이에게 구두나 서면으로 피드백 할 때 부모를 참여시켜라

나는 항상 아이에게 평가 피드백을 한다. 너무 어린 아이에게는 평가 피드백을 은유적으로 한다. 이야기를 바꿔보고, 그림도 그려보게 한다(이런 방법의 예는 다음을 참고하라. Fisher, 1985/1994; Becker, Gohara, Marzilda, & Santiago, 2002). 보고서를 쓸 때는 부모와 공동 작업을 하고, 아이에게 보여 주기 전에 초안을 읽고 수정해 보도록 한다. 아니면, 회기에 아이를 참석시키거나 소리 내어 읽어줄 수도 있다.

부모를 피드백에 참여하게 해서 치료자보다 더 많은 영향을 아이에게 줄 수 있다는 것을 알게 한다. 부모가 보고서 작성에 참여하면, “아이에 맞게” 도움을 줄 수 있다. 예를 들어, 한 어머니는 이렇게 말했다. “내 생각엔 이야기에 표범을 넣는 게 좋겠어요. 아이가 표범 책을 좋아하거든요.”

부모의 제안에 이렇게 답할 수도 있다. 왜 우리가 행복한 결말을 맺어야 하는지. "저는 행복한 결말이 Johnny가 갖고 있는 불안을 무시한다고 생각해요. 아이가 잘 모르는 어떤 일이 있다는 것을 알게 하면서 희망을 주는 건 어떨까요?"

마지막으로 피드백 보고서가 공동의 결과물이고, 부모가 함께 했다는 것을 알면 아이는 보고서를 더 잘 받아들이게 된다.

## 결론

4장에서 논의했던 것처럼, 부모가 공동 평가에 참여해야 하는 여러 이유가 있다. 인본주의나 철학적 이유, 그리고 이것이 평가에 대한 내담자의 협력을 촉진하기 때문에 그렇게 해야 하는 지도 모른다. 나는 아동평가에 부모가 적극적인 공동 협력자로 참여해야 하는 중요한 이유가 있다고 믿는다. 그렇게 함으로써 아이 문제를 전체 맥락에서 이해할 수 있고, 가족 내에서 함께 작업함으로써 효과적이고 지속적으로 변화를 이끌어 낼 수 있다. 이 장에서 설명한 것은 아이와 가족이 함께 하는 치료적 평가의 기초가 된다. 나는 가까운 미래에 이런 평가의 복잡성과 문제점에 대해 더 이야기 할 기회가 있기를 바란다.

15

# 대학원에서 치료적 평가 가르치기[1]

나는 1984년부터 1992년까지 Austin의 Texas대학 심리학과 교수로 임상심리학을 전공하는 대학원생들에게 성격평가 필수 과정으로 치료적 평가의 이론과 기법을 가르쳤다. 이 강의는 이론과 실제에 기초했고 실습도 있었다. 학생들은 성격검사 연구와 이론을 익혔고, 검사법을 배웠으며, 엄격한 지도 하에 실습을 했다. 나는 학생들에게 평가 방법을 배울 것이고, 다른 중요한 평가(심리검사에 대한 지식과 임상심리학자가 되는 것이 적합한지의 여부)도 할 것이라고 말했다. 학생들에게 실시한 평가는 임상 평가 상황과 비슷했다. -내담자는 원치 않는 검사를 하고, 결과는 자신의 삶에 중요한 결정을 하는데 사용될 것이라는 것을 알았다-

1 이 장은 이전에 출판된 성격평가의 교수 학습(Handler & Hilsenroth, 1998)의 일부(Finn, 1998)에서 발췌했다.
초안에 조언을 해준 Jim Durkel과 어떻게 심리평가를 가르칠 것인가를 알게 해준 학생들에게 고마움을 전한다.

학생들의 성격특성, 임상기술, 검사지식에 대한 평가는 계속 이 분야를 공부할 것인지를 결정하는데 영향을 주었다. 학생들은 이에 대해 알고 있었고, 강의를 잘 이수해야 한다는 압박을 받았다. 이 때문에 학생들은 신중하게 질문하고 행동했다. 강의에서 평가하는 항목은 내가 부드럽고 인간적인 선생이기보다는 두렵고 전능한 권위자로 보이도록 전이 상황을 만들었다. 나는 내담자와 상호작용하는 원리로 가르칠 때 학생들이 스트레스를 더 잘 다룬다는 것을 알았다. 나는 "가르친 대로 실천할 수" 있었고, 학생들은 치료적 평가를 배우고 경험할 수 있었다. 나는 몇 년간 다른 것은 바꿨어도 이것은 꼭 강의 양식에 포함시켰다.

## 대학원생에게 적용하는 치료적 평가의 원칙

치료적 평가의 기본 원칙은 다른 곳에서도 기술하였다(Finn, 1996b, Finn & Tonsager, 1997). 성격평가를 대학원 강의에 적용하기 위한 원칙은 다음과 같다.

(1) 성격평가 대학원 강의는 학생들에게 도전과 불안을 유발한다. 다른 분야에서 잘 다루지 않는 대인관계와 정서기술, 사고방식 등을 다룬다. 학생들에 대한 교수의 평가는 중요한 결정에 사용된다. 이런 점에서 학생들은 불안할 수 있다.

(2) 성격평가 대학원 강의는 교수에게도 도전이 된다. 이 강의는 (a) 정보를 제공하고, (b) 학생들에게 성격특성에 대한 피드백을 주고, (c) 내담자의 상호작용 모형을 만들고, (d) 학생들이 내담자와 상호작용 하는 것을 돕는다. 이런 역할 때문에 교수는 불안할 수 있다.

(3) 학생들과 교수가 긴장하면, 교수는 모든 것을 아는 전문가 역할을 하고 학생은 공손하고 수동적인 초보자 역할을 한다.
(4) 학생들은 강의 중 행동의 어떤 점이 평가될지, 어떤 과정으로 평가할지, 그리고 강의가 끝난 후 결과가 어떻게 영향을 줄지를 알 권리가 있다. 이런 정보는 학생들의 불안을 줄여 준다.
(5) 교수는 강의에서 학생들의 목표와 요구를 알 책임이 있다.
(6) 교수는 학생들을 협력자로 대하고 강의에 잘 참여하면 혜택을 준다.
(7) 강의가 학생들의 개인적이고 직업적인 목표를 다룰 때 학생들은 최선을 다한다.
(8) 교수가 강의 목표를 알려주고 학생들이 협력자로 행동하면, 불안은 줄어들고 동기가 높아진다. 그러면 자신의 능력을 잘 발휘할 수 있게 된다.
(9) 교수는 강의 도중 학생들에게 피드백을 함으로써 수행 부진을 알린다.
(10) 교수가 학생들을 지지하면 긍정적으로 느끼고 희망을 가지게 된다.
(11) 성격평가 강의는 학생들의 삶에 영향을 줄 수 있다.
(12) 성격평가를 가르칠 때 협력적으로 접근하면 교수는 가르치면서 배울 수 있고, 임상기술을 연마하고 도전할 기회도 얻을 수 있다.

## 치료적 평가의 강의 흐름도

보기 15-1은 치료적 평가의 강의 흐름도이다.

## Ⅲ 1단계 - 평가 질문을 만든다

치료적 평가를 시작할 때 평가자는 내담자의 목표를 확인하고, 평가 동안 사용할 질문을 만드는 것을 도와주면서 협력자 역할을 한다(Finn, 1996; Finn & Tonsager, 1997). 내담자는 원치 않는 평가에서(법원명령평가, 장애평가, 인사심사평가 등) 평가 목표를 세우는 것을 꺼린다. 심지어 정보가 그들의 생각과 다르게 사용될 경우는 평가 질문을 하는 것조차 위협으로 느낄 수 있다. 이러한 경우는 내담자의 질문을 비밀로 하겠다는 동의를 받는다(Finn & Tonsager, 1997).

대학원 강의에서 교수는 학생에게 다음과 같은 질문을 한다.

(1) 성격평가 이론에 대한 지식이 있는가?
(2) 임상의 상황적 요소를 얼마나 잘 개념화 했는가?
(3) 성격검사 실시에 대해 잘 알고 있는가?
(4) 평가 보고서를 얼마나 잘 작성했는가?
(5) 기본 임상기술은 어느 정도인가? - 예를 들어 공감, 적극적 경청, 적절한 거리 유지 능력 등
(6) 교수에게 어떤 피드백을 받았는가?
(7) 앞으로 임상심리학자로서 염려되는 부분이 있는가?
(8) 임상 실습 준비가 되어 있는가?

나는 학생들에게 기말 보고서를 제출하기 전에 이 질문에 관한 답에 대해 논의할 것이라고 말했다. 그리고 학기 동안 도움이 될 만한 질문을 추가하라고 했다. 이 질문과 답은 동의 없이 임상수련위원회에 공개하지 않을 것이고, 추가 질문은 강의평가에 영향을 주지 않을 것이라고 했다. 나는 작년에 했던 질문의 예를 들어 주었다("왜 내담자와 성에 관한 주제를 다루는 것이 힘들까요?", "좋은 치료자가 되

기에 제가 수줍음이 많은가요?"). 마지막으로 학기 중 어느 때나 이 질문에 대해 논의할 수 있고, 메모로 내 우편함에 넣을 수 있다는 것을 알려주었다.

**보기 15-1 치료적 평가 강의 흐름도**

- 1단계 평가 질문을 만든다.
- 2단계 강의 약속을 한다.
- 3단계 평가 과제를 설명하고 개념화한다.
- 4단계 평가 과제를 제시한다.
- 5단계 교수에 대해 평가와 피드백을 한다.
- 6단계 평가 과제에 대해 역할극을 한다.
- 7단계 내담자와 평가 과제를 실시한다.
- 8단계 과제에 대해 피드백을 받는다.
- 9단계 과제를 수정한다.
- 10단계 다른 내담자에게 평가 과제를 반복한다.
- 11단계 강의 요약/논의 시간을 마무리한다.
- 12단계 보고서를 준비하고 학생들의 평가를 받는다.
- 13단계 학생들은 익명으로 교수에게 피드백을 한다.
- 14단계 보고서와 학생평가를 학점에 반영한다.

주: 3~10단계는 평가 과제를 하는 동안 반복된다(예, 초기면담, 로르샤하 실시, 요약/논의 시간).

### 2단계 - 강의 약속을 한다

첫 시간에는 어떻게 학점을 주는지에 대한 정보와 강의계획표를 나눠주었다. 예를 들어 학생들은 종합체계(Exner, 1995)에 따라 로르샤하 실시법을 배웠다. 시험을 언제 보는지를 알려주고, 실습 평가

지도 주었다. 마지막으로 그 내용을 충분히 이해할 때까지 강의 형식과 요구사항에 대해 질문을 하고 답을 하였다.

강의계획표는 초기면담, 표준화 검사, 평가조정 회기, 요약/논의 시간, 보고서(Finn & Tonsager, 1997)의 치료적 평가 흐름도를 따랐다. 나는 각 과제마다 3단계에서 10단계를 반복했다.

### Ⅲ 3단계 - 평가 과제를 설명하고 개념화한다

읽을거리를 제시하고 여기 포함된 기법과 주요 원리를 개관했다. 예를 들어 치료적 평가에서 초기 면담의 목적과 문제 유형, 그리고 복잡한 문제를 어떻게 다룰 수 있는지를 살펴보았다.

### Ⅲ 4단계 - 평가 과제를 제시한다

강의 전에 지인들에게 부탁하여 강의의 일부로 평가 받을 사람을 알아보게 했다(무료로 평가를 받을 수 있는 기회여서 동의하는 내담자를 찾는 것은 어렵지 않았다). 이 중 평가를 받을 지원자 한 명을 선택했다. 학생들이 과제를 수행하기 전에 나는 각 평가 과제에 대해 시범을 보여주었다. 그리고 학생들과 내가 치료적 평가의 첫 회기에 대해 논의한 다음, 학생들이 관찰을 하는 동안 나는 지원자와 면담을 했다. 이후에 내담자에게 평가에 대해 알려주었다. 강의 외 시간에는 로르샤하처럼 시간이 걸리는 과제를 녹화했다. 다음 시간에는 학생들에게 비디오테이프를 보여주었고, 강의 시간 전에 자신의 테이프를 보도록 했다. 아울러 지켜보는 것에 대한 불안을 줄이기 위해 학생들이 느꼈던 불안을 다루었다. 그리고 나의 불안도 다루었다.

### Ⅲ 5단계 - 교수에 대해 평가와 피드백을 한다

평가 과제를 설명하는 동안 강의조교(Teaching Assistants: TA)와 내가 학생들을 평가하는 것과 동일한 양식으로 학생들은 나를 평가했다. 과제를 마친 후 나는 자신을 평가했다. 그리고 나의 수행과 평가에 대해 의견을 나누었다. 학생들의 피드백을 수용했고, 개방적으로 다가갔다. 학생들은 세심하고, 정확하고, 통찰력 있는 의견을 주었다.

학생들은 각 평가 과제를 설명해 준 것이 가치 있고 고마운 일이라고 여러 차례 나에게 피드백을 주었다. 이 또한 협력적 원리를 기반으로 하는 치료적 평가의 특성을 잘 나타내는 것이었다. 나 자신의 약점, 불안, 실수를 솔직하게 인정함으로써 학생들과 나의 힘이 균형을 이루어 학생들은 덜 불안해 질 수 있었다. 한 사람만으로는 이 힘의 불균형을 없앨 수 없고, 이는 치료적 평가의 목표도 아니다. 교수나 평가자는 계속 전문가로 있어야 하지만, 대인관계에서 절대적 진실이 없다는 것을 알고, 학생이나 내담자에게 기꺼이 배워야 한다. 나는 강의 동안 학생들을 평가협력자와 공동 연구자로 대했고, 그렇게 함으로써 배움에 대한 흥미와 동기를 높였다. 마지막으로 나는 강의에 참여한 개인과 집단을 존중했고, 학생들 또한 나를 숙련된 평가자로 여겼다.

### Ⅲ 6단계 - 평가 과제에 대해 역할극을 한다

이 단계에서 학생들은 두 명 이상의 소집단으로 -나와 강의조교, 다른 학생이 내담자 역할을 하면서- 각 과제(예를 들면, 초기 면담)를 실습했다. 학생들은 평가자나 내담자 입장에서 그들의 주관적 경험에 기초하여 피드백을 했다. 서로를 살펴보게 했고, 전문가 입장에서만 보지 않도록 했다.

### Ⅲ 7단계 - 내담자와 평가 과제를 실시한다

다음으로 지원자와 과제(초기 면담, 로르샤하, 요약/논의 시간 등)를 평가하는 동안 학생들을 관찰했다. 강의조교와 나는 평가지로 학생들을 평가했다. 과제가 끝난 뒤 학생들은 같은 평가지로 자신을 평가했다.

### Ⅲ 8단계 - 과제에 대해 피드백을 받는다

강의조교와 나는 학생들의 과제 수행에 대한 우리의 평가와 학생들의 평가를 비교했다. 강점과 약점이 있기 때문에 학생들에게 "절대적 진실"을 믿게 하기보다는, 우리가 언급한 것에 대해 반응하도록 했다. 학생들이 평가 질문에 의문을 가질 수 있도록(강의 시작 때) 임상가는 내담자가 개인의 목표를 찾아 평가와 연결짓고, 결과가 절대적 진실을 반영하는 것으로 보지 않도록 했다. 이것은 결과의 정확성과 의미에 대해 논의하는 치료적 평가 피드백 과정과 비슷하다.

### Ⅲ 9단계 - 과제를 수정한다

치료적 평가의 조정 단계에서 내담자와 평가자는 실험을 통해 일상의 문제를 살펴본다. 그런 뒤 내담자는 새로운 방법을 발견하고, 문제 해결책을 찾는다(8장을 보라). 예를 들면, "왜 나는 직장에서 일을 끝내지 못할까요?"라고 묻는 내담자가 Bender Gestalt Test를 느리게 그린 사례가 있었다. 평가자는 두 상황에서 비슷한 점을 발견했고, 평가자는 내담자에게 도형을 빠르게 그려보라고 했다. Bender Gestalt Test를 빨리 그리도록 해서 내담자가 직장에서 많은 일을 해낼 수 있는 방법을 찾을 수 있도록 했다.

그리고 과제에 나타난 학생들의 문제를 확인한 뒤, 행동 변화를 가져올 해결책이나 방해물을 찾기 위해 과제를 반복한다. 예를 들어, 한 학생은 쉽게 화를 내는 내담자를 맡게 될까봐 두려워 로르샤하를 잘하지 못했다. 학생들과 나는 문제 해결 방안을 논의했고, 상황을 잘 다룰 수 있을 때까지 해결책을 반복했다. 나는 초보평가자에게 문제는 일어날 수 있고, 어려운 부분을 알고 임상실습 전에 깨닫게 하는 것이 우리의 목표라는 것을 전했다. 학생들과 나는 평가 중에 드러난 문제행동을 변화시키는 것이 어렵다는 것을 알았다. 문제가 심각하면 치료를 받아 볼 것을 권했다.

### Ⅲ 10단계 - 다른 내담자에게 평가 과제를 반복한다

강의 후반에 학생들은 나를 관찰하고, 자신의 평가 기법을 연습하고, 평가 과제를 다른 내담자와 반복한다. 학생들은 강의에 따라 두세 가지 성격검사를 실시한다. 비록 학생들이 모든 문제를 이야기할 것이라고 생각하지는 않지만, 여러 가지를 논의할 기회가 될 것이다.

### Ⅲ 11단계 - 강의 요약/논의 시간을 마무리한다

강의가 끝난 후 학생들과 요약/논의 시간을 가진다. 예를 들면 치료적 평가 기법에 따라 개인의 목표를 알려주고, 학생들의 자기 개념에 부합하는 균형 잡힌(긍정적이고 부정적인) 피드백을 하며, 조언을 했다(1장을 보라). 학생들은 나의 관찰과 피드백을 신중하게 들었다. 끝나기 전에 성적을 알려주었고, 강의나 나에 대한 피드백을 받았다. 익명으로 피드백 할 수 있다는 것도 알려주었다.

### Ⅲ 12단계 - 보고서를 준비하고 학생들의 평가를 받는다

치료적 평가에서 보고서는 내담자가 이해할 수 있는 언어로 작성한다. 내담자는 보고서에 의견을 표현할 기회를 가진다(Finn & Tonsager, 1997). 강의에서는 학생들에게 요약/논의가 끝난 후, 논의 중에 나온 내용으로 보고서를 준비하게 했다. 학생들에게 보고서를 나누어 주고, 의견을 적어 달라고 했다. 그리고 나눠준 보고서에 대해 조언을 했다. 학생들에게 보고서를 보여준다고 약속한 것이 나의 평가를 균형 있게 해 줄 것이라고 믿었다. 해주지 못할 평가나 조언은 하지 않았다. 보고서에 대한 학생들의 생각은 나의 평가가 어떤지를 잘 보여주었고, 다른 강의에도 도움이 되었다.

### Ⅲ 13단계 - 학생들은 익명으로 교수에게 피드백을 한다

마지막에 내담자는 평가 경험을 표준화된 형식으로 평가했다(Finn, Schroeder, & Tonsager, 1994). 학교에서는 익명으로 학생들의 강의평가를 요구했다. 다음 학기 강의를 위해 학생들의 평가나 조언이 중요하다는 것을 알려주었다. 학생들은 나와 강의에 대해 논의한 것보다 익명으로 한 강의평가를 더 기다렸다. 이것은 평가를 원치 않는 상황에서 생기는 불가피한 결과라고 본다.

### Ⅲ 14단계 - 보고서와 학생평가를 학점에 반영한다

마지막으로 나는 학생들의 의견을 덧붙여 심리학과와 보고서를 공유했다. 그리고 다른 교수들이 학생에 대해 한 칭찬과 개선사항을 제시했다.

## 사례 - Elizabeth

23세의 Elizabeth를 예로 들겠다.

### Ⅲ 첫 인상

Elizabeth는 첫 시간에 긴장을 많이 했다. 강의계획서에 대해 질문을 하는데 숨을 몰아쉬었고 더듬거렸다. 그리고 강의 내내 목걸이를 꼬아댔다. 목걸이가 끊어져 바닥에 떨어질 것 같았다. 나는 넉 달 전에 Elizabeth를 처음 만난 것이 어렴풋이 기억났다. 1학기가 시작될 무렵 우리는 학과 모임에서 승마에 대해 이야기를 했었다. 그러나 나는 1학기 평가 강의 교수였던 Smith 박사가 Elizabeth가 "불안"해 보인다고 말했던 것이 떠올랐다. 첫 강의가 끝난 다음날 나는 학과 우편함에서 다음과 같은 메모를 받았다.

> Finn 박사님께,
> 강의 동안 생각해 본 질문이 있습니다. Smith 박사님께서는 제가 내담자에게 말을 너무 많이 하고 잘 멈출 수 없다고 했습니다. 왜 제가 이러는지, 어떻게 하면 멈출 수 있는지 우리가 이유를 알 수

있었으면 좋겠습니다.

Elizabeth 올림

Elizabeth가 자신의 문제를 인식하고, 자발적으로 드러냈다는 것이 나는 매우 인상적이었다. 또한 메모에 "우리"라는 단어를 사용한 것에 놀랐다. 그녀는 강의의 협력적 방식을 수용하는 듯 했다.

## Ⅲ 첫 시간

다음 강의 시간에 나는 Elizabeth의 메모를 기억했다. 그녀는 첫 강의 때 보다 차분해 보였다. 강의 동안 날카로운 질문을 했고, 통찰력 있는 답도 했다. 나는 그녀를 열심히 공부하고 준비하는 똑똑하고 성실한 학생으로 보았다. 강의 중 평가했던 내담자와 면담을 끝낸 뒤, 첫 실습 전에 그녀를 잠시 만날 수 있었다. 나는 Elizabeth에게 내담자와 "말을 많이 하는 것"에 대해 물어보았다. Smith 박사의 관찰은 그녀의 친구들이 말해줬던 조언-그녀가 "흥분한 것처럼" 보였다-을 떠올리게 했다. 그녀는 이 피드백에 놀랐다. 왜냐하면 학교에서는 "조용하다."는 말을 들어 왔기 때문이었다. 이러한 불일치에 대해 "너무 열심히 해서" 그럴 수 있을 것이라고 하더니 그녀는 입을 다물었다. 나는 새로운 일을 너무 잘하려고 해서 생기는 불안을 안타깝게 생각했다. Elizabeth는 "무리하지 않을 거예요."라고 했다. 그리고 내담자와 만나기 전에 담당 강의조교와 함께 초기 면담 역할극을 해 보기로 했다. 강의 끝에 Elizabeth는 면담 중에 내담자가 울면 어떻게 해야 하는지를 물었다.

## Ⅲ 첫 평가 시간

Elizabeth의 첫 평가 내담자는 조용하고 우울한 젊은 남성이었는데, 친구들과 관계가 좋지 않은 이유를 알고 싶어 했다. 나는 첫 면담에서 Elizabeth의 차분하고 확고한 자세에 놀랐다. Smith 박사나 친구들이 혹시 오해하고 있는 것은 아닌지, 그리고 "말을 많이 하고", "무리하는" 특성이 어떻게 변했는지가 궁금했다. 면담이 끝난 뒤 우리는 Elizabeth가 내담자를 잘 다루고 반응을 잘 이끌어 냈다는 것에 동의했다. 나는 그녀의 침착성을 칭찬했다. 그녀는 면담이 "좋은 말"을 탈 때처럼 "편안했고, 겁나지 않았다."고 했다. 우리는 평가 과정을 정리했고, 며칠 후에 있을 내담자의 로르샤하 결과를 보기 위해 약속을 잡았다. 이미 나는 그녀가 로르샤하를 실시하는 것을 보았고, 강의조교가 내담자 역할을 하는 동안 시범검사도 끝냈었다.

그런데 Elizabeth는 로르샤하 실시 중 갑자기 다른 행동을 했다. 그래서 로르샤하를 시작할 때와 최초 면담을 비교해 보았다. 그녀는 의자를 만지작거렸고, 내담자의 말을 끊었으며, 첫 강의 때처럼 말이 빨랐다. 나는 Elizabeth가 나에게 면담 경험을 물어봤던 것을 기억했고, 그녀의 불안에 대해 가설을 세웠다. Elizabeth가 검사한 젊은 남성은 로르샤하 Ⅴ번 카드에서 "전쟁터에서 집 위로 박쥐가 날아다녀요. 날개는 불에 타 찢어졌어요. 동굴로 가기 위해 무언가 끔찍한 것을 관통하고 있어요."라고 한 후 괴로워했다. 이는 병적 반응이었고, 내담자는 우울해 했으며, 결국 Ⅸ번 카드에서는 눈물을 흘렸다.

Elizabeth는 점점 성급하게 질문을 했다. 내담자는 혼란스러워 했다. 검사가 끝난 후 Elizabeth는 화가 났고, "말을 많이 한 것"

같다고 했다. 이유를 물었더니, 처음 로르샤하를 실시해서 불안했고, "무리한 것" 같다고 했다. 내담자가 괴로워해서 그녀도 적극적으로 되었다는 나의 가설에 대해, Elizabeth는 그랬었다고 했다. 내담자가 "무너지는" 것에 그녀는 지레 겁을 먹었고, "어떻게 되돌릴 수 있을지"를 생각하지 못했다고 했다. 첫 면담 때는 차분했었는데, 이는 내담자가 내성적이고, 우울했지만, 화를 내지 않았기 때문에 잘 할 수 있었던 것 같았다. Elizabeth는 이에 동의했고, 이전 학기(Smith 박사의 감독 하에)에 자신이 검사했던 내담자들은 감정적이고, 우울했었다고 했다. Elizabeth는 내담자가 고통스러워 할 때 불편해지고, 말을 많이 하며, 통제하는 경향이 있다고 했다. 나는 내담자가 울고 있을 때 어땠는지를 물었고, 각 상황에 대한 반응과 조절 방법에 대해 함께 논의했다.

## III 평가 면담

다음날 Elizabeth와 나는 우울한 내담자를 어떻게 다룰지를 살펴보기 위해 역할극을 했다. 나는 내담자의 고통을 알기 위해 가설을 세웠다. Elizabeth는 이것을 혼란스러워했다. 그녀는 다른 사람의 괴로움을 책임지려는 경향이 있었다. 내가 우는 내담자를 연기할 때 그녀는 나를 위로했다. 승마를 비유삼아 갑작스런 소리 때문에 말이 겁을 먹을 때 기수가 어떻게 침착하게 대처할 수 있는지에 대해 이야기했다. 마지막으로 로르샤하 중 내담자가 울 때 어떻게 반응해야 하는지를 살펴보았다. Elizabeth는 평가를 위해 다시 내담자와 만났다.

나는 Elizabeth에게 로르샤하 경험을 물었다. 내담자는 차분했지만, 자기 때문에 화가 났다고 했다. 나는 Elizabeth가 내담자에게 차분하게 물어본 것에 만족했다. 놀랍게도 내담자는 자연스럽게 털어놓았다. "당신도 알다시피 우리에게 있었던 일이 나와 내 친구에게도 일어나요. 그것이 제 문제예요.", "풀죽지 마.", "나가서 재밌게 놀아."라는 친구들의 충고가 얼마나 자신의 우울을 이해하지 못하고, 기분을 헤아리지 못한 것인지를 내담자는 연관시켰다. Elizabeth는 내담자와 계속 논의했고, 계획했던 TAT를 실시했다. 이후 그녀와 나는 내담자를 통해 괴로움에 대처하는 능력에 대해 의견을 나누었다.

## III 후기 평가 시간

두 번째 평가에서 Elizabeth는 "히스테리성 내담자를 잘 다루는" 치료자였던 한 중년 여성과 작업을 했다. 나는 이 평가를 보지 못했다. 그러나 강의조교는 내담자가 괴로워하긴 했지만, Elizabeth가 초기 면담과 검사를 잘 했다고 말해 주었다. 그런데 요약/논의 시간에 Elizabeth는 다시 불안해졌고, 공격적으로 변했고, 자신의 해석이 옳다고 주장을 했다. 그녀와 강의조교는 Elizabeth의 행동에 혼란스러웠다. 왜냐하면 내담자는 피드백 동안 힘들어 하지 않았고, 평가를 좋아하는 것처럼 보였기 때문이었다.

다음날 Elizabeth는 실망한 모습으로 나를 찾아왔다. 내담자와의 요약/논의 시간에 대해 이야기하면서 그녀는 다시 숨이 가파졌고, 빠르게 말하면서 더듬거렸다. Elizabeth가 울었을 때, 나는 무엇이 자신을 불안하게 했는지를 물었다.

나는 Elizabeth가 퍼즐 조각을 맞출 때까지 차분히 기다렸다. 그녀의 어머니는 최근 난소암 진단을 받았다. Elizabeth는 첫 강의 전날 아침에 그 소식을 들었다(그날 그녀는 굉장히 불안했다). 두 번째 요약/논의 시간이 있던 날, Elizabeth는 어머니의 암이 약물치료로 나을 수 없다는 말을 들었다. Elizabeth는 어머니와 굉장히 친밀했다. 어머니는 괴로운 마음을 억누르면서 Elizabeth를 보살핀 감성적인 여성이었다.

나는 Elizabeth의 상황을 안타깝게 여겼고, 도움 받을 곳을 찾아보라고 했다. 그리고 치료자를 소개해주었다. 이 일은 관리와 치료의 경계에 옅은 선이 있음을 보여준다. 나는 학생이 내담자를 대하는 능력에 문제가 있더라도 강의 중에는 개인의 문제를 다루지 않는다. 그래서 개인 문제가 확인되면, 외부 치료자를 찾아보게 한다.

Elizabeth는 안정되었고 새로운 희망을 가지게 되었다. 나는 내가 도움을 찾지 않는 경향이 있다는 것을 알게 되었다. 그리고 개인의 문제가 평가자에게 영향을 줄 수 있고 이를 학생들과 논의하지 않았던 것도 알았다. 이후 강의에는 이 논의를 추가시켰다.

Elizabeth는 안정된 모습으로 다음 강의 시간에 들어왔다. 그녀는 까다로운 내담자를 상대로 세 번째 평가를 마쳤고, 불안해하지 않았다. 그녀는 통찰력 있는 보고서를 정성스럽게 작성했고, 기말고사에서 최고점을 받았다.

### Ⅲ 요약/논의 시간

담당 강의조교와 Elizabeth는 요약/논의 시간을 잘 진행하였다. 우리는 평가자로서 Elizabeth의 강점을 검토했고, 학기 전에 보였던 어려움에 대해 논의했다. 나는 Elizabeth에게 임상기술을 향상시키는 능력에 대해 조언을 했다. Elizabeth는 나의 지지에 감사를 표했고, 어머니의 건강에 대한 질문에 답했다. 또한 치료 중 다른 사람의 고통과 반응에 대해 논의했다. 강의조교와 나는 배운 것을 나누었고 기분 좋게 헤어졌다.

## III 보고서 작성

나는 Elizabeth의 강의 수행 보고서(보기 15-2)를 심리학과에 보냈다. 그리고 학과에서 그녀의 수행을 논의하기 전에 Elizabeth와 보고서에 대해 의견을 나누었다.

### 보기 15-2 Elizabeth 강의 수행 보고서

PSY389L - 평가 이론과 기법 II -
2014년도 2학기
강의평가

학생: Elizabeth J. 성적: A
담당 강의조교: Mary Jones

Elizabeth는 임상기술을 향상시키려고 했던 영리하고, 친절하고, 책임감 있는 학생이었습니다. 담당 강의조교와 나는 Smith 박사가 말했던 내담자와의 상호작용의 문제점을 Elizabeth가 적절히 다루었다고 보았습니다.

1. 성격평가 이론에 대한 지식이 있는가?

그렇습니다. Elizabeth는 강의 내용을 잘 준비했고, 통찰력 있고, 유용한 의견을 냈습니다. 기말고사에서 최고점을 받았고, 답은 성격평가 이론과 연구에 대해 충분한 지식이 있음을 보여줍니다.

2. 임상의 상황적 요소를 얼마나 잘 개념화했는가?

Elizabeth는 심리이론과 사례를 잘 통합했습니다. 평가 동안 내담자와의 상호작용에 대해 다른 학생들보다 잘 분석했고, 일상의 문제와도 잘 연결시켰습니다.

3. 성격검사 실시에 대해 잘 알고 있는가?

그렇습니다. Elizabeth는 강의 때 배운 검사를 실시하고 채점할 수 있었습니다. 검사 기록 과정도 정확합니다. 하지만, 까다로운 로르샤하 채점은 지속적인 지도가 필요합니다.

4. 평가 보고서를 얼마나 잘 썼는가?

Elizabeth는 근거에 기반하여 수려한 문체로 보고서를 잘 작성했습니다. 급히 제출해야 할 경우에도 마감일에 맞췄습니다.

5. 기본 임상기술은 어느 정도인가? (예를 들어 공감, 적극적 경청, 적절한 거리 유지 능력 등)

학기 초 몇 번 Elizabeth의 상호작용은 그녀의 불안을 다루려는 시도의 영향을 받았습니다. 그때는 지나치게 적극적이었고, 통제하려는 경향이 -잘 듣지 않고 지나치게 자신의 생각을 말하려는- 있었습니다. Elizabeth는 지난 학기때 피드백을 받아 이러한 경향을 알았고, 극복하기 위해 노력했습니다. 이후 Elizabeth는 불안을 적절히 다룰 수 있었고, 좋은 공감과 경청 능력, 유연성을 보여주었습니다.

6. 교수에게 어떤 피드백을 받았는가?

Elizabeth는 교수의 피드백을 수용했고, 그것을 내담자를 대하는 기술 향상에 적용했습니다. 또한 가족 문제로 고민하고 있을 때 교수에게 도움을 요청했습니다.

7. 앞으로 임상심리학자로서 염려되는 부분이 있는가?

8. 임상 실습 준비가 되어있는가?

Elizabeth는 본 강의를 윤리적이고 책임감 있게 수강했습니다. 2학년 실습에 별 문제는 없어 보입니다. 저는 Elizabeth가 훌륭한 임상심리학자가 되기 위해 필요한 능력, 특성, 성실함을 가지고 있다고 믿습니다.

담당 교수
Stephen E. Finn

---

## III 보고서에 대한 Elizabeth의 견해

Elizabeth는 내 보고서를 읽고 다음과 같은 답글을 적었다.

> 저는 Finn 박사님의 보고서에 동의하고, 강의를 통해 나 자신과 평가에 대해 많은 것을 배웠습니다. Finn 박사님은 저를 힘들게 했던 "가족 문제"를 잘 다루어 주셨습니다. 이 점을 분명히 하고 싶습니다. 제 어머니는 암 진단을 받았고, 건강이 나빠졌습니다. 속상했지만, 잘 통제할 수 있었고, 많은 도움을 받았습니다. 어머니와 이번 여름을 보내고 가을 학기 수강을 할 생각입니다.

## 결론

이 장에서 나는 대학원 과정에서 심리평가 강의를 통해 임상검사와의 유사성을 강조했다. 그리고 치료적 평가의 기본 원칙을 설명하였다. (a) 교수와 학생들 간에 불필요한 힘겨루기를 줄이고, (b) 강의평가에 대한 학생들의 목표를 설명해주며, (c) 취약한 부분을 모형화 하여 피드백하고, (d) 강의 동안 학생들을 협력자로 대함으로써 전문적인 능력을 향상시킬 수 있었다. 이러한 접근은 도전이 되지만, 교수는 자신의 불안을 알고, 방어를 최소화할 수 있어야 한다. 하지만, 이러한 방법에 대한 보상도 있었다. 나는 학생들로부터 성격평가가 중요한 대학원 강의 중 하나라는 기분 좋은 피드백을 받았다. 그리고 치료적 평가를 가르치면서 나 자신과 교수법, 그리고 성격평가에 대해 많은 것을 배울 수 있었다.

# PART III
# 이론의 발달

# 내·담·자·의·눈·으·로

16. 무섭지 않다고 말해줘요:
    통제-숙련 이론과 치료적 평가
17. 상호주관 이론의 도전과 가르침
18. 심리평가가 가르쳐 준 동정심과 단호함
19. 결론: 치료적 평가의 실제

16

# 무섭지 않다고 말해줘요: 통제-숙련 이론과 치료적 평가[1]

나는 심리평가의 복잡한 과정을 살펴보기 위해 항상 새로운 '렌즈'를 찾았다. 그래서 몇 년 전 Austin에서 통제-숙련 이론 전문가인 Elayne Lansford 박사의 연구 모임에 참여하게 되었다. 나는 이 이론을 이미 알고 있었지만, 그 견해가 치료적 평가에 도움이 될지는 미심쩍었었다. 이 장에서는 통제-숙련 이론의 주요 개념을 치료적 평가 사례에 적용할 수 있을지에 대해 알아보았다. 그리고 심리평가 후 내담자가 유능감을 느끼지 못하고 외상을 겪는 "실패한" 평가를 통제-숙련 이론의 관점으로 살펴보았다. 마지막으로 심리평가에서 이론의 역할에 대해 논의하였다.

1 이 장은 성격평가학회에 발표한 논문(Finn, 2005c)에서 발췌했다.

## 통제-숙련 이론의 소개

통제-숙련 이론은 1960년대 중반 Joseph Weiss가 도입한 정신역동 이론이다. 1972년 Weiss 박사와 Harold Sampson 박사는 San Francisco 심리치료 연구모임을 공동으로 발족했다. 2004년에 Weiss가 사망했지만, 이 모임은 심리치료 이론을 계속 연구해 왔다. 실제로 통제-숙련 이론은 양적 연구가 활발히 진행되고 있는 정신역동 이론이다.

통제-숙련 이론의 기본 원리는 간단하다. 첫째, 내담자의 문제는 초기 외상 경험 때문에 생겨난 무의식적이고 병리적인 신념에서 온다고 가정한다(Weiss, 1993). 일례로 심리치료를 위해 찾아온 한 동성애자는 "계집애 같은 사내"라는 이유로 아버지에게 인정을 받지 못했다. 그는 나약하고 매력이 없어 남성에게 사랑받지 못한다고 믿고 있었다. 또 다른 내담자는 아버지가 어머니를 학대했는데, 그 후로 한 번도 아버지에게 저항하지 않았다. 이 내담자는 "중요한 사람에게는 끔찍한 대우를 받더라도 잠자코 받아들여야 한다."는 신념이 있었다. 이는 내담자의 초기 정상 발달을 방해했다. 보다시피 통제-숙련 이론은 자아심리학, 대상관계 이론, 자기심리학과 같은 후기 프로이드 학파의 정신역동 이론과 크게 다르지 않다.

Weiss 이론의 특별한 점은 내담자는 독립적이고, 행복하고, 만족스러운 관계를 위해 자신과 세상에 대한 병리적 신념을 "부정"한다는 것이다. 내담자는 자신의 병리적 신념에 오류가 있고, 그것이 사실이 아닌 것처럼 행동하는 것이 안전하다는 증거를 찾으려는 무의식적 "계획"을 가지고 있다는 것이 Weiss의 주장이었다. 이 이론에 따르면 내담자는 자신의 병리적 신념이 틀렸다는 것을 입증하려는 치료자를 “시험”한다.

이것은 Weiss가 전이검사라고 불렀던 것으로 이는 내담자가 초기 양육자와 같은 방식으로 치료자가 병리적 신념을 수용하는지를 확인하는 것이다. 예를 들면, 왜 매력적인 남성과 데이트를 하지 않는지를 물었을 때 동성애 내담자는 혼란스러워 했다. 그는 어느 누구도 자신과 함께 하고 싶지 않을 것이라고 생각했었다. 내가 그 점이 의문스럽다고 하자 그는 안심하였다. 어떤 내담자는 치료자가 잘 대응하는지를 보기 위해 아이처럼 행동한다. 이런 이유로 조금 전에 언급했던 두 번째 내담자가 –순순히 학대를 받아들이는 어머니를 목격한– 치료 중에 나를 비난해도 놀라지 않았다. 나는 평정심을 잃지 않고, 그런 대우를 받아야 할 이유가 없다고 말했다. 그러자 그는 흥분을 가라앉히고 사과를 했다. 이후 자신을 학대한 무책임한 남자친구에 대해 이야기했고, 그들 관계에 대한 말하면서 나를 신뢰하기 시작했다.

흥미로운 점은 내담자는 변화를 위해 상담 초반에 병리적 신념을 드러낸다는 것이다. 내담자는 자신의 무의식적 신념에 대해 직접 말하고, 치료자는 내담자의 무의식적 의도를 “암시적으로” 추론하며 듣는다는 것이 Weiss의 주장이다.

## 통제-숙련 이론과 치료적 평가

San Francisco 심리치료 연구 모임은 전통적인 심리평가에 통제–숙련 이론을 적용하지 않았다. 이는 평가와 치료가 독립적이라는 전통적인 이분법에 기인한 것으로 보인다. 따라서 치료적 평가는 내담자가 자신과 세상을 정확하게 이해하고, 발달에 도움이 되는 목표를 세우는 통제-숙련 이론의 유용성을 고려할 필요가 있다.

## III 내담자의 무의식적 계획과 평가 질문

치료적 평가 초기에 내담자가 제시하는 질문과 목표를 들을 때, 내담자의 병리적 신념과 무의식적 계획을 고려하는 것은 평가에 도움이 된다. 가끔 내담자는 자신과 관련된 최악의 두려움이나 신념을 이야기한다. 심리평가의 일차 목표는 그것을 입증하거나 반증하는 것이다. 예를 들어 어떤 내담자는 "내 모든 문제가 어린 시절부터 시작된 건가요? 아니면 가족들 말처럼 내가 변명하고 있는 건가요?", "보호관찰관의 말처럼 내가 정말 화가 난 건가요? 아니면 다른 사람들보다 조금 더 솔직한 걸까요?"와 같은 질문을 할 것이다. 나는 내담자의 문제에 어떻게 답할 지에 대해서는 평가 결과를 보기 전까지는 추정하지 않는다. 하지만, 내담자는 검사를 통해 드러난 것을 나에게 직접 말할지도 모른다. 나는 내담자가 외상을 겪었고, 가족의 기대가 부당한 것이라고 말할 수도 있다. 반대로, 자라온 환경은 문제가 없고, 성공에 대한 두려움 때문에 성장 배경을 중요하게 생각했다고 말할 수도 있다. 두 사례 모두 두려움의 부당성을 증명하기 위해 평가를 사용했다고 생각한다. 어쩌면 내담자는 독립적일 필요가 있는 투덜대는 불평가이거나, 심한 외상을 겪어 성공하지 못하고 다른 사람에게 공감받지 못한 것일 수도 있다. 그래서 내담자는 MMPI-2와 로르샤하를 통해 두려움의 부당성을 증명하려 한 것이다.

나는 검사에서 내담자가 자신의 병리적 믿음을 이야기 하는 경우가 드물다는 것을 발견했다. 오히려 "난 왜 이렇게 게으르죠?", "왜 사람들을 의심할까요?"와 같은 질문을 하는 우울하고 외상을 경험한 내담자들이 더 많았다. 그런 상황에서 내담자는 문제가 진실을 반영하고 있음에도 불구하고 왜 불합리한 꼬리표를 달고, 자신에 대한 연민이 부족한지를 설명함으로써 병리적 믿음을 증명하려고 한다.

따라서 나는 자신을 "게으르다."고 생각하고, MMPI-2의 우울척도 점수가 높은 사람의 만성 우울이 어떻게 게으름과 성취저하, 동기결여로 이어지는 지를 살펴볼 것이다. 그리고 로르샤하에서 외상지수가 높고, 성격 결함을 믿지 않는 사람에게 대화를 시도할 지도 모른다. 믿었던 사람에게 끔찍한 일을 당했다는 것을 인정할 수 있다면, 대인관계와 관련된 경계를 볼 수 있을 것이고, 더 이상 쓸모없는 대처기제를 쓰지 않고, 언제 경계를 하고, 언제 믿을 수 있는 지를 알 수 있을 것이다.

또 다른 충격적인 내담자가 있었다. 이 내담자는 평가 목적이 논리적이지 않았고, 정보가 불일치했다. Weiss(1993)가 말했듯이, 이는 내담자가 병리적 신념을 부정하기 위해 무의식적으로 요구하는 단서가 될 수 있다. 최근, 아내에게 "감정 표현을 잘 못하고", "사교성이 없는 것" 때문에 비난받는 남성을 평가하게 되었다. 그의 문제는 "어떻게 하면 친밀한 관계없이도 만족스러울 수 있을까요?" 였다. 그러나 내담자의 로르샤하는 색채 결정인과 전체 인간 반응으로 가득했고, MMPI-2는 그가 사교적이고 다른 사람과 많은 시간을 보내는 것으로 나타났다. 평가가 끝날 무렵 그는 은둔자로 사는 것은 불행하고, 정서 예민성이 높아 쉽게 압도당하여 방어하게 되는 것이 문제라고 털어놓았다. 아내의 잔소리 때문에 그는 자신의 감정을 살피는 것이 힘들었다. 하지만, 평가 상황에서는 부드럽고 감정적이었다. 내담자는 피드백 회기 중 안정되었고, 예전부터 주저했던 이사에 대해 아내와 의논할 수 있었다.

평가 목적이 불확실했던 부부도 있었다. 부부는 "어떻게 하면 과거의 상처를 용서하고 다시 행복할 수 있을까요?"라고 물었다. 그들은 20년 넘게 싸워왔다. 더 이상 서로를 사랑하지 않았고, 끊임없이 이혼을 생각하고 있었다. 내가 관계 회복을 위해 "수프에 소금을 너무 많이 넣은 것은 아닌지"라고 묻자 부부는 충격을 받았다. 일주일 후 그들은 이혼에 대해 의논했고, 함께한 시간 중 최고의 한 주를 보냈다고 했다.

또 다른 부부는 2년 전, 10살 된 딸이 납치되어 강간과 살해를 당한 끔찍한 외상을 겪은 후 이혼 직전에 있었다. 평가 당시에는 별거 중이었다. 그들은 "희망이 있긴 한가요?", "이혼에 대해 가족들에게 어떻게 말하는 것이 좋을까요?"라고 물었다. 그러나 평가 동안 부부는 다정하게 추억을 공유했고, 여전히 서로를 사랑하고 있다고 했다. 나는 그들이 어떻게 이혼을 고려하게 되었는지가 궁금했다. 생각해 보면 부부는 저주받았다는 병리적 신념을 가졌던 것으로 보인다. 딸의 사망 이후 사이가 멀어졌고, 이 비극에 대해 서로가 버팀목이 되어주지 못했다. 그리고 죄책감과 분노를 상대에게 표현했고, 서로 비난하는 것을 내심 두려워하고 있었다. 나는 마지막 요약/논의 회기에서 그들이 슬픔을 마주할 수 있도록 지지했다. 그리고 딸의 죽음은 그들의 잘못이 아니고, 결혼생활도 희망이 있다고 지지해 주었다. 나는 이것을 말하는 데는 용기가 필요하고, 검사 결과는 그들이 충분히 도전할 수 있는 강한 사람이라는 것을 보여준다고 말해 주었다. 그들은 울었다. 이후 부부는 새로운 결혼생활을 시작할 수 있었다.

## III 평가자 행동 시험하기

Weiss가 말했듯 치료 동안 내담자는 가끔 평가자의 행동을 시험한다. 나는 아이 문제를 자신의 문제로 생각하지 못하는 성취동기가 높고 성공한 부모의 아이를 평가한 적이 있었다. 첫 회기에서 부모는 내가 치료에 대해 책임을 진다면 모든 것이 좋아질 것이라고 했다. 때로 청소년은 믿음을 갖고 검사를 받으러 온다. 그리고 한 번 정도는 상담에 오지 않는 경우도 있다. 나는 청소년이 오지 않은 회기를 전이로 보고, 병리적 신념을 추론한다. 한 청소년은 "내가 다른 사람을 실망시켜서 비난받을 만해요."라고 말했다. 나는 아이가 약속을 지키지 않은 것에 아랑곳 하지 않았다. 그리고 종종 늦게까지 자지 않는다는 것을 알고 있었기 때문에 치료 시간을 오후로 변경하는 것이 어떠냐고 묻자 아이는 충격을 받았다. 그는 나의 제안을 거절했고, 이후로는 오전 10시 약속을 지켰다. 또 다른 사례에서는 부모가 딸아이를 응석받이로 키우면서 제재를 하지 않았는데, 상담교사가 검사받아 볼 것을 권해 센터를 방문하였다. 내가 오지 않은 회기에 대해서도 치료비를 받는다고 했을 때, 아이는 짜증을 내며 사무실을 박차고 나갔다. 그러나 이후로 그녀는 나를 존중했고 다시는 약속을 어기지 않았다. 한참 뒤에 그녀는 혼자 남겨지는 것이 두려웠다고 말했다. 그리고 오지 않은 회기의 비용을 지불한다고 한 것이 오히려 자신감을 높여주었다고 했다.

**소극적인 검사에서 적극적인 검사로.** 소극적인 검사에서 적극적인 검사로 바꾸는 것은 학대를 받은 내담자가 형세를 역전시켜 우위를 차지하고, 평가자나 평가를 폄하하는 경우에 나타난다. 부모의 요청으로 한 청년을 만났다. 그는 대학 등록금 지원을 받는 것 외에는 부모와 연락을 끊고 지냈다. 그는 키가 컸고, 근육질이었지만, 정서적으로 고립되어 있었다. 부모는 아들이 "총기 난사"를 생각한 적이 있다고 말한 것 때문에 걱정을 했다. 부모평가에서 제기된 문제는 아들이 자신들을 해칠 것에 대한 걱정이었다. 처음에는 이상하다고 생각했는데, 평가가 진행되면서 그가 7살 때 아버지가 강제로 수상스키를 가르쳤고, 감당하기 힘들 정도로 울었음에도 스키 위에 올라탈 때까지 5시간 넘게 물 속에 잡아두었다는 것을 알게 되었다. 그때 어머니는 아무 것도 하지 않은 채 아버지와 보트에 앉아 있었다.

평가에는 동의했지만, 심리검사가 자신이 알지 못하는 것을 말해 줄 수 있을지에 대해 그는 의문을 품고 있었다. 적대적이었으나 검사실에서는 드러내지 않았다. 이후 조교와 함께 두 번의 평가를 실시했다. 처음에는 초기 아동기에 대해 이야기를 나누었다. 조교가 학대 경험에 대해 공감하자 그의 감정은 누그러졌다. 그러나 로르샤하를 실시한 두 번째 회기에서는 노골적으로 적대감을 드러내었다.

그와의 상담을 통해 학대에 대처하는 방법을 증명할 수 있을 거라고 예측한 Weiss의 생각을 설명할 수 있었다. 즉, 내담자의 병리적 신념은 학대를 수용하고, 가해자와 접촉을 끊어버리고, 폭력적인 사람이 되는 것이었다. 다음 회기에서 조교는 그가 얼마나 끔찍하게 행동했는지를 직면시켰다. 그는 부모가 끔찍하게 대한 것에 관해 피드백을 받았을 때는 정면으로 맞서기도 했다. 조교처럼 나 또한 직접적이고, 직설적이고, 단호했지만, 가학적이거나 잔혹하지는 않았다. 평가 이후 그는 적절한 방식으로 부모에게 다가갔고, 다시 그들과 연락 할 수 있었다. 평가를 통해 조교와 나는 그의 병리적 신념의 부당성을 증명할 수 있었다.

## III 실패한 평가

오랫동안 나는 실패한 평가에 대해 관심이 많았다. 치료적 평가에서 실패한 평가는 치료 동안 내담자의 감정이 약해지고, 심리적 외상을 경험하는 것으로 정의할 수 있다(Finn & Tonsager, 1997). 평가가 실패하는 이유는 -내담자를 도와주기보다 상처를 주는- 내담자의 마음을 병리적 신념으로 보기 때문이라고 생각한다. 예를 들어 13장에서 소극적이고 내성적인 남편을 학대한 여성(굴욕적이고 자기애적인 아버지가 그랬던 것이긴 하지만)의 사례를 보라. 그녀의 문제는 "나의 약점은 무엇일까요?", "나의 나쁜 점은 뭐죠?", "내가 자신을 보고 싶지 않으면요?", "결혼생활에서 내가 어떻게 투사적 동일시를 하나요?"와 같은 것이었다. 나는 내담자의 심리적 정교함과 개방성이 인상적이었다. 그리고 잘못된 부부 생활을 돕기 위해 계획을 세웠다. 나는 요약/논의 회기에서 내담자에게 남편에 대한 오해와 잘못된 투사에 대해 이야기 했다. 남편이 정서적으로 고립되었을 때 그녀가 적대적이었다는 것을 입증할만한 증거는 없었다. 그리고 불안에 대처할 방법도 없었다. 어렸을 때 그녀는 가학적인 아버지에게 정면으로 맞서지 못했다. 검사 결과에서는 의식하지 못한 그녀의 분노가 드러났다. 그녀가 이런 말을 힘들어 할 거라는 것을 알고 있었지만, 피드백 회기에서 충격을 받았다는 것에 나는 놀랐다. 통제-숙련 이론을 배우고 난 뒤, 나는 유년시절에 생긴 병리적 신념(그녀가 나쁘고, 불행의 책임이 자신에게 있고, 다른 사람에게 동정 받을 가치가 없다)을 입증해야 한다는 것을 깨달았다.

13장에서 언급했듯이 이 사례와 함께 다른 "실패한" 평가를 살펴본 후, 나는 치료적 평가의 첫 회기에 작지만 중요한 수정을 했다. 이제는 내담자가 개별 질문을 만든 후 나는 다음과 같은 질문을 한다. "내가 당신에게 할 수 있는 최악의 상황은 무엇인가요?" 이 질문에 대한 내담자의 답들은 멋졌다. 내담자는 무의식적이고 병리적 신념에 대해 놀라운 통찰이 있다는 Weiss의 말을 나는 기억한다. 당신은 이 질문을 하고 싶을 것이다.

## Ⅲ 심리평가에서 이론의 역할

이 장은 치료적 평가와 관련된 인간행동과 정신병리 이론에 관한 것이다. 이전에 나는 Sullivan의 대인이론(3장), 인본주의 심리학(4장), 가족체계 이론(14장)을 다루었다. 17장에서는 간략하지만 상호주관 이론과 현상주의, 그리고 치료적 평가를 대상관계 이론과 자기심리학과 관련지어 기술하였다(Finn & Tonsager, 1997). 그리고 통제-숙련 이론의 관점을 추가하였다. 이제는 이론을 치료에 어떻게 적용할 것인지를 언급할 필요가 있다. 나는 과거 여러 논문에서 "치료적 평가는 Sullivan의 원리에 바탕을 두고 있다.", "치료적 평가는 인본주의 심리학에서 파생되었다.", "치료적 평가는 심리평가를 위해 가족체계 이론을 적용했다."고 한 것을 보았다. 일부는 사실이지만 이것은 약간씩 요점을 벗어나 있다.

심리평가의 목표는 이분법적인 관점을 융통성 있게 고려하고, 다른 관점과 비교해 보는 것이다. 어떤 내담자는 대상관계 이론이 도움이 되고, 다른 내담자는 가족체계 이론이, 또 다른 내담자에게는 상호주관 이론이 도움이 된다. 무엇보다 중요한 것은 수많은 심리평가 보고서에서 나타나는 "두루 적용되는" 해석을 피하는 것이다. 따라서 통제-숙련 이론은 평가자가 복잡한 일을 이해하는 방법이 아니라, 내담자의 입장에서 생각하고, 공감하며, 새롭고 다양한 적응 방식을 발견하는 틀을 제공한다.

# 17

# 상호주관 이론의 도전과 가르침[1]

상호주관 이론은 Robert Stolorow와 그의 동료인 George Atwood, Bernard Brandchaft가 20년간 시리즈로 출판한 책에 소개된 정신분석 이론이다(Atwood & Stolorow, 1984, 1996; Stolorow & Atwood, 1992; Stolorow, Atwood, & Brandchaft, 1994; Stolorow, Brandchaft, & Atwood, 1987). 어떤 사람은 상호주관 이론이 Kohut의 자기심리학에서 나온 것이라고 하는데, 이는 두 이론이 공감과 내성을 기본 원리로 하고 있기 때문이다. 하지만 두 이론은 다른 점이 있다(Trop, 1994 참조). Stolorow(1996)는 상호주관 이론이 Henry Murray의 성격이론과 관련 있고, 그의 이론처럼 개별 사례를 기술하고 있고, 현상학적이며, 구조적이라고 했다.

비록 Stolorow(1994)가 Silvan Tomkins의 후배인 Harvard대학의 Irving Alexander의 개별 사례를 기술한 평가를 언급하기는 했지

1 이 장은 성격평가학회에 발표된 논문(Finn, 2002a)에서 발췌했다.

만, 내가 아는 한 Stolorow와 동료들은 심리평가에 대한 글을 그리 많이 쓰지 않았다. 몇몇을 제외하면(예, P. M. Lerner, 1990; Silverstein, 1999; B. L. Smith, 2005), 상호주관 이론을 잘 아는 심리평가자는 그리 많지 않다. 그 이유는 한눈에 보기에도 상호주관 이론과 전통적 심리평가가 다르기 때문이다.

상호주관 이론에 따르면 '자기'는 분리되어 있고 안정적인 특성이 아니다. '자기'는 대인관계에서 독립적일 수가 없다. 여러 이유로 상호주관 이론가들은 "자아 존중감", "우울증", "경계성 성격장애"를 객관적으로 평가하는 것이 어렵다고 하였다. 첫째로 행동은 항상 어떤 상황에서 일어난다. 어떤 평가자에게 경계성 성격장애로 보이던 사람이 다른 평가자에게는 경계성 성격장애로 보이지 않을 수 있다. 둘째로 완전히 객관적 평가란 존재하지 않는다. 평가자는 주관적 시각을 벗어날 수가 없다. 개인의 경험과 내재된 구성 원리는 "우울증"의 결과를 해석하는데 영향을 준다. 이는 다른 심리학자에게도 마찬가지다. 셋째로 사람은 대인관계에서 자신의 영향력을 완벽히 알 수가 없다. 비록 대인관계에 개방적이고 호기심이 많더라도 말이다. 나는 내 친구이자 동료인 Anna Maria Carlsson이 심리평가 연차학술대회에서 '스톡홀름 비교 심리치료 연구자들의 로르샤하 자료 수집 특성이 특별한 것 같다.'고 말한 것을 기억한다. 당시 그들 중 어떤 평가자는 좀 더 많은 R을, 다른 평가자는 더 많은 S를, 어떤 평가자는 더 낮은 Lambda를 얻었다. 이것은 발표 당시 논란이 되었다. 하지만 상호주관주의자들은 그리 놀라지 않았다. 대인관계가 수반되는 작업은 어떤 것이라도(심리평가자가 하는 것처럼) 관찰자나 평가자의 영향을 배제할 수 없다. 스웨덴 연구(위의 스톡홀름 연구)의 특별한 점은 우리가 연구를 할 때 보통은 비교 할 수 있는 자료가 없기 때문에 평가자의 영향을 배제할 수 없다는 것이다.

이 생각을 구체적으로 이해하기 위해 상호주관의 중요성을 가르쳐 준 사건을 예로 들겠다. Jim과 나는 일 때문에 자주 여행을 갔다. 몇 년 전에 나는 우리의 여행과 침대 간에 상관관계가 있음을 발견했다. Jim과 여행을 갈 때는 아침에 침대 시트와 베개가 깔끔하게 정리되어 있었다. 나는 침대에서 내려와 몇 분 안에 정리를 했다. 그냥 잠들었던 이부자리 끝을 뒤집으면 되었다. 반대로 Jim과 여행을 가지 않을 때는 시트와 이불이 지저분하게 흩어져 있었다. 침구를 정리하기 위해 시트와 이불을 밀어 넣는데 3~4분이 걸렸다. 이러한 패턴을 몇 달간 지켜본 결과, 다음과 같은 결론을 내리게 되었다. "Jim이 침대를 헝클어뜨린다." 고백하건대 내 차분한 성격이 그를 푹 잘 수 있게 해 주는 것이라고 나는 우쭐해 했다.

이 같은 자기평가는 Jim과 내가 어질러진 침대를 같이 정리하던 날까지 계속 되었다. 나는 시트와 이불을 집어넣으면서 "근데 말이야 잘 때 이불을 그렇게 만드는 이유가 뭐야?"라고 농담조로 물었다. 그가 답했다. "나라고? 그렇게 헝클어트리는 건 너야!" 내가 다시 맞받아쳤다. "내가 아냐! 너랑 여행 갈 때 난 그냥 시트 모퉁이를 접기만 하면 되었다고." 다시 Jim이 답했다. "하지만 그건 네가 여행 갔을 때도 마찬가지야." 우리는 크게 웃었다. 그건 Jim과 나만의 문제가 아니었다. 우리 둘 다 모호하게 침대와 얽혀있었다. 우리가 각각 독립적이라고 생각했던 것과는 달리, 통계 용어로 말하자면 이불을 어지럽히는 것은 일종의 변량분석(ANOVA)의 상호작용이었다. 상호주관주의자들에 따르면 우리는 상호작용을 판단할 수 있는 자료가 없고, 주관적인 관점만 갖고 있기 때문에 종종 그런 실수를 한다. 게다가 행동과 개인의 성격특성이 상호작용 한다고 생각하기 힘들기 때문에 한 사람 안에서만 독립적이라고 본다. 그러나 곰곰이 생각해 보면 이불이 어떤 과정으로 그렇게 되었는지 상상하는 것은 쉬운 일이 아니다.

상호주관 이론에 전통적인 질문을 적용하는 것은 힘이 든다. 어떤 전문가들은 "이 내담자는 경계성 성격장애인가요?", "이 내담자의 이상 행동의 원인은 무엇인가요?", "이 내담자는 집단치료로 도움을 받을 수 있나요?"라고 묻는다. 첫 번째와 두 번째 질문은 정신병리의 원인이 개인에게 있고, 경계성 성격장애가 있는 사람과 없는 사람으로 나뉘어져 있다는 의미를 내포한다. 두 번째 질문은 행동은 선형적으로 결정되고, 심리평가의 목적은 지침에 맞는 내담자에 관한 '진실'을 찾는 것이라고 가정한다. 세 번째 질문은 어떤 사람은 집단치료에 잘 맞고, 어떤 사람은 아닌 것처럼 말하고 있다. 집단의 성격이나 지도자의 특성, 집단치료에 참여하는 내담자의 태도에 신경을 쓰지 않은 채 말이다. 우리가 상호 주관적 관점으로 그 질문에 답한다면 "상황에 따라 달라요.", "그건 복잡한 문제에요.", "잘 모르겠네요."라고 답하지 않을까?

1985년에 Constance Fischer는 상호주관 이론과 심리평가의 관계를 논리적으로 제시한 개별화 심리평가라는 책을 출판했다. 그리고 심리평가 지침서도 출간하였다. 여기서 Fischer는 실존주의 관점으로 접근했고, Stolorow와 그의 동료들과 비슷한 결론을 내렸다. "우리가 주관성에서 벗어날 수 없더라도 이를 인정하면 내부의 원리가 어떻게 지각과 결론에 영향을 미치는지를 살펴볼 수 있다." Fischer는 이 기본 원리를 이용해 협력적 심리평가를 하게 되었다. 1장에서 기술했듯 나와 동료들은 Fischer의 방법을 치료적 평가로 구조화했고, 이 접근이 도움이 된다는 것을 강조했다(Ackerman, Hilsenroth, Baity & Blaygys, 2000; Finn & Tonsager, 1992; Newman & Greenway, 1997).

다음은 상호주관 이론이 어떻게 치료적 평가에 적용되는지를 설명하였다. 이 부분은 "단원"으로 구조화했다.

## 1단원 - 맥락에 초점을 맞춰라

심리평가를 할 때 개인 요인은 행동에 영향을 미친다(전술한 변량 분석의 예에서도 그랬다). 개인 요인도 상호작용만큼 영향력이 있다. 심지어 유전적, 생물학적 요인도 행동에 영향을 준다. Fischer가 그녀의 책에서 말했듯이 우리는 "특질은 운명이다."라는 개념을 받아들이지 않는다. 협력적 평가자는 행동에 영향을 미치는 맥락에 관심이 많다. 왜냐하면 내담자의 문제를 해결하기 위해서는 맥락 요인이 중요하기 때문이다. 의뢰한 전문가가 내담자의 "경계성 성격장애" 여부를 묻는다면, 우리는 불확실한 질문에 의문을 품고, "어떤 상황에서는 경계성 성격장애로 생각했고, 어떤 상황에서는 아니었는지?"를 되물을 것이다. "Bob은 가끔 감정적이고, 자기 파괴적으로 표현하고, 부정적 결과를 예상하지 않아요. 그러나 평상시에는 감정을 잘 통제하고 사려 깊지요. 어떻게 이 행동을 이해할 수 있을까요?"라고 재구조화 자료를 제시한다.

이런 질문은 우리가 원하는 결과(내담자의 지각과 자신을 둘러싼 사건에 대한 해석과 함께, 문제행동의 필요충분조건이 무엇인지에 대한 이해)로 이끈다. 문제가 일어나는 맥락을 알 수 있으면, 문제행동이 사라지는 맥락도 생각할 수 있다. 8장에서 언급했듯이 "실험"을 통해 어떤 일이 일어나는지를 살펴볼 수 있다. 실험이 성공하면 문제행동을 줄이기 위해 우리는 검사실 밖에서 내담자의 상황을 어떻게 바꾸면 되는지를 알 수 있다.

## 2단원 - 평가 틀에 주의를 기울여라

협력적 평가나 치료적 평가에서 맥락에 주의를 기울이는 것 이외에 관심을 가져야 할 부분은 평가 자체의 틀이다. 내담자가 평가 목적을 어떻게 보고, 문제를 해결하는 데 있어 평가자와 내담자 간에 상호 존중관계가 구축되었는지 여부는 평가 결과에 영향을 준다. 예를 들면, 6장에서 전통적 평가자들은 '방어적' 검사 프로토콜이 협력의 부족을 반영한다고 말한 적이 있다. 반면, 치료적 평가에서는 MMPI-2의 L과 K가 높고, F가 낮거나 로르샤하에서 Lambada가 높고 14개 이하의 반응을 얻으면, 평가 전에 "내담자와 심리평가에 대해 논의해 보았나?", "내담자가 겪고 있는 딜레마를 잘 평가했나?"라고 자문한다.

최근 평균 범위의 MMPI-2 프로파일을 보인 부부를 평가한 적이 있었다. 부부 모두 L, K, S 점수가 높았다. 이 결과에 나는 놀랐다. 그들은 (a) 평가를 위해 비용을 많이 지불했고, (b) 평가 결과는 그들과 치료자에게만 전달되었으며, (c) 부부는 그들의 교착 상태를 이해하고 싶어 했다. 그러나 MMPI-2 결과를 보니 놓친 맥락이 있었다. 두 사람 모두 협조적이었지만, 동시에 갈등을 드러내기를 꺼려했다. 그래서 MMPI-2에서 문제를 축소했고 장점을 강조했다. 나는 그들의 두려움에 대해 말했다. "탱고를 추기 위해선 두 명이 필요하죠(두 사람이 힘을 합쳐야 좋은 결과물이 나온다는 속담). 그리고 평가에서 어떤 것을 알게 되더라도 서로를 겨누는 무기로 쓰지 말아야 해요. 또한 서로에게 집중하는 것이 부부 문제 해결에 도움이 될 거예요." 부부는 MMPI-2를 다시 실시했고, 양쪽 모두 원래 프로파일과 달리 방어를 하지 않았다. 그들은 5년 만에 최고의 한 주를 보냈다.

## 3단원 - 내담자와 함께 평가 결과를 해석하라

내담자와 검사 결과를 나누는 것에 관심이 있다면, Fischer가 검사 해석에 내담자를 참여시키는 과정을 고안했다는 것을 알아야 한다. 상호주관주의자들에게 이것은 타당하다. 왜냐하면 우리는 자신의 "렌즈"로 내담자의 행동과 검사 점수, 상태를 평가하기 때문이다. 따라서 평가에서 드러난 특정 부분이 무엇을 "의미"하는지 잘 모를 수도 있다. 이것은 우리의 관점을 포기한다는 말이 아니다. 우리의 관점은 검사실에서 일어나는 일에 대해 중요한 점을 알려준다. 그러나 해석이 어떤 추상적 "진실"을 반영한다고 생각하지는 않는다. 그래서 다른 사람의 관점이 궁금하다(특히 내담자의 관점 말이다).

몇 년 전에 나는 지적이고, 성공한 사업가인 John을 평가했다. John은 자신보다 덜 성공한 여성에게 끌리는 경향이 있었다. John은 여성과 관심사가 달라 관계를 잘 맺지 못했다. 하지만, 여전히 이런 여성에게 매력을 느꼈다.

John의 MMPI-2는 높은 충동성과 바쁜 생활을 반영하는 9번 척도가 약간 상승한 것을 제외하고는 평범했다. 하지만 로르샤하에서 8개의 병적 반응이 있었다. 검사가 끝난 후 그 결과에 대해 물었을 때, "전 훼손된 것을 많이 봤어요. 안 그래요?"라고 답했다. 또한 그는 S반응이 있었다. 이 반응은 자신이 결함이 있다고 생각하는 것을 반영한다고 나는 말했다. 그는 잠시 고민하더니 "그것이 오래 전의 것에서 온 것 일 수도 있나요?"라고 물었다.

John은 선천성 척추장애를 앓아 출생 후 6년 동안 몸통 깁스를 한 적이 있었다. 그는 이 경험의 영향을 받았다고 생각하지는 않았다. 왜냐하면 현재는 완치되었고, 운동도 잘 하고 있기 때문이었다. John은 학교에서 자신이 다른 아이들과 다르다고 느꼈고, 불안했고, 자신감이 없었던 것을 기억했다. 그는 자신감 없는 것과 끌리는 여성을 연관시켰다(자신의 불안정에 잘 맞는 여성). 우리는 "자신보다 아래에 있는" 여성에게 끌리는 것과 이를 만족스럽게 생각하는 것을 연관시켰다. 결국 우리는 협력적 작업을 통해 John의 병적 반응을 이해하게 되었다. 이는 우리의 주관성을 통합한 것이었고, 혼자서는 결코 해내지 못했을 것이다.

## 4단원 - 다른 관점을 고려하라

Fischer는 심리평가에서 주관성의 문제를 다룰 수 있는 여러 방법을 제시했다. 내가 좋아하는 것 중 하나가 이것이다. 검사 점수를 보고 잠정적으로 이해한 후, 다른 이론적 관점으로 자료를 보는 것이다. 이런 질문을 해보라. "인지행동치료자는 이 자료를 어떻게 볼 것인가? 구조주의 가족치료자는? 사회학습치료자는?" 이 질문은 해석을 폭넓게 하고 다른 성격이론을 이해하는데 도움이 된다. 전문가 회의나 심포지엄에 참가하는 것도 유용하다. 왜냐하면 다양한 관점을 살펴볼 수 있기 때문이다. 다음 날 다른 관점을 가진 발표자의 논문을 기억하지 못하더라도 "발표자 A나 B나 C라면 이 내담자를 어떻게 볼 것인가?"라고 물을 수 있다. 특히, 다른 심리학자와 함께 일한다면, 다른 관점에서 평가 결과를 보고 사례를 공유할 수 있을 것이다. 내가 전문가 모임에 참여하는 이유는 편견을 발견하고, 세상과 내담자를 지각하는 원리를 알 수 있기 때문이다.

## 5단원 - 평가 결과를 보고할 때 당신의 영향을 인정하라

이 단원에서는 협력적 상호 주관적 평가 보고서에 대해 말하려고 한다. 본 적이 없다면 Fischer 책이나 7장과 10장의 사례를 보라. 전통적인 보고서에 익숙하다면, 협력적 상호 주관적 평가 보고서에서 가장 먼저 눈에 띄는 것은 평가자를 1인칭으로 사용하는 것이다. 심리평가에서 우리의 영향을 없앨 수 없다면, 다른 사람의 보고서를 읽을 때 이러한 영향을 고려해라.

다음은 Fischer가 쓴 학업 문제가 있는 소년에 대한 보고서 내용이다.

> 내가 도형을 그리라고 했을 때(Bend Gestalt Test), Robbie는 바로 도형을 모사했고 잠시 후 몇 개를 지웠다. 그리고 개수를 고려하지 않은 채 아무렇게나 그렸다. 나는 중간에 개입을 했다. Robbie는 계획 없이 모사했다고 했다. 우리는 잠시 멈추었고, 모사 중간에 점 개수를 세는 대신 그리기 전에 세어볼 수 있다고 말했다. 그리고 좀 더 작게 그릴 수도 있다고 했다. 그러자 Robbie는 개수를 세었고, 순서대로 모사했으며, 오류를 수정했다. 그런 후 두 번째가 훨씬 낫다고 했다(사실 둘 다 10살짜리 아이에게 어울리는 것이었다)(Fischer, 1985/1994, p.32).

Fischer가 객관적인 "채점관"이 되지 않으려고 한 것이 보이는가? 보고서 전체를 읽어 보면, Fischer가 어떤 사람이고, 그녀의 영향이 어떻게 작용하고, 어떻게 아이가 반응했는지를 알 수 있을 것이다. Robbie의 선생님이 이 보고서를 읽으면, 등교 거부 때문에 좌절한 것이 아이와의 "상호작용"에 영향을 주었을 것이라고 생각할 수 있을 것이다.

## 상호 주관적으로 생각해 보기

마지막으로 상호 주관적 사고와 협력적 심리평가의 도전에 대해 말하고 싶다. 이런 어려움을 겪는 이유는 우리가 논리적 실증주의가 지배하는 세상에 살고 있기 때문이다. 상호주관주의자들은 이것을 "고립된 마음의 신화"(우리는 세상에서 독립되어 있고, 지각은 현실의 객관적 관점을 나타낸다고 하는 것)라고 부른다. 게다가 이런 철학이 물리학과 식물학에서는 거부되었지만, 여전히 미국 심리학과 정신의학 훈련 프로그램을 점령하고 있다. 왜 전통적이고 논리적 실증주의 심리평가가 전문가들을 지배했는지는 "정신장애 진단 및 통계 편람 4판"(4th ed. {DSM-IV}; American Psychiatric Association, 1994)을 보면 알 수 있다.

아울러 상호 주관적이거나 현상학적 관점은 유지하기가 어렵다. 왜냐하면 그것은 약하고, 통제하기 힘들고, 확신을 주지 못하기 때문이다. Storolow와 Atwood(1992)는 우리를 취약한 존재라고 했다. 나와 Jim의 침대 이불 사건을 기억한다면, 나와 동료들, 그리고 내담자들과의 상호작용에서 양적으로 표현 할 수 없는 그 무언가가 있다는 것을 알게 될 것이다. 어제 기록한 로르샤하는 내담자와 나에 대해 중요한 것을 말해준다. 아침에 채점한 MMPI-2는 천편일률적으로 해석 할 수가 없다. 내가 심리치료를 통해 변화시키려고 애쓰는 내담자는 내 동료와의 치료가 더 좋을 수도 있다. 세상과 나를 분리되고 변하지 않는 것으로 보면, 그러한 생각은 불안을 야기할 수 있다.

그럼 상호 주관적 사고의 장점은 무엇인가? 나는 그것이 겸손을 가르쳐 준다고 생각한다. 사람들이 똑똑하고, 지혜롭고, 심지어 심리검사가 훌륭하다 할지라도 평가는 내담자에 대해 근본적인 "진실"을 보여주지 않는다. 우리는 평가를 통해 내담자에 대한 특별한 관점을 가져야 한다(가능하면 새로운 이야기 말이다). 그리고 그런 방식으로 검사를 사용하면 -내담자의 주관성을 이해하기 위한 "공감 렌즈"로- 내담자와 평가를 통해 나눈 이야기는 공감을 일으키고, 새로운 가능성을 열어주고, 관계도 개선될 것이다.

기분 좋은 날 나는 흥미로운 상호 주관적 관점을 발견했다. 나의 지각과 내담자에 대한 반응이 내담자의 지각과 나에 대한 반응과 어떻게 상호작용 하는지를 이해하는 것은 얼마나 멋진 일인가! (검사 점수와 평가 중에 나타난 사건과 상호작용 하는 것) 나는 많은 내담자들과 작업하면서 나의 "주효과"를 배웠다. 나 또한 꾸준히 훈련하고 있다. 그 이유는 내가 변화하고, 나 또한 내담자에게 영향을 받기 때문이다.

이것은 상호주관 이론의 마지막 함의이다. 평가는 내담자를 바꿀 힘이 있고, 평가자를 바꿀 잠재력도 있다. 우리가 내담자에게 개방적이고, 검사 점수와 다른 해석에도 개방적이라면 변화할 수 있을 것이다. 이것은 의심의 여지가 없다(이는 18장에서 좀 더 다룰 것이다). 협력적이고, 상호 주관적인 평가는 우리를 성장하게 해 준다. 이것은 충분히 생각해 볼 가치가 있다.

18

# 심리평가가 가르쳐 준 동정심과 단호함[1]

나는 1979년, 23살 대학원생 때부터 심리평가 훈련을 받았다. 돌이켜보면 나는 밝고, 활동적이었지만, 자존감과 성취에 대한 불안과 자기회의를 숨겨온 자신감 없는 청년이었다. 그러다 28살 때 중요한 경험을 하게 되었다. –여전히 지금도 자존감과 성취에 대해 불안이 있지만 현재는 현명하고 안정감 있는 중년이 되었다– 지금은 그 일이 자극이 되어 박사, 지도감독자, 심리평가 연구자로 지내고 있다. 이 장의 목표는 심리평가 사례를 통해 동정심과 단호함을 어떻게 배웠는지를 살펴보는 것이다.

나는 평가의 초점을 동정심과 단호함을 배우는 데 두었다. 왜냐하면 나를 변화시킨 중요한 요인이 동정심과 단호함이었기 때문이다. 먼저 내가 1982년 Minneapolis Hennepin주립병원 수련생이었을 때 동정심을 배웠던 이야기부터 시작하려고 한다. 나는 자살 시

1 이 논문은 성격평가학회지에 발표했다(Finn, 2005b).

도로 입원한 동갑내기 남성을 평가하게 되었다. John은 며칠 동안 이긴 했지만 매우 인상적인 환자였다. 그는 거들먹거렸고 남들을 무시해서 경험 많은 간호사들도 그를 꺼려했다. 집단치료 시간에는 다른 환자를 "바보"라고 놀렸고, 문제를 예리하게 지적했다. 그리고 공예요법 시간에는 작업치료사를 독설로 몰아부쳐 울게 만들었다. John과 나의 첫 만남은 그리 좋지 않았다. 그는 일개 수련생 나부랭이가 자신을 가르칠 수는 없다고 나를 비꼬았다. 나는 부정적인 역전이가 일어났다. 그리고 평가를 원치 않는 사람에게 "왜 시간을 허비해야 하는지" 수련감독자였던 Hampton 박사에게 불평을 털어놓았다. 그는 나의 이야기를 인내하며 들었다. Hampton 박사는 이 평가가 나에게 중요하다는 것을 알고 있었다. 그는 John의 행동을 잘 이해하면, 다른 치료진에게도 도움이 될 것이라고 하였다. 그리고 치료를 잘 할 수 있도록 나를 교육했다.

John의 MMPI 프로파일은 방어적이었고, 유의하게 상승한 척도가 없었다. John에게 다른 검사는 무의미했다. 하지만, Hampton 박사는 좀 더 기다려 보자고 했다. 나는 John에게 로르샤하를 실시했다. 색다른 경험이었다. John이 자기애적일 것이라는 예상을 확인해 주듯, 5개의 반사반응이 있었다. 속이 "비고" 갈기갈기 찢긴 사람이라는 병적 반응도 있었다.

로르샤하에서 그는 완전히 실패한 사람처럼 보였고, 나는 동정심을 느꼈다. 그에게 어떻게 지내는지를 물었더니 John은 병원 직원 중 내가 가장 멍청하다고 했고, 평가 결과를 말해 줄 필요가 없다고 했다. 간호사는 그를 병동으로 데려 갔고, 내가 다시 병동으로 갔을 때 John은 대화를 거부했다. 간호사들과 다른 치료진들은 나를 비웃었다.

나는 많은 것을 깨달았다. 물론 John보다는 이성적으로 행동했다. 나는 지도감독자 방으로 갔다. Hampton 박사는 내 이야기를 들더니, John의 MMPI와 로르샤하 결과를 보여 달라고 했다. 나는 John의 검사에서 나타난 MMPI와 로르샤하의 불일치 유형(7장을 보라)에 대해 알고 있었지만, 그때는 그 모순을 해결하는데 다른 도움이 필요했다.

나는 MMPI에서 John의 공격성과 우울이 방어적으로 나타날 수 있는지를 Hampton 박사에게 물었다. "자살을 시도할 만큼 힘들다면서 왜 John은 고통을 인정하지 않는 거죠?" Hampton 박사는 고개를 끄덕였다. 그리고 투사적 동일시에 대해 설명해 주었다. 사실 내가 경험한 것은-분노, 당혹감, 보복의 욕구-John이 매일 겪는 기분이라고 Hampton 박사는 말했다. 그리고 내가 John과 동일한 역동에 취약하다고 했다.

나는 이 해석을 이해하기가 어려웠고 슈퍼비전이 필요했다. Hampton 박사는 John과 내가 다른 사람이라는 관점에서 동료의 관점으로 옮겨 갈 수 있도록 도와주었다. 나는 지도감독자의 도움으로 보고서를 쓴 후 John과 치료진에게 피드백 했을 때 비로소 John을 공감하게 되었고, 그와 닮은 부분을 알게 되었다.

몇 년 후 평가자로서 도전적이고 흥미로웠던 경험을 떠올려 보았을 때 나는 이 사건이 생각났다. 환자를 진심으로 공감하기 위해 나는 Kohutian의 관점(현대 정신분석학의 대표 인물인 Kohut의 정서적 기쁨과 관련됨)으로 동정이라는 단어를 사용하였다. 자신이 환자의 입장이 되어봄으로써 평가자가 겪는 혼란과 역동 및 정서 문제를 찾아보고 싶었다. 물론 탐색 없이도 심리평가는 가능하지만, 그러면 보고서는 딱딱해지고 환자는 결과를 이해하지 못하고, 변화도 없을 것이다. 또한, 심리평가는 지루해질 것이다.

심리치료자는 비슷한 환자들을 감별해야 한다. 평가를 많이 해

보았다면, 여러 이유 때문에 도전을 받을 것이다. 평가자는 어려운 환자를 해석하고 설명해 달라는 요구를 받는다. 왜냐하면 환자들은 정신건강전문가에게 치료를 받은 경험을 드러내기보다는 부정하는 경향이 강하기 때문이다. 나는 수년간 평가를 하면서 살인, 성폭행, 반복적 자해, 강박행동, 성격방어, 약물사용이 왜 일어나는지를 공감하려 했다. 병에 시달리는 순교자처럼 고민했고, 이해가 되지 않으면 Paul Lerner 박사에게 조언을 구했다(14장을 보라).

평가에 기반 하지 않는 심리치료와 다르게 우리는 검사를 사용한다. 검사(꿈을 이용하는 것을 제외하고)는 내담자의 내면에 접근할 수 있는 강력한 도구이다. 나는 심리검사에 대한 관점을 "공감 돋보기"라고 했다. 우리는 돋보기로 선명하게 볼 수 있다.

John의 평가로 다시 돌아가 보자. Hampton 박사와 로르샤하에 관해 논의한 뒤로, 나는 John이 보고한 반응이 계속 떠올랐다. 2년 전 수강했던 로르샤하 강의 교수가 나의 로르샤하 반응과 John의 반응이 비슷하다는 지적을 한 후, 이것은 더욱 심해졌다. 개방형 검사는 이런 현상이 나타나지 않는다. 심한 고통이 있는 환자의 MMPI-2 결정문항을 보면, 이와 비슷한 점을 발견 할 수가 있다.

앞서 나는 평가가 단호함 뿐만 아니라 동정심을 가르쳐 주었다고 언급했다. 이제 두 번째 예를 들려고 한다. 수련 초기에 나는 Alex Caldwell(2003)이 성격검사학회에서 Klopfer상 수상 소감으로 말한 "수련을 받으면서 경험하는 약점"을 알게 되었다. 나는 면담 후 채점을 하기 전에 환자의 MMPI 프로파일을 추측해 보았다. 시간이 지나자 일정한 패턴을 발견할 수 있었다. 주로 4번이나 9번 척도 상승을 예상하지 못했다. 비록 Dick Rogers가 강연에서 언급한 가설이 흥미롭긴 하지만, 우리는 정신증 수준이 아닌 이상, 환자를 정신병적으로 보지 않는 경향이 있다. 사실 나의 경우는 반대이다. 당시에 나 자신을 괜찮은 사람으로 본 것처럼 다른 사람도 좋은 사람일거라고 기대한 나의 "내면"을 들여다 볼 수 있었다.

나는 MMPI를 통해 이것이 약화된 것을 알았고 "과거를 돌아볼 수 있었다." 하지만, 여전히 문제가 있었다. 평가 자료를 통해 환자가 반사회적으로 저항하는 경향이 있음을 알게 되었을 때조차도 나는 그들을 무기력하게 대하고 있었다. 나는 그들에게 충동성, 자극 추구, 냉담함에 대해 이야기했지만, 내가 놓쳤던 부분에 대해 환자가 실망했던 것을 기억하고 있었다. 이런 환자들은 4~5회기 만에 끝내는 경향이 있었다. 처음에는 일반적으로 반사회적 환자들은 잘 반응하지 않는다고 스스로를 위로했었다. 문제는 내가 본 환자들이 심한 사이코패스가 아니라, 방어기제로 저항하는 정상인이라는 것이었다. 또한 나의 동료는 이런 환자를 더 잘 다루었다.

이 무렵 나는 평가 워크숍에 참여하였고, Mary라는 젊은 여성을 평가하게 되었다. 이 여성은 파티가 끝난 후 자신과 성관계를 거절한 남자를 칼로 위협했다. 나와 그녀는 MMPI(4-9-2-7 프로파일)에 관해 이야기를 나누었는데, 그녀는 "당신이 빌어먹을 친절을 베풀지 않았으면 좋겠어요."라고 나에게 말했다. 내가 당황하자 "당신은 사람들의 감정에 상처를 주지 않으려고 해요. 그건 좋지 않아요. 오히려 생각을 숨기지 않고 말하면 더 좋을 거예요."라고 했다. 나는 깊은 인상을 받았다. 나는 4번 척도의 상승이 나의 어린 시절 가혹하고 수동적인 양육과 관련 있다는 것을 Alex Caldwell의 MMPI 워크숍을 통해 알게 되었다. 나는 과잉보호하는 부모처럼 확고하고, 자애로운 권위자처럼 행동했지만, 실은 "적대적 전이"라고 부르는 경험(Wolf, 1998)을 했고, 이러한 나의 이야기는 반복되고 있었다. 몇 년 후 Carl Gacono는 치료나 평가에서 반사회적 환자들은 자신이 잘하고 있고, 우리보다 잘 할 수 있다는 생각을 이상화하지 못한다고 설명해 주었다.

예상대로 Mary는 맥주를 들고 눈을 번득이며 피드백 회기에 와서는 이렇게 말했다. "이거 어떻게 하실 건가요?" 나는 대기실 옆 탕비실을 가리키며 단호하게 말했다. "저기 냉장고에 넣으세요. 치료가 끝나면 가져갈 수 있어요." 그런 다음 우리는 평가 결과를 검토했다. 이는 분명하고, 직접적이며, 단호했다. Mary는 공손해졌고, 평가가 끝난 후 "당신, 정말 나를 사로잡았네요."라고 말했다. 다시는 이런 경험을 할 수 없을 것이라는 사실에 나는 흥분했다.

평가 후에 Mary는 심리치료를 종결했고, 몇 년이 지난 후 그때 내가 맥주를 넣으라고 했을 때 그녀는 안심할 수 있었다고 말했다. Mary는 이후 실시한 모든 평가가 도움이 되었다고 했다. 임상심리학자는 환자를 공감하고, 딜레마를 이해하며, 문제에 관해 분명하고 단호하게 말해야 한다. 우리는 심리평가를 통해 주제를 제기하고, 성장하고 변화하기 위해 확실한 믿음을 전달해야 한다. 때로 "빠른 호전"을 위해 지나치게 동정적으로 대하는 것은 환자를 악화시킬 수 있다. Mary가 말한 것처럼 "솔직하게 말하는 것"이 가장 좋은 방법이 된다. 마지못해 하는 방법은 공감적 실수에 의한 것이다. 우리의 수치심을 투사하고, 성격의 부정적 측면을 솔직하게 말하면, 환자는 자신이 파괴될 것이라고 생각한다. 그러나 개방을 하면, 원하는 것을 얻을 수 있고, 자살이나 폭력 행동을 변화시킬 수 있다.

평가자는 용기가 필요하다. 우리의 일을 잘 하기 위해서는 끊임없이 내면의 그림자와 맞서야 하고, 용기 있게 말할 수 있어야 한다. 그래야 지지를 받고, 진가를 알아보는 능력이 생긴다. 심지어 개별화된 삶, 즉 "치료를 위한 교실"-충분히 숙달되기 전에 여러 번 삶의 교훈을 경험하는 것을 의미- 을 통해 우리는 행복해 진다. 내가 심리평가자가 된 것은 행운이라고 생각한다.

19

# 결론: 치료적 평가의 실제

나는 삶을 변화시키는 심리평가의 잠재성을 믿고, 치료적 평가에 대한 관심을 전해주고 싶다. 그래서 마지막 장은 치료적 평가의 실제적 문제를 다루었다. 언제 이 접근이 적합하지 않은지? 평가 비용은 어떻게 되는지? 어떻게 소개 받을 수 있는지? 치료적 평가를 배우려면 어떻게 해야 하는지?

## 치료적 평가의 한계

치료적 평가보다 전통적 접근이 더 좋을 때가 있을까? 아마 그런 경우가 있을 것이다. 여기 네 가지 경우를 제시하였다.

### Ⅲ 평가를 선택과 분류의 목적으로 실시하는 경우

심리교육 서비스를 받을 조건이 되는지를 알아보기 위해 심리검사를 의뢰할 때가 있다. 흔한 예로 자녀가 영재 교육 프로그램에 들어갈 자격이 되는지를 알아보기 위해 지능검사를 실시하는 경우이다. 이때 적절한 평가 질문은 아이의 IQ가 135 이상이 되는지 여부이다. 우선은 문제가 없다는 것을 알기 위해 부모와 의논을 해야 한다. 그런 다음 지능검사를 실시하고 간단한 요약과 논의 회기를 계획한다. 논의가 필요하면 평가의 초점을 확장시킨다. 이렇게 의뢰된 경우 치료적 평가는 적합하지 않다.

### Ⅲ 급성 위기나 심한 정서적 고통이 있지만 평가가 필요한 경우

내담자가 심한 정서적 고통을 경험하고 있을 때는 심리검사를 권하지 않는다. 한 내담자는 과거 그런 상황에서 검사 받은 것에 대해 화를 냈다. 심한 자살 충동을 느끼는 사람에게 WAIS-Ⅲ를 받으라고 하거나, 당신이 MMPI-2를 끝낸 후 입원할 정도로 증상이 심하다는 말을 들었다고 생각해 보라! 심리평가는 내담자를 관찰하고, 면담하고, 가족과 대화하고, 과거 평가 기록을 검토하는 것을 포함한다. 그래서 내담자가 관찰자로 참여하면 목표를 달성할 수 없는 경우가 있다. 그리고 내담자의 동의를 받지 못할 수도 있다. 이런 경우 치료자는 내담자 가족 및 치료팀과 협력해야 한다. 그리고 내담자를 존중하면서 가능한 모든 것을 설명하고 질문에 성실히 답해야 한다.

### Ⅲ 평가를 받고 싶어 하지 않는 경우

내담자가 본인의 의지와 상관없이 심리평가를 받게 될 때, 공동평가는 내담자의 협조를 얻는데 유용하다. 예를 들면, Purves(1997, 2002)는 청소년 평가에 대해 감동적인 이야기를 썼다. 나는 내담자를 존중하고, 사전에 동의를 얻고, 심리평가에서 발견한 것을 나누고, 내담자가 설명하고 수정한 것을 들으면서 할 수 있는 모든 것을 한다. 분명한 것은 비밀 보장이 되지 않은 채 중요한 결정을 내려야 하는 경우라면, 내담자가 질문에 집중하고 피드백을 나누는 것이 쉽지 않다는 것이다. 특히 내담자가 평가 때문에 혹사당한다고 느끼지 않도록 하는 것이 중요하다. 이런 경우는 협력 모형을 실행하기가 어렵다.

자의가 아닌 부모에 의해 검사를 받게 된 청소년을 평가하는 방법을 소개한 14장을 보라. 나는 부모에게 자녀에 대해 알고 싶은 것을 "솔직하게" 묻는다. 그리고 아이의 평가 질문 중 공개하기 어려운 것이 있다는 것도 알려준다. 평가가 끝나고 아이에게 먼저 결과를 설명할 것이라고 말한다. 청소년이 마지못해 평가를 받거나 평가 받는 것을 불편해하면, 다음으로 평가를 연기한다(청소년과 관계형성을 위해 휴식하는 동안 그 아이와 작업을 할 수도 있고, 하지 않을 수도 있다). 나의 제안에 동의할 때 부모는 평가에 대한 기록을 볼 권리가 생긴다. 지금까지 청소년을 평가해온 바로는 부모가 비밀 보장 약속을 어긴 적은 없었다.

### Ⅲ 평가가 내담자에게 해로울 경우

내담자에게 모욕과 벌을 주기 위해 결과가 사용된 적이 있었다.

예를 들어 치료자의 해석이 "옳다"는 것을 "증명하기" 위해 의뢰한 경우를 나는 9장에서 다루었다. 부모가 자녀의 평가 결과를 부부싸움을 위한 정보로 사용한다면 아이를 보호할 수가 없다. 이런 경우 자녀가 상처를 입는다는 것을 알려야 한다. 이 방법이 실패하면 나는 평가를 하지 않는다. 그런 자유가 없다면 내담자에게 알려주고 (내담자를 나쁜 상황으로 이끌지 않는다면), 협력자 역할이 필요 없는 전통적 평가를 실시한다.

**보기 19-1 치료적 평가 영수증**

전문 서비스에 대한 영수증

2014년 3월 21일

내담자: Barbara Jones
100 Main Street
Smalltown, TX 78XXX

D.O.B: 7-1-56

DSM-IV: 300.40

| 날짜 | 활동 | 시간 | CPT코드[a] | 요금 |
|---|---|---|---|---|
| 2013-7-10 | 진단면담 | 1시간 | 90801 | $180 |
| 2013-7-12 | 심리검사 | 1.5시간 | 96101 | $270 |
| 2013-7-19 | 심리검사 | 3시간 | 96101 | $540 |
| 2013-7-26 | 심리치료 | 1.5시간 | 90808 | $270 |
| 2013-8-13 | 심리검사 | 2시간 | 96101 | $360 |
| 2013-8-13 | 심리치료 | 1.5시간 | 90808 | $270 |
| 2013-8-13 | 심리검사 | 4시간 | 96101 | $720 |
| 총비용 | | | | $2610 |

Stephen E. Finn
Stephen E. Finn, Ph.D.
공인 심리학자
(TX 자격증 12345)
Tax ID: XX-XXXXXXX

주: [a]이 CPT 코드는 이 책을 출판한 시점의 환율로 계산했다.

## 치료적 평가 비용 청구

내가 자주 받는 질문은 "평가 비용은 얼마인가요?", "보험처리가 되나요?"이다. 이 질문에 고정된 답은 없지만, 기꺼이 내 경험을 공유하겠다. 이 두 질문은 다른 책에서도(Finn & Martin, 1997) 다룬 바가 있다. 일반적으로 정부나 제3자가 지불하는 경우는 내담자에 따라 비용이 다르기 때문에 주의해서 청구해야 한다. 청구한 비용이 적절한지가 불확실하다면 자격협회, 전문가협회, 변호사, 혹은 계약 공급자에게 확인해보는 것이 좋다.

치료적 평가는 심리검사와 심리치료의 혼합이기 때문에 보험사에 항목별로 적힌 영수증을 제출한다. 나는 몇몇 회기는 진단면담, 몇몇은 심리검사, 그리고 몇몇은 심리치료로 청구한다.[1] 때로 명세서를 설명하는 편지를 동봉해서 보낸다. 보기 19-1은 영수증의 예로 50살의 Barbara Jones의 비용 청구서이다. 나는 첫 회기에 Jones 부인과 60분 동안 평가 질문과 배경 정보 면담을 하고 1시간 진단면담 비용을 청구했다. 다음 회기에 MMPI-2(검사 요금은 청구

1 제3의 지불자는 이러한 종류의 명세를 반대하고 심리검사로 모든 회기의 비용을 요청할 수도 있다. 나는 당신이 서비스를 계약한 회사와 이를 명백히 하기를 바란다.

하지 않았다)를 1시간 30분 동안 실시했다. 이후 그녀의 경험에 대해 1시간 동안 이야기를 나누었고, 30분 동안 채점과 해석을 했다. 그래서 1시간 30분에 대한 심리검사 비용을 청구했다. 그 다음 주에 로르샤하를 실시했고 경험을 나누었다. 그리고 1시간 동안 채점과 해석을 했고, 3시간에 대한 심리검사 비용을 청구했다. 다음 회기에서는 90분간 평가 개입을 하고 심리치료 비용을 청구했다. 그리고 2시간 동안 요약/논의 회기를 위해 검사를 해석하고 보고서를 작성했다(심리검사로 청구). Jones 부인과 나는 1시간 30분 동안 요약/논의 회기 시간을 가졌다(심리치료로 청구). 이후 직장에서 요청한 평가 보고서를 4시간 동안 작성했다. 나는 Jones 부인의 보험회사와는 계약을 하지 않았기 때문에 그녀는 나에게 치료비를 냈고 영수증을 발급받았다.[2]

보기 19-1을 보면, 심리치료와 심리검사를 동일하게 청구한 것을 알 수 있다. 내가 말했던 것처럼(Finn, 2003a) 사람들은 전문적인 심리평가에 대해 잘 몰라 심리검사를 심리치료보다 비용을 낮게 책정하고 있다. 오히려 심리평가는 심리치료보다 더 많은 지식과 훈련, 간접 비용이 든다. 이 책에서 설명했듯이 나는 심리치료와 심리평가가 다른 분야라고 생각하지 않는다. 모든 보험회사가 이 논리를 따르지 않는다는 것도 알고 있다. 하지만, 나는 이 일이 가치 있다고 생각하기 때문에 이 태도를 바꾸지 않을 것이다. 심리학자가 심리평가에 대해 적절한 보상을 받지 못하면, 사람들은 심리평가를 하지 않을 것이다. 이것은 심리학자로서 가치를 잃게 되는 일이다.

2 나는 중산층 내담자가 심리평가 비용을 지불하고 그들이 그 가치를 느꼈다는 것을 알았다. 최근에는 무료로 평가를 하기도 하고, 경제적 어려움이 있는 내담자에게는 비용을 조절하기도 한다.

## 제3의 지불자와 계약

이는 제3의 지불자와 하는 심리평가 서비스 계약에 관한 것이다. 다른 곳(Finn & Martin, 1997)에서 썼던 것처럼, 이 분야에서 성공할 수 있는 방법이 있다. (a) 모니터 역할을 하는 사람이나 권위 있는 사람과 관계를 맺는 것, (b) 심리평가의 치료적 가치와 타당성을 교육하는 것, (c) 치료적 평가의 유용성을 설명하는 것, (d) 나의 주장을 뒷받침하는 연구나 내담자가 만족했던 자료를 보여주는 것. 내가 이런 방법을 사용했더니 심리평가 비용을 지불하기 꺼려했던 보험회사도 종합 평가를 의뢰하기 시작했다.

## 치료적 평가의 마케팅

어떻게 하면 치료적 평가 의뢰를 받을 수 있을까? "실력이 최고의 홍보이다."라는 말처럼 잘 하기 위해서는 심리평가와 치료를 열심히 훈련해야 한다. 다음으로 전문가나 지역사회에 치료적 평가를 소개해야 한다. 내가 1993년 치료적 평가 센터에서 일하기 시작했을 때, Austin에서 가장 저명한 의사 3명과 점심 식사를 했었다. 심리평가를 소개했고, 다루기 어려운 내담자를 무료로 평가해주었다. 그들은 모두 내 제안을 받아들였고, 예상대로 치료적 평가가 유용하다는 것을 알게 되었다. 오래지 않아 의뢰를 많이 받았고, 더 많은 직원을 고용하게 되었다. 세 명의 의사 모두 여전히 환자를 나에게 의뢰하고 있다.

나의 심리평가 작업을 소개한 방법은 다음과 같다.

(1) 심리평가에 대해 여러 전문가에게, 특히 심리학자가 아닌 사람들에게 알렸다. 내담자를 지지하고 싶어 하는 심리치료자와 정신건강의학과 의사들을 만나 심리평가가 좋은 방법이 된다는 것을 소개했다.
(2) 지도감독자나 동료로서 심리치료 모임에 참여했다. 심리평가가 도움이 될 것이라 생각되는 내담자를 의뢰받았을 때는 기꺼이 치료적 평가를 실시했다.
(3) 대학원에서 심리학자나 직장인을 위해 강의를 했다. 학생 중 대부분은 학위나 실습을 위해 왔고, 나의 발표를 기억하고 다른 사람에게 치료적 평가를 소개했다.
(4) 성직자들을 만나 치료적 부부평가에 대해 이야기를 나누었다. 많은 성직자들은 힘든 상황에 있는 부부들과 상담을 했고, 심리학자에게 도움을 받을 수 있었다(심지어 교회에서 부부평가 비용을 지원해 주기도 했다).

좋은 의뢰 자원 중 몇몇은 내담자들의 만족에 있다. 나의 평가에 대해 듣고 온 가족이나, 친구, 이웃들이 치료적 평가를 요청했다. 나는 한 번도 대중에게 직접 홍보하지는 않았지만, 한 동료는 지역신문에 다음과 같이 협력적 평가를 광고하기도 했다. "중요한 결정을 해야 하거나 삶의 전환점을 맞고 계신가요? 심리평가로 심리학자에게 조언을 얻으세요." 그녀는 평가에 관심 있는 사람들에게 많은 전화를 받았다. 결국 나는 확신이 들었다. 훌륭한 심리평가를 하고, 당신이 어떤 일을 하는지를 다른 사람들이 알게 된다면, 치료적 평가는 발전하게 될 것이다.

## 치료적 평가 훈련

나는 최근 치료적 평가를 배우고자 하는 심리학자를 위해 어떻게 훈련을 발전시킬지를 고민하고 있다. 이 책은 그런 방향을 위한 첫 걸음이 될 것이다. 그리고 전 세계적으로도 훈련 워크숍을 진행하고 있다. 따라서 안내받기 원하거나 워크숍을 진행하고 싶으면 나에게 연락을 바란다. 요즘은 워크숍에서 보여준 비디오처럼 내담자와 상호작용 하는 사례가 있는 DVD와 훈련 자료 개발을 준비하고 있다.

당신이 치료적 평가 전문가가 되고 싶다면 다음에 주의하라.

(1) 치료적 평가 및 협력적 평가와 관련된 자료를 읽어라. 책 뒤 참고문헌은 주요 논문을 포함하고 있어 많은 것을 가르쳐 줄 것이다.
(2) 이 책에 있는 통합적 평가기법 중 몇 가지는 직접 실시해보라. 부담 없이 해보라. 평가 질문을 하고, 내담자가 경험한 것을 묻기 위해 잠시 검사를 멈추어 보라. 점차 자신감이 생길 것이다.
(3) 심리검사를 사용하고 해석하는데 능숙해져라. 심리평가는 내담자의 마음을 이해하는 것이기 때문에 공감뿐 아니라 검사 점수가 의미하는 것이 무엇인지에 대한 지식이 필요하다. 훌륭한 검사자의 이야기를 들어보면, 어떻게 특정 점수나 반응이 내담자의 주관적 경험에 따라 변하는지, 그리고 그것이 어떻게 표현되는지를 알게 될 것이다.
(4) 심리치료에 능숙하고 아는 것이 많아야 한다. 이것은 치료적 평가를 실시할 때 어떤 치료 기법과 개념적 방법이 내담자에게 필요한지를 알 수 있게 한다.

(5) 마지막으로 소설을 읽고, 여행을 하고, 심리치료, 심신수행, 스포츠, 음악, 예술 활동을 통해 사랑과 지혜의 폭을 넓혀라. 18장에서 다루었던 심리치료의 어려움 중 하나는 무섭고, 혐오스럽고, 혼란스러우며, 이해할 수 없는 내담자의 주관적 경험을 "우리 방식대로 느껴야 한다."는 것이다. 내면에 방해 요소가 없을수록 더욱 더 자기를 잘 알 수 있고, 내담자를 더 많이 이해하고 도울 수 있다.

## 도움을 얻는 방법

이 책의 여러 곳에서 언급했듯이 치료적 평가는 어려운 일이다. 그래서 전문가 모임을 통해 더 많은 것을 배울 필요가 있다. 주변에 전문가가 없다면 어떻게 해야 할까? 동료들과 치료적 평가 독서모임을 할 수 있다. 관심이 있다면 사례회의를 하면서 "내담자에게 적절한 평가 개입은 무엇인가?"와 같은 질문으로 문제를 함께 풀어갈 수도 있을 것이다. TAT 사례나 로르샤하 프로토콜을 읽는 것도 도움이 된다.

성격평가협회 같이 치료적 평가를 하는 사람들의 모임에 참석하기를 권한다. 그리고 www.personality.org 온라인 사이트에 가입하거나 성격평가학회지(심리평가에 대한 논문을 많이 출판하였다)를 구독할 수도 있다.

마지막으로 치료적 평가와 관련한 질문이나 경험을 나에게 메일이나 편지로 보내는 것도 환영한다. 이 모형이 점차 발전을 하면 놀라운 일이 일어날 것이라고 믿는다. 나는 그런 날을 손꼽아 기다리고 있다.

# 참고문헌

본 QR코드를 스캔하시면, '내담자의 눈으로'의 **참고문헌**을 참고하실 수 있습니다.

# 찾아보기

## 저자 약력

### Stephen E. Finn

성격평가 국제전문가인 Stephen E. Finn(PhD, Minnesota대학)은 심리평가와 심리치료를 체계적으로 통합한 방법인 치료적 평가의 개척자이다. Finn박사는 심리평가와 심리치료 통합훈련 전문기관인 Texas주 Austin의 치료적 평가센터 창립자이다. 또한 Austin의 Texas대학 심리학과 임상 조교수였다. 그는 1996년에서 1997년까지 심리평가의 비용과 효과, 건강관리에서 심리평가 사용의 문제와 한계에 관한 보고서를 출판한 APA의 심리평가 워크 그룹 전문 위원회 회장을 역임했다. 2003년 Finn박사는 성격평가학회로부터 질적 논문 분야 최고상인 Martin Mayman상을 받았다. Finn박사는 1996년 Minnesota대학출판사에서 MMPI-2를 이용한 치료적 개입 을 출간했고, 심리평가와 심리진단에 관한 35편 이상의 논문을 썼다. 그는 평가 관련 주제로 세계 곳곳에서 강의를 하고 있다.

## 역자 약력

### 최성진

부산대학교 심리학과 및 동대학원 졸업 문학박사
전남대학교병원 정신건강의학과 임상심리전문가과정 수료
한국심리학회 임상심리전문가, 건강심리전문가, 범죄심리전문가
보건복지부 정신보건임상심리사 1급
부산가톨릭의료원 메리놀병원 정신건강의학과 임상심리실장 역임
현재 동명대학교 상담임상심리학과 부교수, 동명심리건강연구소 소장

# 내담자의 눈으로

초판인쇄 2014년 9월 20일
초판발행 2014년 9월 30일
중판발행 2023년 12월 20일

지은이 Stephen E. Finn
옮긴이 최성진
펴낸이 안종만

편 집 김선민·김효선
기획/마케팅 명재희
표지디자인 최은정
제 작 우인도·고철민
펴낸곳 (주) 박영사
서울특별시 종로구 새문안로3길 36, 1601
등록 1959. 3. 11. 제300-1959-1호(倫)
전 화 02)733-6771
f a x 02)736-4818
e-mail pys@pybook.co.kr
homepage www.pybook.co.kr
ISBN 979-11-303-0066-5 93180



정 가 18,000원